Bilingual
VISUAL
dictionary

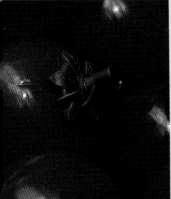

Bilingual

dictionary

DK LONDON

Senior Editor Angela Wilkes
Project Manager Christine Stroyan
Jacket Editor Claire Gell
Jacket Design Development Manager Sophia MTT
Preproduction Producer Andy Hillard
Senior Producer Alex Bell
Managing Art Editor Christine Keilty
Art Director Karen Self
Associate Publisher Liz Wheeler
Publishing Director Jonathan Metcalf

DK INDIA

Editor Arpita Dasgupta
Assistant Editor Priyanjali Narain
Art Editor Yashashvi Choudhary
DTP Designers Jaypal Chauhan Singh, Anita Yadav
Jacket Designer Tanya Mehrotra
Jackets Editorial Coordinator Priyanka Sharma
Preproduction Manager Balwant Singh
Production Manager Pankaj Sharma

Designed for Dorling Kindersley by WaltonCreative.com
Art Editor Colin Walton, assisted by Tracy Musson
Designers Peter Radcliffe, Earl Neish, Ann Cannings
Picture Research Marissa Keating

Language content for Dorling Kindersley by
First Edition Translations Ltd, Cambridge, UK
Translator Monika Costelloe
Editor Beata Drezek
Typesetting Essential Typesetting

First American Edition, 2016. This revised edition published
in the United States in 2018 by DK Publishing,
1745 Broadway, 20th Floor, New York, NY 10019

A catalog record for this book is available from the
Library of Congress.
ISBN: 978-1-4654-6916-8

DK books are available at special discounts when purchased
in bulk for sales promotions, premiums, fund-raising, or educational
use. For details, contact: DK Publishing Special Markets,
1745 Broadway, 20th Floor, New York, NY 10019
SpecialSales@dk.com

Printed in China

A WORLD OF IDEAS:
SEE ALL THERE IS TO KNOW

www.dk.com

spis treści
contents

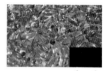

**zdrowie
health**

**jadanie poza domem
eating out**

**czas wolny
leisure**

9

o słowniku
about the dictionary

9

jak korzystać
z tej książki
how to use this book

10

ludzie
people

28

wygląd
appearance

56

dom
home

92

usługi
services

102

zakupy
shopping

116

żywność
food

160

nauka
study

170

praca
work

192

transport
transportation

218

sport
sports

278

środowisko
environment

302

informacje
reference

324

indeks
indexes

360

podziękowania
acknowledgments

ludzie • people

ciało l body	12
twarz l face	14
ręka l hand	15
stopa l foot	15
mięśnie l muscles	16
szkielet l skeleton	17
narządy wewnętrzne internal organs	18
narządy rozrodcze reproductive organs	20
rodzina l family	22
związki l relationships	24
uczucia l emotions	25
przełomowe wydarzenia life events	26

wygląd • appearance

odzież dziecięca children's clothing	30
odzież męska men's clothing	32
odzież damska women's clothing	34
dodatki l accessories	36
włosy l hair	38
uroda l beauty	40

zdrowie • health

choroba l illness	44
lekarz l doctor	45
urazy l injury	46
pierwsza pomoc l first aid	47
szpital l hospital	48
dentysta l dentist	50
optyk l optometrist	51
ciąża l pregnancy	52
poród l childbirth	53
terapia niekonwencjonalna alternative therapy	54

dom • home

dom l house	58
instalacje wewnętrzne internal systems	60
salon l living room	62
jadalnia l dining room	64
kuchnia l kitchen	66
sprzęt kuchenny kitchenware	68
sypialnia l bedroom	70
łazienka bathroom	72
pokój dziecinny baby's room	74
pomieszczenie gospodarcze l utility room	76
warsztat l workshop	78
skrzynka z narzędziami toolbox	80
odnawianie wnętrz decorating	82
ogród l garden	84
rośliny ogrodowe garden plants	86
narzędzia ogrodnicze garden tools	88
praca w ogrodzie l gardening	90

usługi • services

pomoc w nagłych wypadkach l emergency services	94
bank l bank	96
łączność communications	98
hotel l hotel	100

zakupy • shopping

centrum handlowe shopping center	104
dom towarowy department store	105
supermarket supermarket	106
apteka l pharmacy	108
kwiaciarnia l florist	110
kiosk z gazetami newsstand	112
cukiernia candy store	113
inne sklepy other stores	114

żywność • food

mięso l meat	118
ryby l fish	120
warzywa l vegetables	122
owoce l fruit	126
rośliny zbożowe i strączkowe l grains and legumes	130
zioła i przyprawy herbs and spices	132
żywność w butelkach i słoikach bottled foods	134
produkty mleczne dairy products	136
pieczywo i mąka breads and flours	138
ciasta i desery cakes and desserts	140
delikatesy l delicatessen	142
napoje l drinks	144

jadanie poza domem • eating out

kawiarnia l café	148
bar l bar	150
restauracja l restaurant	152
fast food fast food	154
śniadanie l breakfast	156
obiad l dinner	158

nauka • study

szkoła l school	162
matematyka l math	164
przedmioty ścisłe l science	166
uczelnia wyższa college	168

praca • work

biuro l office	172
komputer l computer	176
media l media	178
prawo l law	180
gospodarstwo rolne l farm	182
budowa l construction	186
zawody l professions	188

transport • transportation

drogi l roads	194
autobus l bus	196
samochód l car	198
motocykl l motorcycle	204
rower l bicycle	206
pociąg l train	208
samolot l aircraft	210
lotnisko l airport	212
statek l ship	214
port l port	216

sport • sports

futbol amerykański football	220
rugby l rugby	221
piłka nożna l soccer	222
hokej l hockey	224
krykiet l cricket	225
koszykówka l basketball	226
baseball l baseball	228
tenis l tennis	230
golf l golf	232
lekkoatletyka l track and field	234
sporty walki combat sports	236
pływanie l swimming	238
żeglarstwo l sailing	240
jazda konna l horseback riding	242
wędkarstwo l fishing	244
narciarstwo l skiing	246
inne sporty other sports	248
fitness fitness	250

czas wolny • leisure

teatr l theater	254
orkiestra l orchestra	256
koncert l concert	258
zwiedzanie l sightseeing	260
zajęcia na świeżym powietrzu outdoor activities	262
plaża l beach	264
kemping l camping	266
rozrywka domowa home entertainment	268
fotografika photography	270
gry l games	272

| rzemiosło artystyczne arts and crafts | 274 |

środowisko • environment

przestrzeń kosmiczna space	280
Ziemia l Earth	282
krajobraz l landscape	284
pogoda l weather	286
skały l rocks	288
minerały l minerals	289
zwierzęta l animals	290
rośliny l plants	296
miasto l city	298
architektura l architecture	300

informacje • reference

czas l time	304
kalendarz l calendar	306
liczby l numbers	308
wagi i miary weights and measures	310
mapa świata l world map	312
partykuły antonimy particles and antonyms	320
przydatne zwroty useful phrases	322

polski • english

o słowniku

Ilustracje bez wątpienia pomagają w zrozumieniu i zapamiętywaniu informacji.

Opierając się na tej zasadzie, nasz bogato ilustrowany dwujęzyczny słownik prezentuje szeroki wybór użytecznego, aktualnego słownictwa w dwóch językach europejskich.

Słownik jest podzielony tematycznie i szczegółowo przedstawia większość aspektów życia codziennego: od restauracji po siłownię, od domu po miejsce pracy, od przestrzeni kosmicznej po królestwo zwierząt. Zawiera również dodatkowe słowa i zwroty przydatne w rozmowie i rozszerzające zasób słownictwa.

Jest to niezbędna publikacja encyklopedyczna dla każdego, kto interesuje się językami: praktyczna, ciekawa i łatwa w użyciu.

Kilka uwag

Języki prezentowane są zawsze w tej samej kolejności: polski i angielski.

Polskie przymiotniki podawane są zawsze w rodzaju męskim, na przykład:

szczęśliwy
happy

Większość polskich rzeczowników posiadających formę zarówno męską, jak i żeńską (np. nazwy zawodów) podana jest również tylko w rodzaju męskim, na przykład:

nauczyciel = teacher

Czasowniki oznaczone są symbolem (v) po wyrazie angielskim, na przykład:

zbierać plony = harvest (v)

Na końcu książki znajduje się także indeks – dla każdego z języków oddzielny. Można tam wyszukać słowo w jednym lub drugim języku i sprawdzić, na której stronie (stronach) występuje.

Rodzaj gramatyczny rzeczowników wskazują następujące skróty:

m = męski
f = żeński
n = nijaki

jak korzystać z tej książki

Słownik przeznaczony jest dla wszystkich uczących się nowego języka – czy to dla celów służbowych, czy też dla przyjemności lub w ramach przygotowań do urlopu za granicą, jak też dla osób, które chcą rozszerzyć zakres słownictwa w znanym już sobie języku. Jest to wartościowa pomoc dydaktyczna, z której można korzystać na różne sposoby.

Ucząc się nowego języka warto zwracać uwagę na wyrazy pokrewne (słowa podobne w różnych językach) oraz na tzw. fałszywych przyjaciół (słowa, które wyglądają podobnie, ale mają różne znaczenia). Można również zaobserwować, jak języki na siebie wzajemnie wpływają. Na przykład język angielski zapożyczył z innych języków europejskich wiele wyrażeń związanych z żywnością, natomiast inne języki przejęły z angielskiego słownictwo dotyczące technologii i kultury masowej.

Propozycje ćwiczeń

• Przebywając w domu, w miejscu pracy lub w szkole przeglądaj strony dotyczące danego otoczenia. Następnie możesz zamknąć książkę, rozejrzeć się wokół i postarać się nazwać jak najwięcej przedmiotów i elementów otoczenia.

• Spróbuj napisać opowiadanie, list lub dialog wykorzystując jak największą liczbę słówek z danej strony. Pomaga to przyswoić słownictwo i zapamiętać pisownię. Jeśli chcesz stopniowo przygotować się do napisania dłuższego tekstu, zacznij od zdań zawierających 2 lub 3 wyrazy.

• Jeśli masz dobrą pamięć wzrokową, spróbuj narysować lub przekalkować ilustracje z książki na kartkę papieru, a następnie zamknąć książkę i uzupełnić słówka pod obrazkami.

• Gdy nabierzesz większej pewności siebie, możesz wybierać słówka z indeksu obcojęzycznego i podawać ich znaczenie, a później zaglądać na właściwą stronę dla sprawdzenia swojej odpowiedzi.

darmowa aplikacja audio

Mówiona językiem ojczystym polskim i angielskim, aplikacja audio posiada wszystkie słowa i frazy znajdujące się w książce. Ułatwia uczenia się ważnego słownictwa oraz ulepsza wymowę.

jak używać aplikacji audio

• W wybranym sklepie szukaj "DK Visual Dictionary". Pobierz bezpłatną aplikację na swój smartfon lub tablet.
• Aby odblokować swój "Visual Dictionary", otwórz aplikację i zeskanuj kod paskowy lub wpisz number ISBN.
• Pobierz pliki audio do książki.
• Aby odnaleźć słowo lub frazę, wpisz numer strony, wtedy przewiń w górę lub w dół listy słów. Słowa mogą być zorganizowane alfabetycznie po polsku lub po angielsku.
• Stuknij słowo aby go usłyszeć.
• Przesuń w prawo lub w lewo aby zobaczyć następną lub poprzednią stronę.
• Dodawaj słowa do swoich ulubionych.

about the dictionary

The use of pictures is proven to aid understanding and the retention of information. Working on this principle, this highly-illustrated bilingual dictionary presents a large range of useful current vocabulary in two European languages.

The dictionary is divided thematically and covers most aspects of the everyday world in detail, from the restaurant to the gym, the home to the workplace, and from outer space to the animal kingdom. You will also find additional words and phrases for conversational use and for extending your vocabulary.

This is an essential reference tool for anyone interested in languages—practical, stimulating, and easy-to-use.

A few things to note

The two languages are always presented in the same order—Polish and English.

Polish adjectives are always given in the masculine form, for example:

szczęśliwy
happy

Most Polish nouns that have both a masculine and feminine form (e.g. names of professions) are also given only in the masculine form, for example:

nauczyciel = teacher

Verbs are indicated by a (v) after the English, for example:

zbierać plony = harvest (v)

Each language also has its own index at the back of the book. Here you can look up a word in either of the two languages and be referred to the page number(s) where it appears. The gender of nouns is shown using the following abbreviations:

m = masculine
f = feminine
n = neuter

how to use this book

Whether you are learning a new language for business, pleasure, or in preparation for an overseas vacation, or are hoping to extend your vocabulary in an already familiar language, this dictionary is a valuable learning tool which you can use in a number of different ways.

When learning a new language, look out for cognates (words that are alike in different languages) and false friends (words that look alike but carry significantly different meanings). You can also see where the languages have influenced each other. For example, English has imported many terms for food from other European languages but, in turn, exported terms used in technology and popular culture.

Practical learning activities

• As you move about your home, workplace, or school, try looking at the pages which cover that setting. You could then close the book, look around you, and see how many of the objects and features you can name.
• Challenge yourself to write a story, letter, or dialogue using as many of the terms on a particular page as possible. This will help you retain the vocabulary and remember the spelling. If you want to build up to writing a longer text, start with sentences incorporating 2–3 words.
• If you have a very visual memory, try drawing or tracing items from the book onto a piece of paper, then closing the book and filling in the words below the picture.
• Once you are more confident, pick out words in the Polish index at the back of the book and see if you know what they mean before turning to the relevant page to see if you were right.

free audio app

The audio app contains all the words and phrases in the book, spoken by native speakers in both Polish and English, making it easier to learn important vocabulary and improve your pronunciation.

how to use the audio app

• Search for "DK Visual Dictionary" and download the free app on your smartphone or tablet from your chosen app store.
• Open the app and scan the barcode (or enter the ISBN) to unlock your Visual Dictionary in the Library.
• Download the audio files for your book.
• Enter a page number, then scroll up and down through the list to find a word or phrase. Words can be ordered alphabetically in Polish or English.
• Tap a word to hear it.
• Swipe left or right to view the previous or next page.
• Add words to your Favorites.

ludzie
people

ciało • body

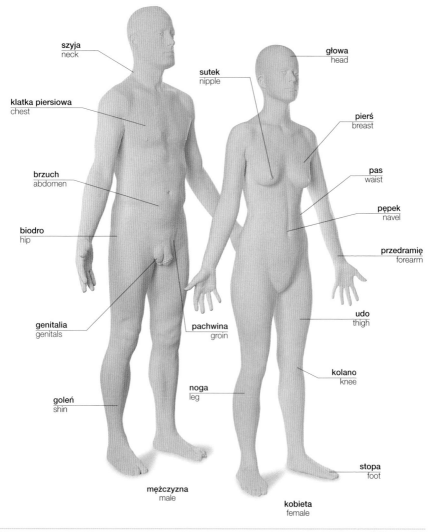

szyja
neck

sutek
nipple

głowa
head

klatka piersiowa
chest

pierś
breast

brzuch
abdomen

pas
waist

pępek
navel

biodro
hip

przedramię
forearm

genitalia
genitals

pachwina
groin

udo
thigh

kolano
knee

goleń
shin

noga
leg

stopa
foot

mężczyzna
male

kobieta
female

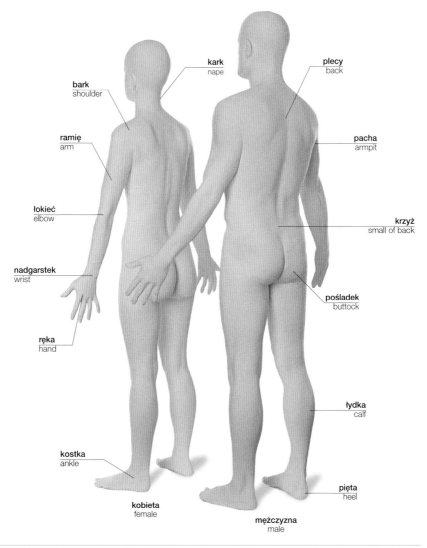

kark
nape

plecy
back

bark
shoulder

ramię
arm

pacha
armpit

łokieć
elbow

krzyż
small of back

nadgarstek
wrist

ręka
hand

pośladek
buttock

łydka
calf

kostka
ankle

pięta
heel

kobieta
female

mężczyzna
male

twarz • face

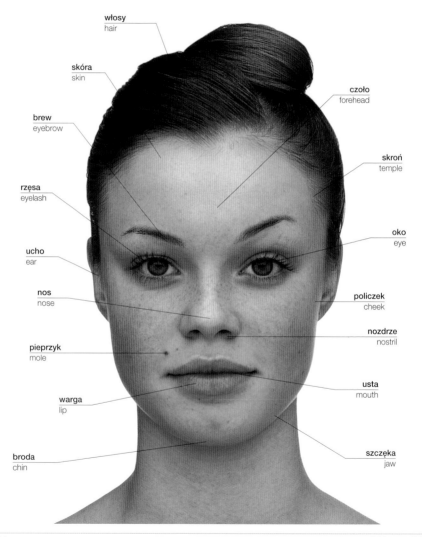

włosy
hair

skóra
skin

czoło
forehead

brew
eyebrow

skroń
temple

rzęsa
eyelash

oko
eye

ucho
ear

nos
nose

policzek
cheek

nozdrze
nostril

pieprzyk
mole

usta
mouth

warga
lip

broda
chin

szczęka
jaw

zmarszczka wrinkle	**pieg** freckle	**por** pore	**dołek** dimple

ręka • hand

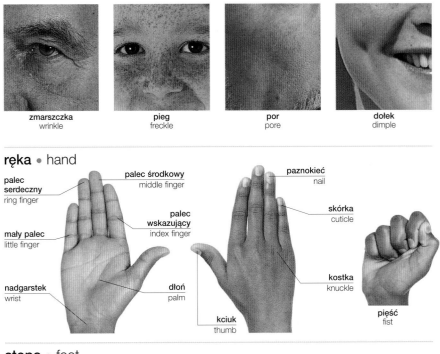

palec serdeczny ring finger

palec środkowy middle finger

palec wskazujący index finger

mały palec little finger

paznokieć nail

skórka cuticle

nadgarstek wrist

dłoń palm

kostka knuckle

kciuk thumb

pięść fist

stopa • foot

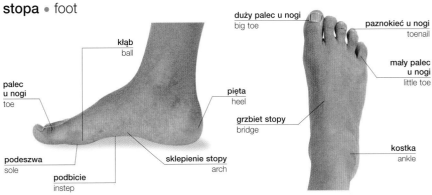

kłąb ball

duży palec u nogi big toe

paznokieć u nogi toenail

mały palec u nogi little toe

palec u nogi toe

pięta heel

grzbiet stopy bridge

kostka ankle

podeszwa sole

sklepienie stopy arch

podbicie instep

mięśnie • muscles

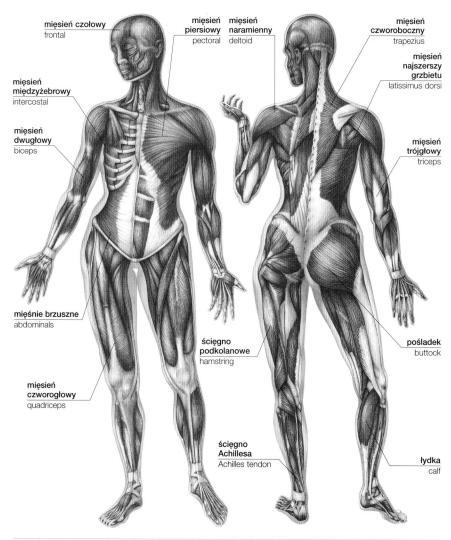

mięsień czołowy
frontal

mięsień piersiowy
pectoral

mięsień naramienny
deltoid

mięsień czworoboczny
trapezius

mięsień najszerszy grzbietu
latissimus dorsi

mięsień międzyżebrowy
intercostal

mięsień dwugłowy
biceps

mięsień trójgłowy
triceps

mięśnie brzuszne
abdominals

ścięgno podkolanowe
hamstring

pośladek
buttock

mięsień czworogłowy
quadriceps

ścięgno Achillesa
Achilles tendon

łydka
calf

szkielet • skeleton

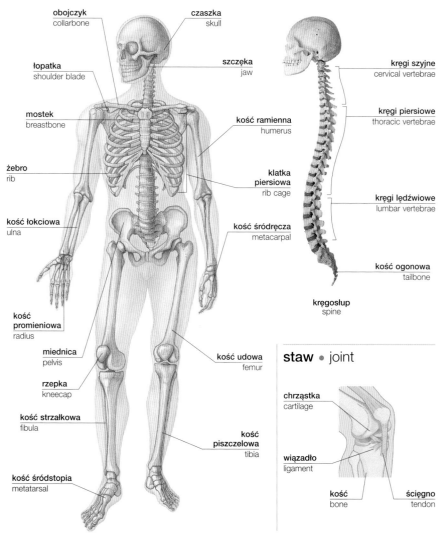

obojczyk
collarbone

czaszka
skull

łopatka
shoulder blade

szczęka
jaw

mostek
breastbone

kość ramienna
humerus

żebro
rib

**klatka
piersiowa**
rib cage

kość łokciowa
ulna

kość śródręcza
metacarpal

**kość
promieniowa**
radius

miednica
pelvis

rzepka
kneecap

kość udowa
femur

kość strzałkowa
fibula

**kość
piszczelowa**
tibia

kość śródstopia
metatarsal

kręgi szyjne
cervical vertebrae

kręgi piersiowe
thoracic vertebrae

kręgi lędźwiowe
lumbar vertebrae

kość ogonowa
tailbone

kręgosłup
spine

staw • joint

chrząstka
cartilage

wiązadło
ligament

kość
bone

ścięgno
tendon

narządy wewnętrzne • internal organs

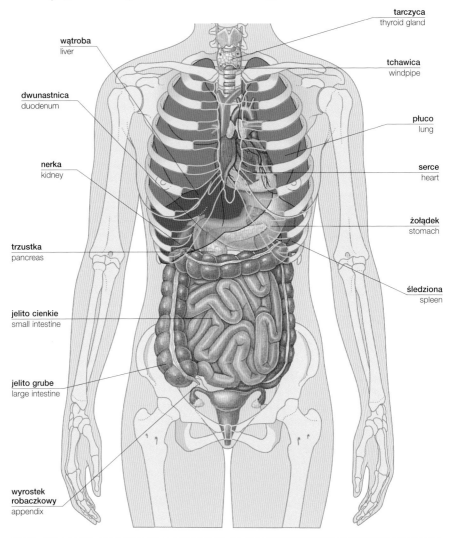

tarczyca
thyroid gland

wątroba
liver

tchawica
windpipe

dwunastnica
duodenum

płuco
lung

nerka
kidney

serce
heart

żołądek
stomach

trzustka
pancreas

śledziona
spleen

jelito cienkie
small intestine

jelito grube
large intestine

wyrostek
robaczkowy
appendix

głowa • head

zatoka
sinus

podniebienie
palate

język
tongue

krtań
larynx

jabłko Adama
Adam's apple

struny głosowe
vocal cords

mózg
brain

gardło
pharynx

nagłośnia
epiglottis

przełyk
esophagus

gardło
throat

układy narządów • body systems

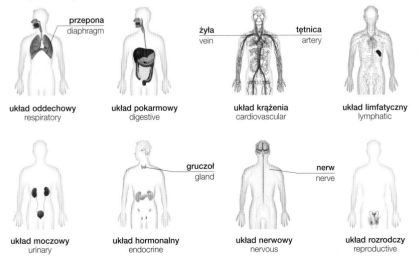

przepona
diaphragm

żyła
vein

tętnica
artery

układ oddechowy
respiratory

układ pokarmowy
digestive

układ krążenia
cardiovascular

układ limfatyczny
lymphatic

gruczoł
gland

nerw
nerve

układ moczowy
urinary

układ hormonalny
endocrine

układ nerwowy
nervous

układ rozrodczy
reproductive

narządy rozrodcze • reproductive organs

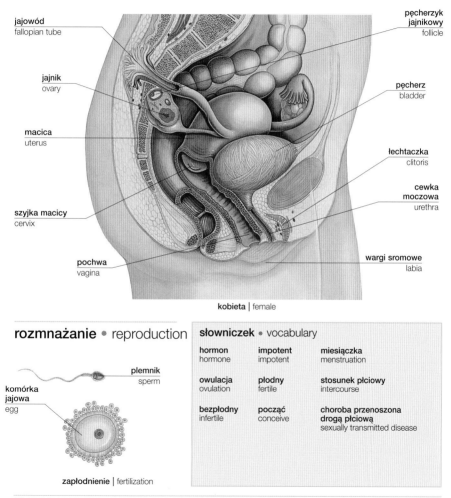

jajowód
fallopian tube

pęcherzyk
jajnikowy
follicle

jajnik
ovary

pęcherz
bladder

macica
uterus

łechtaczka
clitoris

cewka
moczowa
urethra

szyjka macicy
cervix

pochwa
vagina

wargi sromowe
labia

kobieta | female

rozmnażanie • reproduction

plemnik
sperm

komórka
jajowa
egg

zapłodnienie | fertilization

słowniczek • vocabulary

hormon hormone	**impotent** impotent	**miesiączka** menstruation
owulacja ovulation	**płodny** fertile	**stosunek płciowy** intercourse
bezpłodny infertile	**począć** conceive	**choroba przenoszona** **drogą płciową** sexually transmitted disease

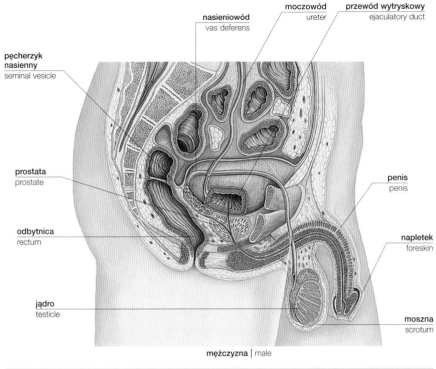

nasieniowód
vas deferens

moczowód
ureter

przewód wytryskowy
ejaculatory duct

pęcherzyk nasienny
seminal vesicle

prostata
prostate

odbytnica
rectum

jądro
testicle

penis
penis

napletek
foreskin

moszna
scrotum

mężczyzna | male

antykoncepcja • contraception

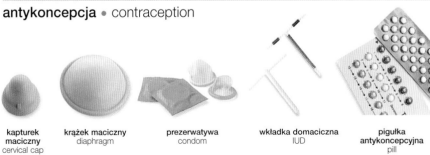

kapturek maciczny
cervical cap

krążek maciczny
diaphragm

prezerwatywa
condom

wkładka domaciczna
IUD

pigułka antykoncepcyjna
pill

rodzina • family

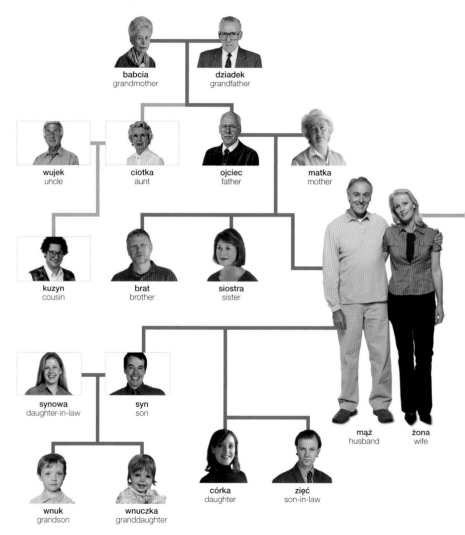

babcia
grandmother

dziadek
grandfather

wujek
uncle

ciotka
aunt

ojciec
father

matka
mother

kuzyn
cousin

brat
brother

siostra
sister

synowa
daughter-in-law

syn
son

mąż
husband

żona
wife

wnuk
grandson

wnuczka
granddaughter

córka
daughter

zięć
son-in-law

słowniczek • vocabulary

krewni relatives	**rodzice** parents	**wnuki** grandchildren	**macocha** stepmother	**pasierb** stepson	**pokolenie** generation
dziadkowie grandparents	**dzieci** children	**ojczym** stepfather	**pasierbica** stepdaughter	**partner** partner	**bliźnięta** twins

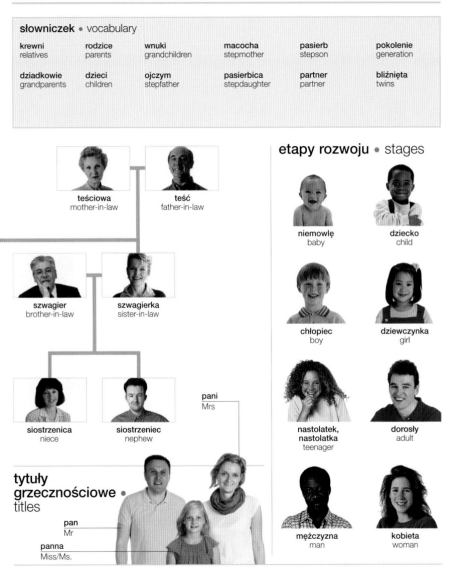

teściowa
mother-in-law

teść
father-in-law

szwagier
brother-in-law

szwagierka
sister-in-law

siostrzenica
niece

siostrzeniec
nephew

pani
Mrs

tytuły grzecznościowe • titles

pan
Mr

panna
Miss/Ms.

etapy rozwoju • stages

niemowlę
baby

dziecko
child

chłopiec
boy

dziewczynka
girl

nastolatek, nastolatka
teenager

dorosły
adult

mężczyzna
man

kobieta
woman

związki • relationships

asystent	assistant
kierownik	manager
partner biznesowy	business partner
pracodawca	employer
pracownik	employee
kolega z pracy	colleague

biuro | office

sąsiad neighbor

przyjaciel friend

znajomy acquaintance

przyjaciel korespondencyjny pen pal

chłopak boyfriend

dziewczyna girlfriend

narzeczony fiancé

narzeczona fiancée

para | couple

narzeczeni | engaged couple

uczucia • emotions

uśmiech
smile

szczęśliwy
happy

smutny
sad

podekscytowany
excited

znudzony
bored

zaskoczony
surprised

przestraszony
scared

zmarszczenie
brwi
frown

zły
angry

zdezorientowany
confused

zmartwiony
worried

zdenerwowany
nervous

dumny
proud

pewny siebie
confident

zakłopotany
embarrassed

nieśmiały
shy

słowniczek • vocabulary

zmartwiony upset	**śmiać się** laugh (v)	**westchnąć** sigh (v)	**krzyczeć** shout (v)
wstrząśnięty shocked	**płakać** cry (v)	**zemdleć** faint (v)	**ziewnąć** yawn (v)

przełomowe wydarzenia • life events

urodzić się
be born (v)

pójść do szkoły
start school (v)

zaprzyjaźnić się
make friends (v)

skończyć studia
graduate (v)

dostać pracę
get a job (v)

zakochać się
fall in love (v)

wziąć ślub
get married (v)

mieć dziecko
have a baby (v)

ślub | wedding

rozwód
divorce

pogrzeb
funeral

słowniczek • vocabulary

chrzest christening	**umrzeć** die (v)
bar micwa bar mitzvah	**spisać testament** make a will (v)
rocznica anniversary	**metryka urodzenia** birth certificate
wyemigrować emigrate (v)	**wesele** wedding reception
przejść na emeryturę retire (v)	**miesiąc miodowy** honeymoon

uroczystości • celebrations

**przyjęcie
urodzinowe**
birthday party

kartka
card

prezent
present

urodziny
birthday

Boże Narodzenie
Christmas

Pascha
Passover

Nowy Rok
New Year

karnawał
carnival

parada
procession

Ramadan
Ramadan

wstążka
ribbon

Święto Dziękczynienia
Thanksgiving

Wielkanoc
Easter

Halloween
Halloween

Diwali
Diwali

wygląd
appearance

odzież dziecięca • children's clothing

niemowlę • baby

kombinezon zimowy
snowsuit

podkoszulek
bodysuit

zatrzask
snap

pajacyk
onesie

śpioszki
sleeper

rampers
romper

śliniaczek
bib

rękawiczki
mittens

buciki
booties

pielucha frotte
cloth diaper

**pielucha
jednorazowa**
disposable diaper

majtki ceratowe
plastic pants

---

małe dziecko • toddler

koszulka
T-shirt

ogrodniczki
overalls

kapelusz od słońca
sun hat

szorty
shorts

spódnica
skirt

fartuszek
apron

dziecko • child

sukienka
dress

kaptur
hood

dżinsy
jeans

plecak
backpack

kołeczek
toggle

szalik
scarf

anorak
parka

sandały
sandals

kalosze
rain
boots

lato
summer

płaszcz
przeciwdeszczowy
raincoat

jesień
fall

budrysówka
duffel coat

zima
winter

szlafrok
bathrobe

logo
logo

buty
sportowe
athletic shoes

koszula nocna
nightgown

strój piłkarski
soccer uniform

dres
jogging suit

legginsy
leggings

kapcie
slippers

bielizna nocna
nightwear

słowniczek • vocabulary

włókno naturalne natural fiber	**Czy można to prać w pralce?** Is it machine washable?
syntetyczny synthetic	**Czy to będzie dobre na dwulatka?** Will this fit a two-year-old?

odzież męska • men's clothing

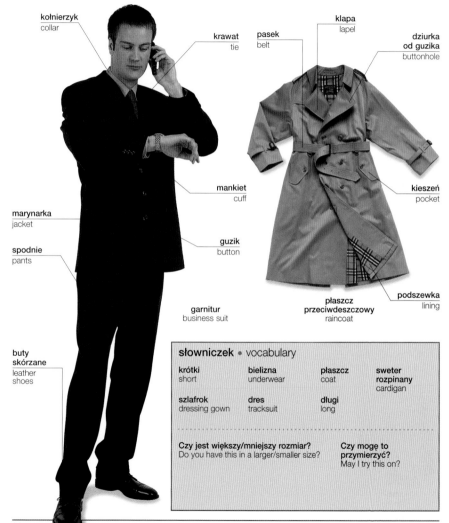

kołnierzyk
collar

krawat
tie

pasek
belt

klapa
lapel

dziurka
od guzika
buttonhole

mankiet
cuff

marynarka
jacket

spodnie
pants

guzik
button

kieszeń
pocket

garnitur
business suit

płaszcz
przeciwdeszczowy
raincoat

podszewka
lining

buty
skórzane
leather
shoes

słowniczek • vocabulary

krótki short	bielizna underwear	płaszcz coat	sweter rozpinany cardigan
szlafrok dressing gown	dres tracksuit	długi long	

Czy jest większy/mniejszy rozmiar?
Do you have this in a larger/smaller size?

**Czy mogę to
przymierzyć?**
May I try this on?

marynarka
blazer

marynarka sportowa
sport coat

kamizelka
vest

dekolt w szpic
V-neck

dekolt okrągły
crew neck

koszulka
T-shirt

anorak
parka

bluza sportowa
sweatshirt

koszula
shirt

dżinsy
jeans

sweter
sweater

pidżama
pajamas

podkoszulek
undershirt

strój swobodny
casual wear

szorty
shorts

slipy
briefs

bokserki
boxer shorts

skarpetki
socks

odzież damska • women's clothing

żakiet
jacket

szew
seam

bez ramiączek
strapless

bez rękawów
sleeveless

rękaw
sleeve

do kostek
ankle length

rąbek
hem

spódnica
skirt

do kolan
knee-length

buty
shoes

suknia wieczorowa
evening dress

sukienka
dress

bluzka
blouse

spodnie
pants

strój wizytowy
formal

strój swobodny
casual

bielizna • lingerie

ślub • wedding

ramiączko
strap

welon
veil

koronka
lace

bukiet
bouquet

tren
train

szlafrok
robe

halka
slip

koszulka na ramiączkach
camisole

podwiązki
garter straps

baskinka
bustier

pończocha
stocking

rajstopy
panty hose

suknia ślubna
wedding dress

biustonosz
bra

figi
panties

koszula nocna
nightgown

słowniczek • vocabulary

gorset
corset

dopasowany
tailored

podwiązka
garter

bluzka z odkrytymi plecami, zawiązywana na szyi
halter neck

poduszka (na ramieniu)
shoulder pad

z fiszbinami
underwire

pas (w spodniach, spódnicy)
waistband

biustonosz sportowy
sports bra

dodatki • accessories

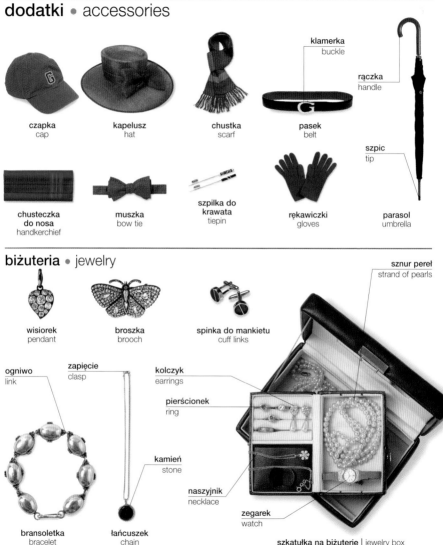

czapka
cap

kapelusz
hat

chustka
scarf

pasek
belt

klamerka
buckle

rączka
handle

szpic
tip

**chusteczka
do nosa**
handkerchief

muszka
bow tie

**szpilka do
krawata**
tiepin

rękawiczki
gloves

parasol
umbrella

biżuteria • jewelry

sznur pereł
strand of pearls

wisiorek
pendant

broszka
brooch

spinka do mankietu
cuff links

ogniwo
link

zapięcie
clasp

kolczyk
earrings

pierścionek
ring

kamień
stone

naszyjnik
necklace

zegarek
watch

bransoletka
bracelet

łańcuszek
chain

szkatułka na biżuterię | jewelry box

torby i torebki • bags

portfel
wallet

portmonetka
change purse

torebka na ramię
shoulder bag

zapięcie
clasp

pasek
shoulder strap

paski
handles

torba podróżna
duffel bag

teczka
briefcase

torebka
handbag

plecak
backpack

buty • shoes

sznurówka
lace

język
tongue

dziurka
eyelet

podeszwa
sole

but sznurowany
lace-up

obcas
heel

botek
boot

but turystyczny
hiking boot

but sportowy
sneaker

klapek
flip-flop

but skórzany
dress shoe

but na wysokim obcasie
high-heeled shoe

koturn
wedge

sandał
sandal

mokasyn
slip-on

balerina
pump

włosy • hair

grzebień
comb

czesać *(grzebieniem)*
comb (v)

szczotka
brush

czesać *(szczotką)* | brush (v)

fryzjer
hairdresser

umywalka
sink

klient
client

umyć | wash (v)

spłukać
rinse (v)

ściąć
cut (v)

peleryna
fryzjerska
robe

wysuszyć suszarką
blow-dry (v)

ułożyć
set (v)

przybory • accessories

suszarka do
włosów
blow-dryer

szampon
shampoo

odżywka
conditioner

żel
gel

lakier do
włosów
hairspray

lokówka
curling iron

nożyczki
scissors

opaska na włosy
headband

prostownica do włosów
hair straightener

szpilka do włosów
bobby pins

fryzury • styles

koński ogon
ponytail

warkocz
braid

banan
French twist

kok
bun

kucyki
pigtails

paź
bob

krótka fryzura
crop

kręcone *(włosy)*
curly

trwała
perm

proste *(włosy)*
straight

odrosty
roots

pasemka
highlights

łysy
bald

peruka
wig

słowniczek • vocabulary

przyciąć
trim (v)

prostować
straighten (v)

fryzjer męski
barber

łupież
dandruff

rozdwojone końce
split ends

tłusty
greasy

suchy
dry

normalny
normal

skóra głowy
scalp

gumka do włosów
hairband

broda
beard

wąsy
mustache

kolory • colors

blond
blonde

ciemny brąz
brunette

kasztanowy
auburn

rudy
red

czarny
black

siwy
gray

biały
white

farbowany
dyed

uroda • beauty

farba do włosów
hair dye

cień do
powiek
eye shadow

tusz do rzęs
mascara

kredka do oczu
eyeliner

róż
blush

podkład
foundation

pomadka
lipstick

makijaż • makeup

kredka do brwi
eyebrow pencil

szczoteczka do brwi
eyebrow brush

pinceta
tweezers

błyszczyk do ust
lip gloss

pędzelek do ust
lip brush

konturówka do ust
lip liner

pędzel
brush

korektor
concealer

lusterko
mirror

puder
face powder

**puszek
do pudru**
powder puff

puderniczka | compact

zabiegi kosmetyczne •
beauty treatments

maseczka
face mask

łóżko do opalania
sunbed

**zabieg kosmetyczny
twarzy**
facial

robić peeling
exfoliate (v)

wosk
wax

pedikiur
pedicure

przybory toaletowe • toiletries

**preparat do
demakijażu**
cleanser

tonik
toner

krem nawilżający
moisturizer

samoopalacz
self-tanning lotion

perfumy
perfume

woda toaletowa
eau de toilette

manikiur • manicure

pilnik do paznokci
nail file

zmywacz do paznokci
nail polish remover

lakier do paznokci
nail polish

**nożyczki
do paznokci**
nail scissors

**cążki do
paznokci**
nail clippers

słowniczek • vocabulary

cera complexion	**tłusty** oily	**opalenizna** tan
jasny fair	**wrażliwy** sensitive	**tatuaż** tattoo
ciemny dark	**hipoalergiczny** hypoallergenic	**zeciwzmarszczkowy** antiwrinkle
suchy dry	**odcień** shade	**waciki** cotton balls

zdrowie
health

choroba • illness

gorączka | fever

ból głowy
headache

krwawienie z nosa
nosebleed

kaszel
cough

kichnięcie
sneeze

przeziębienie
cold

grypa
flu

inhalator
inhaler

astma
asthma

skurcze
cramps

mdłości
nausea

ospa wietrzna
chicken pox

wysypka
rash

---

słowniczek • vocabulary

udar stroke	**cukrzyca** diabetes	**egzema** eczema	**przeziębienie** chill	**wymiotować** vomit (v)	**biegunka** diarrhea
ciśnienie krwi blood pressure	**alergia** allergy	**infekcja** infection	**ból żołądka** stomachache	**padaczka** epilepsy	**odra** measles
atak serca heart attack	**katar sienny** hay fever	**wirus** virus	**zasłabnąć** faint (v)	**migrena** migraine	**świnka** mumps

lekarz • doctor
wizyta • consultation

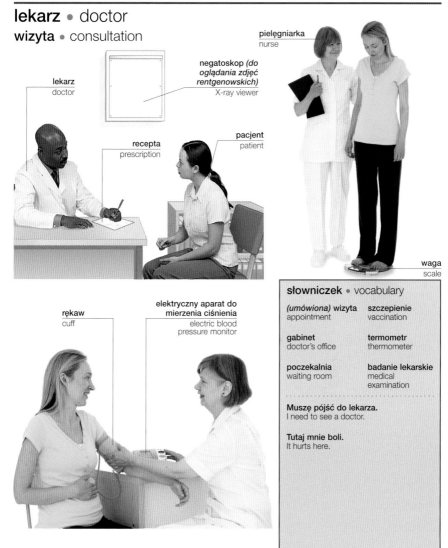

pielęgniarka
nurse

negatoskop *(do oglądania zdjęć rentgenowskich)*
X-ray viewer

lekarz
doctor

recepta
prescription

pacjent
patient

waga
scale

rękaw
cuff

elektryczny aparat do mierzenia ciśnienia
electric blood pressure monitor

słowniczek • vocabulary

(umówiona) wizyta
appointment

szczepienie
vaccination

gabinet
doctor's office

termometr
thermometer

poczekalnia
waiting room

badanie lekarskie
medical examination

Muszę pójść do lekarza.
I need to see a doctor.

Tutaj mnie boli.
It hurts here.

urazy • injury

temblak
sling

kołnierz ortopedyczny
neck brace

skręcenie | sprain

złamanie
fracture

uraz kręgosłupa szyjnego spowodowany szarpnięciem
whiplash

skaleczenie
cut

zadrapanie
graze

siniak
bruise

drzazga
splinter

oparzenie słoneczne
sunburn

oparzenie
burn

ugryzienie
bite

użądlenie
sting

słowniczek • vocabulary

wypadek accident	**krwotok** hemorrhage	**zatrucie** poisoning	**Czy on/ona z tego wyjdzie?** Will he/she be all right?
nagły wypadek emergency	**pęcherz** blister	**porażenie prądem** electric shock	**Gdzie boli?** Where does it hurt?
rana wound	**wstrząs mózgu** concussion	**uraz głowy** head injury	**Proszę wezwać karetkę pogotowia.** Please call an ambulance.

pierwsza pomoc • first aid

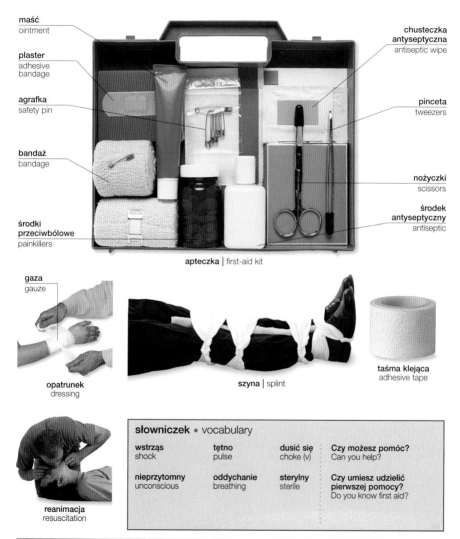

maść
ointment

plaster
adhesive
bandage

agrafka
safety pin

bandaż
bandage

**środki
przeciwbólowe**
painkillers

**chusteczka
antyseptyczna**
antiseptic wipe

pinceta
tweezers

nożyczki
scissors

**środek
antyseptyczny**
antiseptic

apteczka | first-aid kit

gaza
gauze

opatrunek
dressing

szyna | splint

taśma klejąca
adhesive tape

reanimacja
resuscitation

słowniczek • vocabulary

wstrząs shock	**tętno** pulse	**dusić się** choke (v)	**Czy możesz pomóc?** Can you help?
nieprzytomny unconscious	**oddychanie** breathing	**sterylny** sterile	**Czy umiesz udzielić pierwszej pomocy?** Do you know first aid?

szpital • hospital

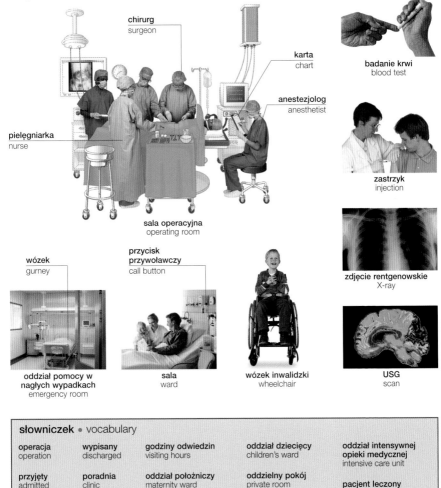

chirurg
surgeon

karta
chart

anestezjolog
anesthetist

pielęgniarka
nurse

sala operacyjna
operating room

badanie krwi
blood test

zastrzyk
injection

zdjęcie rentgenowskie
X-ray

USG
scan

wózek
gurney

przycisk
przywoławczy
call button

wózek inwalidzki
wheelchair

oddział pomocy w
nagłych wypadkach
emergency room

sala
ward

słowniczek • vocabulary

operacja operation	wypisany discharged	godziny odwiedzin visiting hours	oddział dziecięcy children's ward	oddział intensywnej opieki medycznej intensive care unit
przyjęty admitted	poradnia clinic	oddział położniczy maternity ward	oddzielny pokój private room	pacjent leczony ambulatoryjnie outpatient

oddziały • departments

otolaryngologia
ENT

kardiologia
cardiology

ortopedia
orthopedics

ginekologia
gynecology

fizjoterapia
physiotherapy

dermatologia
dermatology

pediatria
pediatrics

radiologia
radiology

chirurgia
surgery

oddział położniczy
maternity

psychiatria
psychiatry

okulistyka
ophthalmology

słowniczek • vocabulary

neurologia neurology	**urologia** urology	**endokrynologia** endocrinology	**patologia** pathology	**wynik** result
onkologia oncology	**chirurgia plastyczna** plastic surgery	**skierowanie** referral	**badanie** test	**lekarz specjalista** specialist

dentysta • dentist

ząb • tooth

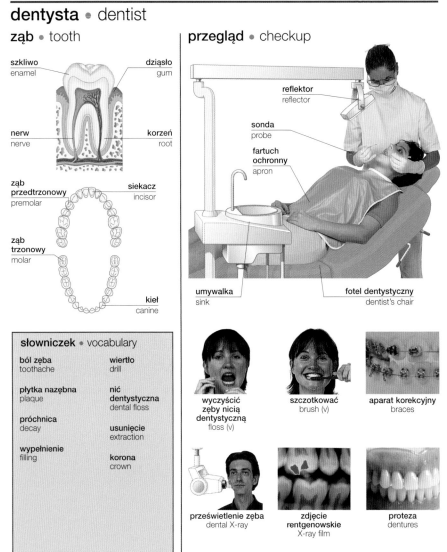

szkliwo
enamel

dziąsło
gum

nerw
nerve

korzeń
root

ząb
przedtrzonowy
premolar

siekacz
incisor

ząb
trzonowy
molar

kieł
canine

słowniczek • vocabulary

ból zęba
toothache

wiertło
drill

płytka nazębna
plaque

nić
dentystyczna
dental floss

próchnica
decay

usunięcie
extraction

wypełnienie
filling

korona
crown

przegląd • checkup

reflektor
reflector

sonda
probe

fartuch
ochronny
apron

umywalka
sink

fotel dentystyczny
dentist's chair

wyczyścić
zęby nicią
dentystyczną
floss (v)

szczotkować
brush (v)

aparat korekcyjny
braces

prześwietlenie zęba
dental X-ray

zdjęcie
rentgenowskie
X-ray film

proteza
dentures

optyk • optometrist

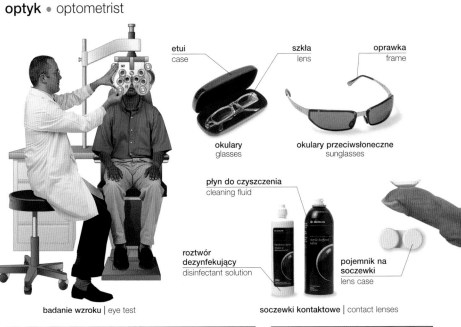

etui
case

szkła
lens

oprawka
frame

okulary
glasses

okulary przeciwsłoneczne
sunglasses

płyn do czyszczenia
cleaning fluid

roztwór
dezynfekujący
disinfectant solution

pojemnik na
soczewki
lens case

badanie wzroku | eye test

soczewki kontaktowe | contact lenses

oko • eye

brew
eyebrow

powieka
eyelid

rzęsa
eyelash

źrenica
pupil

tęczówka
iris

siatkówka
retina

soczewka
lens

nerw wzrokowy
optic nerve

rogówka
cornea

słowniczek • vocabulary

wzrok vision	**astygmatyzm** astigmatism
dioptria diopter	**długowzroczność** farsighted
łza tear	**krótkowzroczność** nearsighted
katarakta cataract	**dwuogniskowy** bifocal

ciąża • pregnancy

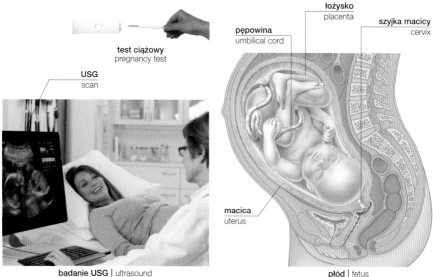

test ciążowy
pregnancy test

USG
scan

łożysko
placenta

pępowina
umbilical cord

szyjka macicy
cervix

macica
uterus

badanie USG | ultrasound

płód | fetus

słowniczek • vocabulary

owulacja ovulation	**badanie prenatalne** prenatal	**amniocenteza** amniocentesis	**rozwarcie** dilation	**poród** delivery	**poród pośladkowy** breech birth
zapłodnienie conception	**embrion** embryo	**skurcz** contraction	**znieczulenie zewnątrzoponowe** epidural	**narodziny** birth	**przedwczesny** premature
w ciąży pregnant	**macica** womb	**odejście wód płodowych (rz)** break water (v)	**nacięcie krocza** episiotomy	**poronienie** miscarriage	**ginekolog** gynecologist
w ciąży expecting	**trymestr** trimester	**płyn owodniowy** amniotic fluid	**cesarskie cięcie** cesarean section	**szwy** stitches	**położnik** obstetrician

poród • childbirth

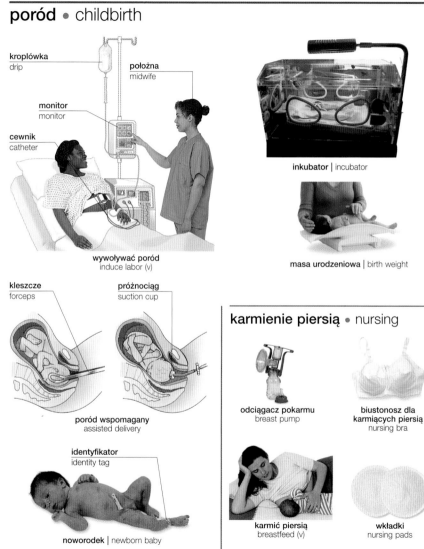

kroplówka
drip

położna
midwife

monitor
monitor

cewnik
catheter

wywoływać poród
induce labor (v)

inkubator | incubator

masa urodzeniowa | birth weight

kleszcze
forceps

próżnociąg
suction cup

poród wspomagany
assisted delivery

identyfikator
identity tag

noworodek | newborn baby

karmienie piersią • nursing

odciągacz pokarmu
breast pump

biustonosz dla karmiących piersią
nursing bra

karmić piersią
breastfeed (v)

wkładki
nursing pads

terapia niekonwencjonalna • alternative therapy

pozycja jogi
yoga pose

mata
mat

joga | yoga

masaż
massage

siatsu
shiatsu

chiropraktyka
chiropractic

osteopatia
osteopathy

refleksologia
reflexology

medytacja
meditation

terapeuta
counselor

terapia grupowa
group therapy

reiki
reiki

akupunktura
acupuncture

ajurweda
ayurveda

hipnoterapia
hypnotherapy

olejki eteryczne
essential oils

ziołolecznictwo
herbalism

aromaterapia
aromatherapy

homeopatia
homeopathy

akupresura
acupressure

terapeuta
therapist

psychoterapia
psychotherapy

słowniczek • vocabulary			
suplement supplement	**naturopatia** naturopathy	**relaks** relaxation	**zioło** herb
hydroterapia hydrotherapy	**feng shui** feng shui	**stres** stress	**litoterapia** crystal healing

dom
home

dom • house

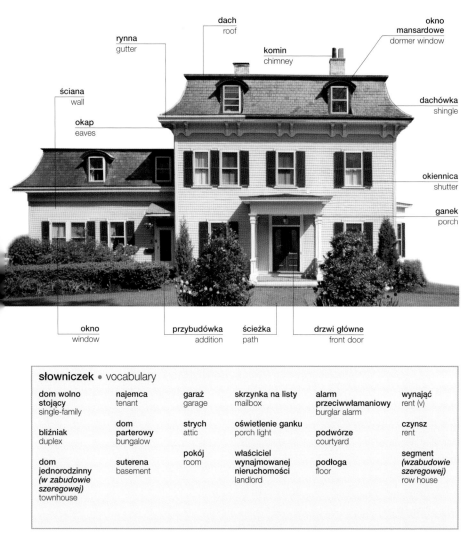

dach
roof

okno mansardowe
dormer window

rynna
gutter

komin
chimney

ściana
wall

okap
eaves

dachówka
shingle

okiennica
shutter

ganek
porch

okno
window

przybudówka
addition

ścieżka
path

drzwi główne
front door

słowniczek • vocabulary

dom wolno stojący single-family	**najemca** tenant	**garaż** garage	**skrzynka na listy** mailbox	**alarm przeciwwłamaniowy** burglar alarm	**wynająć** rent (v)
bliźniak duplex	**dom parterowy** bungalow	**strych** attic	**oświetlenie ganku** porch light	**podwórze** courtyard	**czynsz** rent
dom jednorodzinny *(w zabudowie szeregowej)* townhouse	**suterena** basement	**pokój** room	**właściciel wynajmowanej nieruchomości** landlord	**podłoga** floor	**segment** *(wzabudowie szeregowej)* row house

wejście • entrance

mieszkanie • apartment

poręcz
hand rail

półpiętro
landing

balustrada
banister

schody
staircase

przedpokój
foyer

dzwonek u drzwi
doorbell

wycieraczka
doormat

kołatka
door knocker

łańcuch
door chain

klucz
key

zamek
lock

zasuwka
bolt

balkon
balcony

blok mieszkalny
apartment building

domofon
intercom

winda
elevator

instalacje wewnętrzne • internal systems

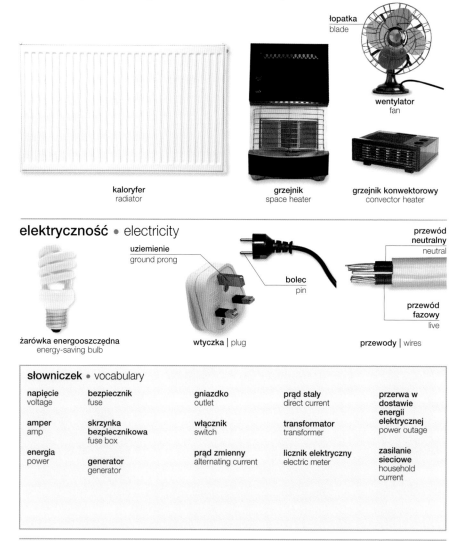

łopatka
blade

wentylator
fan

kaloryfer
radiator

grzejnik
space heater

grzejnik konwektorowy
convector heater

elektryczność • electricity

przewód
neutralny
neutral

uziemienie
ground prong

bolec
pin

przewód
fazowy
live

żarówka energooszczędna
energy-saving bulb

wtyczka | plug

przewody | wires

słowniczek • vocabulary

napięcie voltage	**bezpiecznik** fuse	**gniazdko** outlet	**prąd stały** direct current	**przerwa w dostawie energii elektrycznej** power outage
amper amp	**skrzynka bezpiecznikowa** fuse box	**włącznik** switch	**transformator** transformer	
energia power	**generator** generator	**prąd zmienny** alternating current	**licznik elektryczny** electric meter	**zasilanie sieciowe** household current

instalacja wodno-kanalizacyjna • plumbing

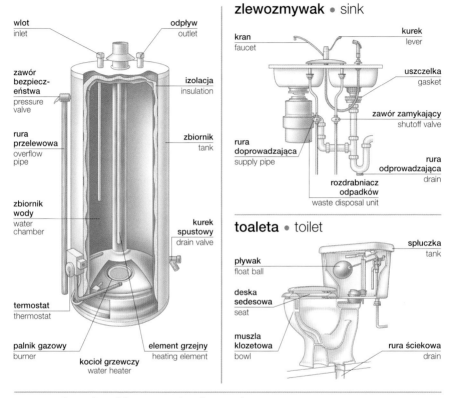

wlot
inlet

odpływ
outlet

zawór bezpiecz-eństwa
pressure valve

izolacja
insulation

rura przelewowa
overflow pipe

zbiornik
tank

zbiornik wody
water chamber

kurek spustowy
drain valve

termostat
thermostat

palnik gazowy
burner

element grzejny
heating element

kocioł grzewczy
water heater

zlewozmywak • sink

kran
faucet

kurek
lever

uszczelka
gasket

zawór zamykający
shutoff valve

rura doprowadzająca
supply pipe

rura odprowadzająca
drain

rozdrabniacz odpadków
waste disposal unit

toaleta • toilet

spłuczka
tank

pływak
float ball

deska sedesowa
seat

muszla klozetowa
bowl

rura ściekowa
drain

usuwanie odpadów • waste disposal

butelka
bottle

pokrywka
lid

pedał
pedal

pojemnik na odpady do recyklingu
recycling bin

śmietniczka
trash can

sortownik
sorting unit

odpady organiczne
organic waste

polski • english

salon • living room

kinkiet
wall light

kominek
fireplace

sufit
ceiling

wazon
vase

poduszka
cushion

lampka
lamp

stolik
coffee table

kanapa
sofa

podłoga
floor

rama
frame

obraz
painting

zasłona
curtain

firanka
sheer curtain

żaluzja
Venetian blind

roleta
roller shade

gzyms
molding

fotel
armchair

regał na książki
bookshelf

rozkładana kanapa
sofa bed

dywanik
rug

gabinet | study

jadalnia • dining room

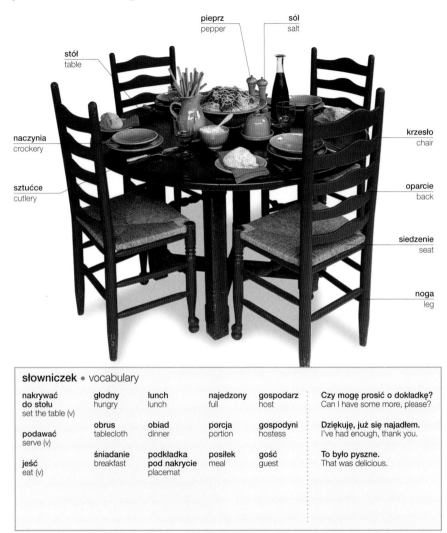

pieprz
pepper

sól
salt

stół
table

naczynia
crockery

sztućce
cutlery

krzesło
chair

oparcie
back

siedzenie
seat

noga
leg

słowniczek • vocabulary

nakrywać do stołu set the table (v)	**głodny** hungry	**lunch** lunch	**najedzony** full	**gospodarz** host	**Czy mogę prosić o dokładkę?** Can I have some more, please?
podawać serve (v)	**obrus** tablecloth	**obiad** dinner	**porcja** portion	**gospodyni** hostess	**Dziękuję, już się najadłem.** I've had enough, thank you.
jeść eat (v)	**śniadanie** breakfast	**podkładka pod nakrycie** placemat	**posiłek** meal	**gość** guest	**To było pyszne.** That was delicious.

naczynia i sztućce • crockery and cutlery

łyżeczka
teaspoon

kubek
mug

filiżanka do kawy
coffee cup

**filiżanka
do herbaty**
teacup

talerz
plate

miseczka
bowl

**zaparzacz
do kawy**
French press

**dzbanek
do herbaty**
teapot

dzbanek
pitcher

**kieliszek
do jajek**
eggcup

kieliszek do wina
wine glass

szklanka
tumbler

szkło
glassware

**kółko do
serwetki**
napkin ring

talerzyk
side plate

talerz płytki
dinner plate

**talerz
głęboki**
soup bowl

łyżka do zupy
soup spoon

serwetka
napkin

widelec
fork

nakrycie
place setting

łyżka
spoon

nóż
knife

kuchnia • kitchen

wyciąg
ventilation hood

półki
shelves

**płyta chroniąca
ścianę przed
zachlapaniem**
backsplash

**płyta grzejna
ceramiczna**
ceramic
stovetop

kran
faucet

zlewozmywak
sink

blat
countertop

piekarnik
oven

szuflada
drawer

szafka
cabinet

urządzenia • appliances

miska
mixing bowl

pokrywka
lid

kuchenka mikrofalowa
microwave oven

ostrze
blade

czajnik
electric kettle

toster
toaster

robot kuchenny
food processor

mikser
blender

zmywarka do naczyń
dishwasher

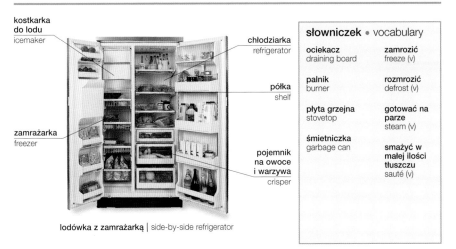

kostkarka
do lodu
icemaker

chłodziarka
refrigerator

półka
shelf

zamrażarka
freezer

pojemnik
na owoce
i warzywa
crisper

lodówka z zamrażarką | side-by-side refrigerator

słowniczek • vocabulary

ociekacz
draining board

palnik
burner

płyta grzejna
stovetop

śmietniczka
garbage can

zamrozić
freeze (v)

rozmrozić
defrost (v)

gotować na parze
steam (v)

smażyć w małej ilości tłuszczu
sauté (v)

gotowanie • cooking

obierać
peel (v)

kroić w plasterki
slice (v)

trzeć
grate (v)

lać
pour (v)

mieszać
mix (v)

ubijać
whisk (v)

gotować
boil (v)

smażyć
fry (v)

wałkować
roll (v)

mieszać
stir (v)

gotować na
wolnym ogniu
simmer (v)

gotować we
wrzątku
poach (v)

piec
(ciasto, chleb)
bake (v)

piec
(mięso, ziemniaki)
roast (v)

piec na grillu
broil (v)

sprzęt kuchenny • kitchenware

deska do krojenia
cutting board

nóż do chleba
bread knife

nóż kuchenny
kitchen knife

tasak
cleaver

ostrzałka do noży
knife sharpener

tłuczek do mięsa
meat tenderizer

szpikulec
skewer

tłuczek
pestle

nożyk do obierania warzyw i owoców
peeler

wydrążacz do jabłek
apple corer

tarka
grater

moździerz
mortar

tłuczek do ziemniaków
masher

otwieracz do konserw
can opener

otwieracz do butelek
bottle opener

wyciskacz do czosnku
garlic press

łyżka do nakładania potraw
serving spoon

łopatka do ryb
slotted spatula

durszlak
colander

łopatka
spatula

łyżka drewniana
wooden spoon

łyżka durszlakowa
slotted spoon

łyżka wazowa
ladle

widelec do mięsa
carving fork

łyżka do porcjowania
ice-cream scoop

trzepaczka
whisk

sitko
sieve

pokrywka
lid

nieprzywierający
nonstick

patelnia
frying pan

rondel
saucepan

**naczynie
do opiekania**
grill pan

wok
wok

**naczynie
ceramiczne**
earthenware dish

szkło
glass

żaroodporny
ovenproof

miska
mixing bowl

naczynie do sufletów
soufflé dish

naczynie do zapiekania
gratin dish

kokilka
ramekin

**naczynie
żaroodporne**
casserole dish

pieczenie ciast • baking cakes

waga
scale

dzbanek z miarką
measuring cup

forma do ciasta
cake pan

**forma do placków/
kruchych ciast**
pie pan

forma do tarty
quiche pan

**pędzelek do
smarowania ciasta**
pastry brush

wałek | rolling pin

woreczek do dekorowania
piping bag

**blacha do
pieczenia babeczek**
muffin pan

**blacha do
pieczenia**
cookie sheet

**kratka pod
gorące naczynia**
cooling rack

rękawica kuchenna
oven mitt

fartuch
apron

sypialnia • bedroom

szafa
wardrobe

lampka nocna
bedside lamp

wezgłowie
headboard

stolik nocny
nightstand

komoda
chest of drawers

szuflada
drawer

łóżko
bed

materac
mattress

narzuta
bedspread

poduszka
pillow

termofor
hot-water bottle

radio z budzikiem
clock radio

budzik
alarm clock

chusteczki higieniczne
box of tissues

wieszak
coat hanger

pościel • bed linen

poszewka
na poduszkę
pillowcase

przescieradło
sheet

falbana
dust ruffle

kołdra
comforter

lustro
mirror

toaletka
dressing
table

kołdra
quilt

koc
blanket

podłoga
floor

słowniczek • vocabulary

łóżko pojedyncze twin bed	oparcie dla nóg footboard	bezsenność insomnia	obudzić się wake up (v)	nastawić budzik set the alarm (v)
łóżko podwójne full bed	sprężyna łóżkowa bedspring	iść do łóżka go to bed (v)	wstać get up (v)	chrapać snore (v)
koc elektryczny electric blanket	dywan carpet	iść spać go to sleep (v)	posłać łóżko make the bed (v)	wbudowana szafa closet

łazienka • bathroom

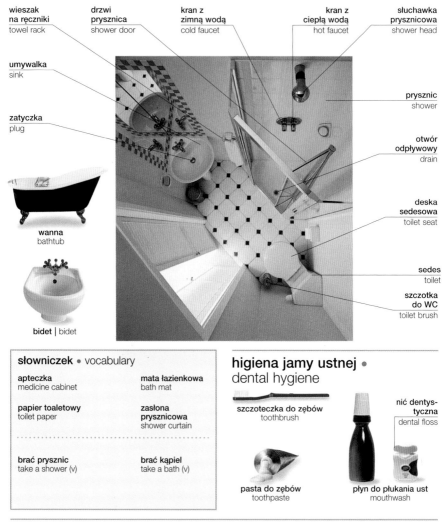

**wieszak
na ręczniki**
towel rack

**drzwi
prysznica**
shower door

**kran z
zimną wodą**
cold faucet

**kran z
ciepłą wodą**
hot faucet

**słuchawka
prysznicowa**
shower head

umywalka
sink

prysznic
shower

zatyczka
plug

**otwór
odpływowy**
drain

**deska
sedesowa**
toilet seat

wanna
bathtub

sedes
toilet

**szczotka
do WC**
toilet brush

bidet | bidet

słowniczek • vocabulary

apteczka medicine cabinet	**mata łazienkowa** bath mat
papier toaletowy toilet paper	**zasłona prysznicowa** shower curtain
brać prysznic take a shower (v)	**brać kąpiel** take a bath (v)

higiena jamy ustnej • dental hygiene

szczoteczka do zębów
toothbrush

**nić dentys-
tyczna**
dental floss

pasta do zębów
toothpaste

płyn do płukania ust
mouthwash

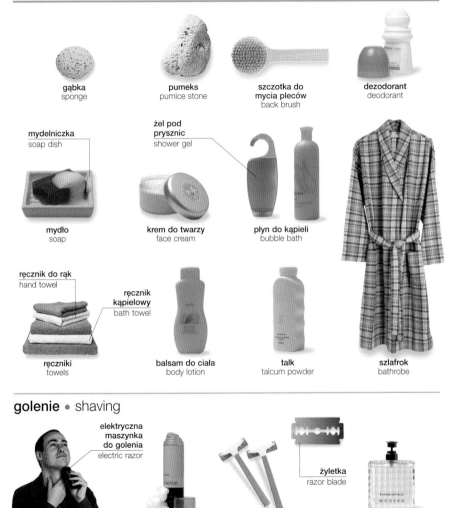

gąbka
sponge

pumeks
pumice stone

szczotka do mycia pleców
back brush

dezodorant
deodorant

mydelniczka
soap dish

żel pod prysznic
shower gel

mydło
soap

krem do twarzy
face cream

płyn do kąpieli
bubble bath

ręcznik do rąk
hand towel

ręcznik kąpielowy
bath towel

ręczniki
towels

balsam do ciała
body lotion

talk
talcum powder

szlafrok
bathrobe

golenie • shaving

elektryczna maszynka do golenia
electric razor

pianka do golenia
shaving foam

jednorazowa maszynka do golenia
disposable razor

żyletka
razor blade

płyn po goleniu
aftershave

pokój dziecinny • nursery

pielęgnacja niemowlęcia • baby care

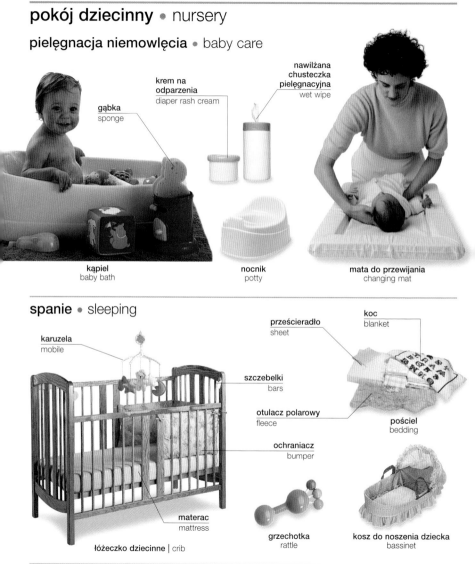

krem na odparzenia
diaper rash cream

nawilżana chusteczka pielęgnacyjna
wet wipe

gąbka
sponge

kąpiel
baby bath

nocnik
potty

mata do przewijania
changing mat

spanie • sleeping

karuzela
mobile

prześcieradło
sheet

koc
blanket

szczebelki
bars

otulacz polarowy
fleece

pościel
bedding

ochraniacz
bumper

materac
mattress

łóżeczko dziecinne | crib

grzechotka
rattle

kosz do noszenia dziecka
bassinet

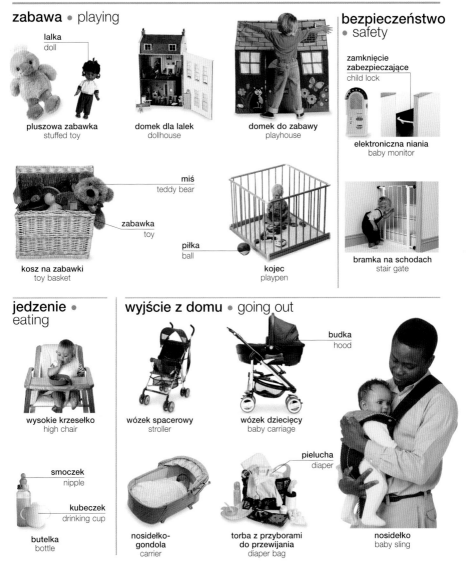

zabawa • playing

lalka
doll

pluszowa zabawka
stuffed toy

domek dla lalek
dollhouse

domek do zabawy
playhouse

miś
teddy bear

zabawka
toy

piłka
ball

kosz na zabawki
toy basket

kojec
playpen

bezpieczeństwo • safety

zamknięcie zabezpieczające
child lock

elektroniczna niania
baby monitor

bramka na schodach
stair gate

jedzenie • eating

wysokie krzesełko
high chair

smoczek
nipple

kubeczek
drinking cup

butelka
bottle

wyjście z domu • going out

wózek spacerowy
stroller

wózek dziecięcy
baby carriage

budka
hood

pielucha
diaper

nosidełko-gondola
carrier

torba z przyborami do przewijania
diaper bag

nosidełko
baby sling

pomieszczenie gospodarcze • utility room

pranie • laundry

**rzeczy
do prania**
dirty laundry

czyste ubrania
clean clothes

**kosz na
brudną bieliznę**
laundry basket

pralka
washing machine

pralka z suszarką
washer-dryer

suszarka bębnowa
tumble dryer

sznur do bielizny
clothesline

żelazko
iron

**klamerka
do bielizny**
clothespin

suszyć
dry (v)

deska do prasowania | ironing board

słowniczek • vocabulary

włożyć *(brudną bieliznę do pralki)* load (v)	**wirować** spin (v)	**prasować** iron (v)	**Jak się obsługuje pralkę?** How do I operate the washing machine?
płukać rinse (v)	**wirówka** spin dryer	**płyn do płukania tkanin** fabric softener	**Jaki program trzeba wybrać do prania rzeczy kolorowych/białych?** What is the setting for colors/whites?

sprzęt do sprzątania • cleaning equipment

wąż ssący
suction hose

zmiotka
brush

szufelka
dustpan

**środek wybielający
i dezynfekujący**
bleach

wiaderko
bucket

proszek
powder

płyn
liquid

**ścierka
do kurzu**
dust cloth

odkurzacz
vacuum cleaner

mop
mop

detergent
detergent

pasta
polish

czynności • activities

czyścić
clean (v)

myć
wash (v)

wycierać
wipe (v)

szorować
scrub (v)

skrobać
scrape (v)

szczotka
broom

zamiatać
sweep (v)

ścierać kurz
dust (v)

pastować
polish (v)

warsztat • workshop

uchwyt
chuck

wiertło
drill bit

wyrzynarka
jigsaw

akumulator
battery pack

wiertarka akumulatorowa
cordless drill

wiertarka elektryczna
electric drill

pistolet do klejenia
glue gun

zacisk
clamp

ostrze
blade

imadło
vise

szlifierka
sander

piła tarczowa
circular saw

stół warsztatowy
workbench

klej do drewna
wood glue

**tablica
narzędziowa**
tool rack

frezarka pionowa
router

**korba
stolarska**
bit brace

wióry
wood shavings

przedłużacz
extension cord

techniki • techniques

ciąć
cut (v)

piłować
saw (v)

wiercić
drill (v)

wbijać
hammer (v)

strugać | plane (v)

toczyć | turn (v)

rzeźbić | carve (v)

lut
solder

lutować | solder (v)

materiały • materials

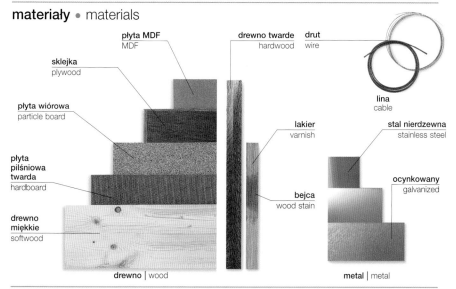

płyta MDF
MDF

sklejka
plywood

płyta wiórowa
particle board

płyta pilśniowa twarda
hardboard

drewno miękkie
softwood

drewno twarde
hardwood

drut
wire

lina
cable

lakier
varnish

bejca
wood stain

stal nierdzewna
stainless steel

ocynkowany
galvanized

drewno | wood

metal | metal

skrzynka z narzędziami • toolbox

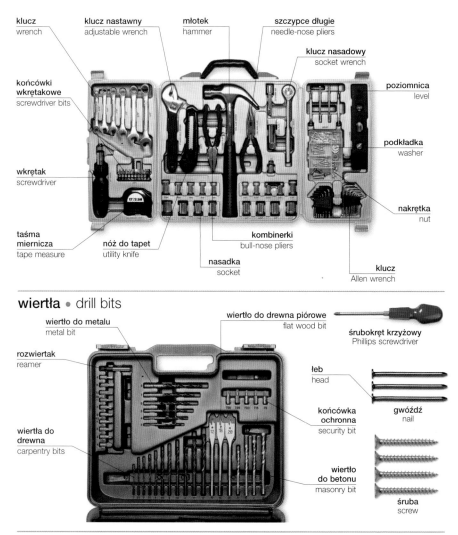

klucz
wrench

klucz nastawny
adjustable wrench

młotek
hammer

szczypce długie
needle-nose pliers

klucz nasadowy
socket wrench

końcówki wkrętakowe
screwdriver bits

poziomnica
level

podkładka
washer

wkrętak
screwdriver

nakrętka
nut

taśma miernicza
tape measure

nóż do tapet
utility knife

kombinerki
bull-nose pliers

nasadka
socket

klucz
Allen wrench

wiertła • drill bits

wiertło do metalu
metal bit

wiertło do drewna piórowe
flat wood bit

śrubokręt krzyżowy
Phillips screwdriver

rozwiertak
reamer

łeb
head

końcówka ochronna
security bit

gwóźdź
nail

wiertła do drewna
carpentry bits

wiertło do betonu
masonry bit

śruba
screw

szczypce do
ściągania izolacji
wire strippers

szczypce do cięcia drutu
wire cutters

lutownica
soldering iron

taśma
izolacyjna
electrical
tape

lut
solder

skalpel
craft knife

wyrzynarka
fretsaw

grzbietnica | tenon saw

okulary ochronne
safety goggles

strug
plane

skrzynka uciosowa
miter block

piła ręczna
handsaw

wiertarka ręczna
hand drill

wełna stalowa
steel wool

piła do metalu
hacksaw

klucz
wrench

dłuto
chisel

papier ścierny
sandpaper

przepychacz
plunger

pilnik
file

osełka
whetstone

obcinak do rur | pipe cutter

odnawianie wnętrz • decorating

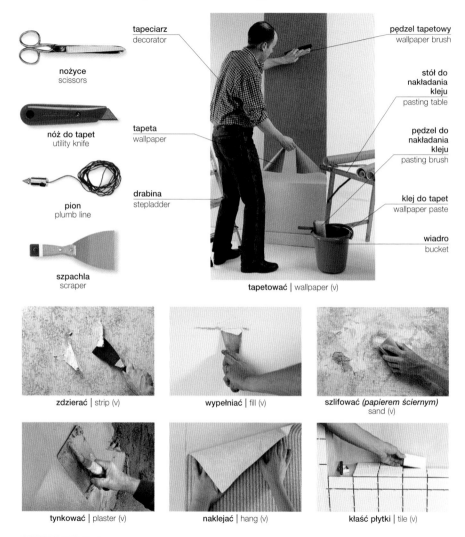

nożyce
scissors

nóż do tapet
utility knife

pion
plumb line

szpachla
scraper

tapeciarz
decorator

tapeta
wallpaper

drabina
stepladder

pędzel tapetowy
wallpaper brush

stół do nakładania kleju
pasting table

pędzel do nakładania kleju
pasting brush

klej do tapet
wallpaper paste

wiadro
bucket

tapetować | wallpaper (v)

zdzierać | strip (v)

wypełniać | fill (v)

szlifować *(papierem ściernym)*
sand (v)

tynkować | plaster (v)

naklejać | hang (v)

kłaść płytki | tile (v)

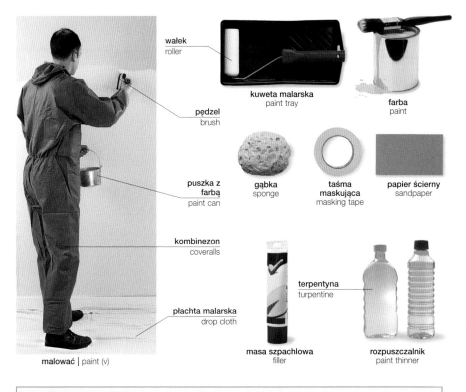

wałek
roller

kuweta malarska
paint tray

farba
paint

pędzel
brush

puszka z farbą
paint can

gąbka
sponge

taśma maskująca
masking tape

papier ścierny
sandpaper

kombinezon
coveralls

terpentyna
turpentine

płachta malarska
drop cloth

masa szpachlowa
filler

rozpuszczalnik
paint thinner

malować | paint (v)

słowniczek • vocabulary

tynk plaster	**z połyskiem** gloss	**tapeta wytłaczana** embossed paper	**podkład** undercoat	**uszczelniacz** sealant
lakier varnish	**matowy** matte	**tapeta do malowania** lining paper	**powłoka nawierzchniowa** topcoat	**rozpuszczalnik** solvent
emulsja latex paint	**szablon** stencil	**grunt** primer	**środek konserwujący** preservative	**fuga** grout

ogród • garden

style ogrodów • garden styles

elementy architektury ogrodowej • garden features

patio | patio garden

ogród na dachu
roof garden

wiszący kosz kwiatów
hanging basket

ogródek skalny
rock garden

krata ogrodowa | trellis

ogród francuski | formal garden

dziedziniec | courtyard

ogród w stylu wiejskim
cottage garden

ogród ziołowy
herb garden

ogród wodny
water garden

pergola
arbor

gleba • soil

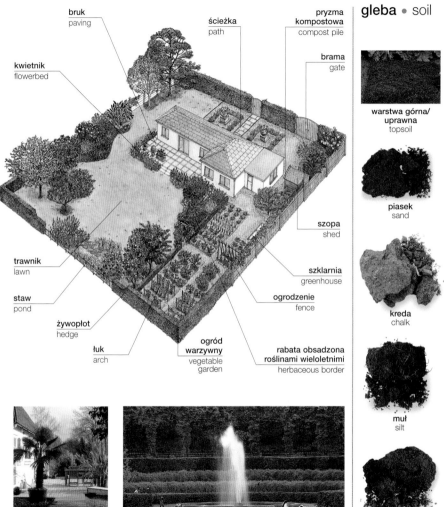

bruk
paving

ścieżka
path

pryzma
kompostowa
compost pile

brama
gate

kwietnik
flowerbed

szopa
shed

szklarnia
greenhouse

ogrodzenie
fence

trawnik
lawn

staw
pond

żywopłot
hedge

łuk
arch

ogród
warzywny
vegetable
garden

rabata obsadzona
roślinami wieloletnimi
herbaceous border

warstwa górna/
uprawna
topsoil

piasek
sand

kreda
chalk

muł
silt

glina
clay

drewniany taras
deck

fontanna | fountain

rośliny ogrodowe • garden plants

typy roślin • types of plants

roślina jednoroczna
annual

roślina dwuletnia
biennial

roślina wieloletnia
perennial

roślina cebulkowa
bulb

paproć
fern

sitowie
cattail

bambus
bamboo

chwasty
weeds

zioło
herb

roślina wodna
water plant

drzewo
tree

(drzewo) **liściaste**
deciduous

palma
palm

drzewo iglaste
conifer

roślina wiecznie zielona
evergreen

rośliny formowane
topiary

roślina alpejska
alpine

roślina gruboszowata
succulent

kaktus
cactus

roślina w doniczce
potted plant

roślina cieniolubna
shade plant

pnącze
climber

kwitnący krzew
flowering shrub

okrywa roślinna
ground cover

roślina płożąca
creeper

roślina ozdobna
ornamental

trawa
grass

narzędzia ogrodnicze • garden tools

grabie do trawy
lawn rake

kompost
compost

nasiona
seeds

mączka kostna
bone meal

łopata
shovel

widły
fork

nożyce na długich rączkach
long-handled shears

grabie
rake

motyka
hoe

żwir
gravel

worek na ściętą trawę
grass bag

silnik
motor

uchwyt
handle

koszyk
gardening basket

osłona
shield

podpórka
stand

podkaszarka
trimmer

kosiarka do trawy
lawnmower

taczka
wheelbarrow

widełki ogrodnicze
hand fork

sekator
pruners

rękawice ogrodnicze
gardening gloves

rydel ogrodniczy
trowel

szpagat
twine

etykiety
labels

druciki do przywiązywania roślin
twist ties

ostrze
blade

skrzynka do wysiewu nasion
seed tray

obręcze do przywiązywania roślin
ring ties

paliki
canes

nożyce
shears

sito
sieve

piła ręczna
handsaw

pestycyd
pesticide

doniczka
plant pot

kalosze
rubber boots

podlewanie • watering

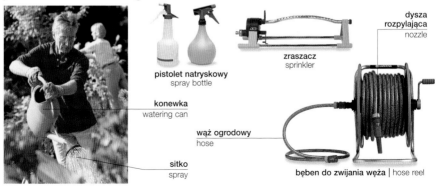

dysza rozpylająca
nozzle

zraszacz
sprinkler

pistolet natryskowy
spray bottle

konewka
watering can

wąż ogrodowy
hose

sitko
spray

bęben do zwijania węża | hose reel

praca w ogrodzie • gardening

trawnik
lawn

kwietnik
flowerbed

kosiarka
do trawy
lawnmower

żywopłot
hedge

palik
stake

kosić | mow (v)

pokrywać darnią
sod (v)

nakłuwać
spike (v)

grabić
rake (v)

przycinać
trim (v)

kopać
dig (v)

siać
sow (v)

nawozić na powierzchni
top-dress (v)

podlewać
water (v)

palik
cane

kształtować
train (v)

obrywać zwiędnięte kwiaty
deadhead (v)

spryskiwać
spray (v)

odnóżka
cutting

szczepić
graft (v)

rozmnażać
propagate (v)

przycinać
prune (v)

podeprzeć palikiem
stake (v)

wysadzać
transplant (v)

pleć
weed (v)

okryć mierzwą
mulch (v)

zbierać
harvest (v)

słowniczek • vocabulary

uprawiać cultivate (v)	**urządzić** *(ogród)* landscape (v)	**nawozić** fertilize (v)	**przesiewać** sift (v)	**organiczny** organic	**sadzonka** seedling	**podglebie** subsoil
zajmować się *(ogrodem)* tend (v)	**posadzić w doniczce** pot (v)	**zbierać** pick (v)	**napowietrzać** aerate (v)	**drenaż** drainage	**nawóz** fertilizer	**środek chwastobójczy** weedkiller

usługi
services

pomoc w nagłych wypadkach • emergency services

pogotowie ratunkowe • ambulance

nosze
stretcher

karetka pogotowia ratunkowego | ambulance

ratownik medyczny | paramedic

policja • police

odznaka
badge

mundur
uniform

syrena
siren

światła
lights

samochód policyjny
police car

posterunek policji
police station

pałka
nightstick

broń
palna
gun

kajdanki
handcuffs

policjant | police officer

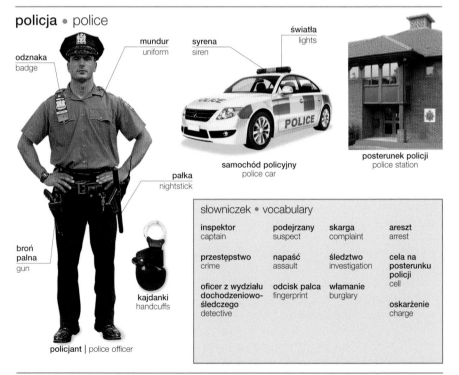

słowniczek • vocabulary

inspektor captain	**podejrzany** suspect	**skarga** complaint	**areszt** arrest
przestępstwo crime	**napaść** assault	**śledztwo** investigation	**cela na posterunku policji** cell
oficer z wydziału dochodzeniowo-śledczego detective	**odcisk palca** fingerprint	**włamanie** burglary	**oskarżenie** charge

straż pożarna • fire department

dym
smoke

kask
helmet

wąż strażacki
hose

kosz
basket

strażacy
firefighters

strumień wody
water jet

wysięgnik
boom

drabina
ladder

kabina
cab

pożar | fire

posterunek straży pożarnej
fire station

wyjście ewakuacyjne
fire escape

wóz strażacki
fire engine

czujnik dymu
smoke alarm

alarm pożarowy
fire alarm

topór
ax

gaśnica
fire extinguisher

hydrant
hydrant

Potrzebna jest policja/straż pożarna/karetka pogotowia.
I need the police/fire department/ambulance.

W... wybuchł pożar.
There's a fire at …

Zdarzył się wypadek.
There's been an accident.

Wezwać policję!
Call the police!

bank • bank

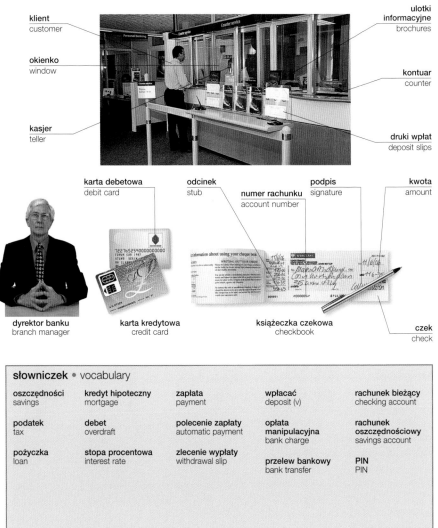

klient
customer

okienko
window

kasjer
teller

ulotki informacyjne
brochures

kontuar
counter

druki wpłat
deposit slips

karta debetowa
debit card

odcinek
stub

numer rachunku
account number

podpis
signature

kwota
amount

dyrektor banku
branch manager

karta kredytowa
credit card

książeczka czekowa
checkbook

czek
check

słowniczek • vocabulary

oszczędności savings	kredyt hipoteczny mortgage	zapłata payment	wpłacać deposit (v)	rachunek bieżący checking account
podatek tax	debet overdraft	polecenie zapłaty automatic payment	opłata manipulacyjna bank charge	rachunek oszczędnościowy savings account
pożyczka loan	stopa procentowa interest rate	zlecenie wypłaty withdrawal slip	przelew bankowy bank transfer	PIN PIN

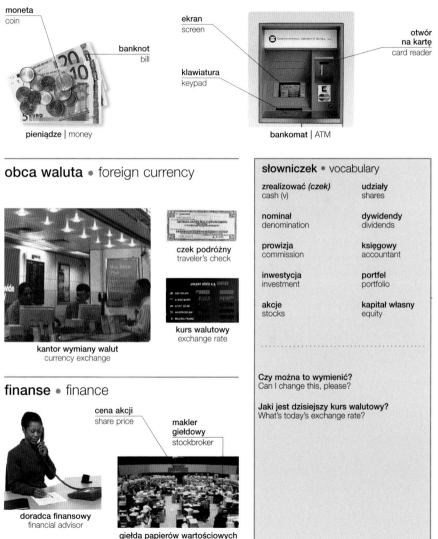

moneta
coin

banknot
bill

pieniądze | money

ekran
screen

otwór
na kartę
card reader

klawiatura
keypad

bankomat | ATM

obca waluta • foreign currency

kantor wymiany walut
currency exchange

czek podróżny
traveler's check

kurs walutowy
exchange rate

finanse • finance

cena akcji
share price

makler
giełdowy
stockbroker

doradca finansowy
financial advisor

giełda papierów wartościowych
stock exchange

słowniczek • vocabulary

zrealizować *(czek)*
cash (v)

nominał
denomination

prowizja
commission

inwestycja
investment

akcje
stocks

udziały
shares

dywidendy
dividends

księgowy
accountant

portfel
portfolio

kapitał własny
equity

Czy można to wymienić?
Can I change this, please?

Jaki jest dzisiejszy kurs walutowy?
What's today's exchange rate?

łączność • communications

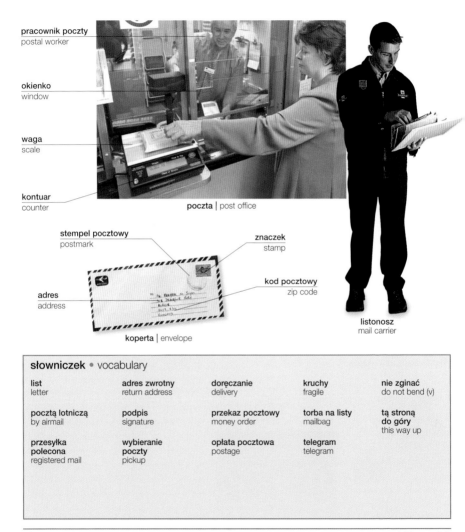

pracownik poczty
postal worker

okienko
window

waga
scale

kontuar
counter

poczta | post office

stempel pocztowy
postmark

znaczek
stamp

kod pocztowy
zip code

adres
address

koperta | envelope

listonosz
mail carrier

słowniczek • vocabulary

list letter	**adres zwrotny** return address	**doręczanie** delivery	**kruchy** fragile	**nie zginać** do not bend (v)
pocztą lotniczą by airmail	**podpis** signature	**przekaz pocztowy** money order	**torba na listy** mailbag	**tą stroną** **do góry** this way up
przesyłka **polecona** registered mail	**wybieranie** **poczty** pickup	**opłata pocztowa** postage	**telegram** telegram	

skrzynka pocztowa
mailbox

skrzynka na listy
letter slot

paczka
package

kurier
courier

telefon • telephone

słuchawka
handset

automatyczna sekretarka
answering machine

baza
base station

telefon bezprzewodowy
cordless phone

budka telefoniczna
phone booth

smartfon
smartphone

telefon komórkowy
cell phone

klawiatura
keypad

słuchawka
receiver

zwrot monet
coin return

automat telefoniczny
payphone

---

słowniczek • vocabulary

informacja telefoniczna
directory assistance

rozmowa na koszt odbiorcy
collect call

wybrać *(numer)*
dial (v)

odebrać *(telefon)*
answer (v)

SMS
text (SMS)

wiadomość głosowa
voice message

operator
operator

zajęty
busy

rozłączony
disconnected

aplikacja
app

kod dostępu
passcode

Czy może mi pan/pani podać numer do...?
Can you give me the number for ...?

Jaki jest numer kierunkowy do...?
What is the area code for ...?

Wyślij mi SMS-a!
Text me!

hotel • hotel
hol • lobby

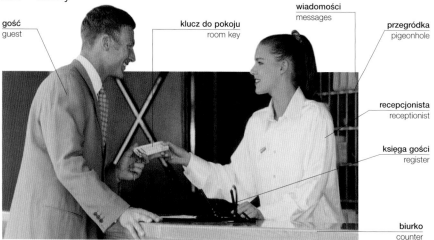

wiadomości
messages

gość
guest

klucz do pokoju
room key

przegródka
pigeonhole

recepcjonista
receptionist

księga gości
register

biurko
counter

recepcja | reception

bagaż
luggage

wózek
cart

bagażowy | porter

winda | elevator

numer pokoju
room number

pokoje • rooms

pokój jednoosobowy
single room

pokój dwuosobowy
(z jednym łóżkiem)
double room

pokój dwuosobowy
(z dwoma łóżkami)
twin room

osobna łazienka
private bathroom

usługi • services

taca ze śniadaniem
breakfast tray

sprzątanie pokoi
maid service

usługi pralnicze
laundry service

obsługa pokoi | room service

minibar
minibar

restauracja
restaurant

siłownia
gym

basen
swimming pool

słowniczek • vocabulary

pensjonat
(oferujący zakwaterowanie ze śniadaniem)
bed and breakfast

zakwaterowanie z pełnym wyżywieniem
all meals included

zakwaterowanie z niepełnym wyżywieniem
some meals included

Czy są wolne miejsca?
Do you have any vacancies?

Mam rezerwację.
I have a reservation.

Poproszę pokój jednoosobowy.
I'd like a single room.

Poproszę pokój na trzy noce.
I'd like a room for three nights.

Ile wynosi cena za noc?
What is the charge per night?

Kiedy muszę zwolnić pokój?
When do I have to check out?

zakupy
shopping

centrum handlowe • shopping center

atrium
atrium

znak
sign

winda
elevator

drugie piętro
third floor

pierwsze piętro
second floor

schody ruchome
escalator

parter
ground floor

klient
customer

słowniczek • vocabulary

dział dziecięcy
children's department

dział z torbami podróżnymi
luggage department

dział obuwniczy
shoe department

lista sklepów
store directory

sprzedawca
salesclerk

dział obsługi klienta
customer services

przymierzalnie
fitting rooms

pomieszczenie do przewijania niemowląt
baby changing room

toalety
restroom

Ile to kosztuje?
How much is this?

Czy mogę to wymienić?
May I exchange this?

dom towarowy • department store

odzież męska
menswear

odzież damska
womenswear

bielizna
lingerie

perfumeria
perfumes

kosmetyki
cosmetics

bielizna pościelowa i stołowa
linens

wyposażenie mieszkań
home furnishings

pasmanteria
notions

sprzęt kuchenny
kitchenware

porcelana
china

artykuły elektryczne
electronics

sprzęt oświetleniowy
lighting

artykuły sportowe
sportswear

zabawki
toys

artykuły papiernicze
stationery

dział spożywczy
groceries

supermarket • supermarket

taśma	kasjer	oferty specjalne
conveyor belt	checker	specials

przejście — aisle

półka — shelf

kasy | checkout

klient — customer

kasa — cash register

torba na zakupy — shopping bag

artykuły spożywcze — groceries

uchwyt — handle

wózek | grocery cart

koszyk | basket

780863 185779
kod paskowy — bar code

czytnik | scanner

pieczywo
bakery

produkty mleczne
dairy

płatki śniadaniowe
breakfast cereals

konserwy
canned food

słodycze
candy

warzywa
vegetables

owoce
fruit

mięso i drób
meat and poultry

ryby
fish

delikatesy
deli

mrożonki
frozen food

dania gotowe
prepared food

napoje
drinks

chemia gospodarcza
household products

kosmetyki
toiletries

**artykuły dla
niemowląt**
baby products

artykuły elektryczne
electrical goods

pokarm dla zwierząt
pet food

czasopisma | magazines

apteka • drugstore

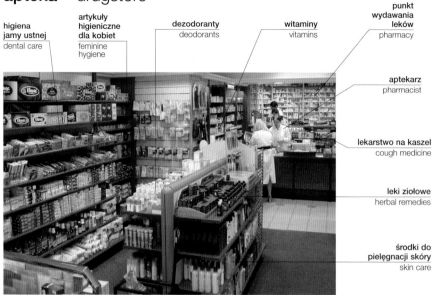

higiena jamy ustnej
dental care

artykuły higieniczne dla kobiet
feminine hygiene

dezodoranty
deodorants

witaminy
vitamins

punkt wydawania leków
pharmacy

aptekarz
pharmacist

lekarstwo na kaszel
cough medicine

leki ziołowe
herbal remedies

środki do pielęgnacji skóry
skin care

balsam po opalaniu
aftersun lotion

krem z filtrem przeciwsłonecznym
sunscreen

krem z wysokim filtrem przeciwsłonecznym
sunblock

środek odstraszający owady
insect repellent

nawilżana chusteczka odświeżająca
wet wipe

chusteczka higieniczna
tissue

podpaska
sanitary napkin

tampon
tampon

wkładka higieniczna
panty liner

kapsułka
capsule

tabletka
pill

miarka
measuring spoon

sposób użycia
instructions

syrop
syrup

inhalator
inhaler

krem
cream

maść
ointment

żel
gel

czopek
suppository

kroplomierz
dropper

krople
drops

igła
needle

strzykawka
syringe

spray
spray

puder
powder

słowniczek • vocabulary

żelazo iron	**insulina** insulin	**jednorazowy** disposable	**lek** medicine	**środek przeciwbólowy** painkiller
wapń calcium	**skutki uboczne** side effects	**rozpuszczalny** soluble	**środek przeczyszczający** laxative	**środek uspokajający** sedative
magnez magnesium	**data ważności** expiration date	**dawkowanie** dosage	**biegunka** diarrhea	**tabletka na sen** sleeping pill
multiwitaminy multivitamins	**tabletki przeciw chorobie lokomocyjnej** travel-sickness pills	**kuracja lekami** medication	**pastylka od bólu gardła** throat lozenge	**środek przeciwzapalny** anti-inflammatory

kwiaciarnia • florist

kwiaty
flowers

mieczyk
gladiolus

lilia
lily

irys
iris

akacja
acacia

margerytka
daisy

chryzantema
chrysanthemum

goździk
carnation

łyszczec
gypsophila

**roślina
doniczkowa**
potted plant

lewkonie
stocks

gerbera
gerbera

liście
foliage

róża
rose

frezja
freesia

kompozycje • arrangements

wazon
vase

orchidea
orchid

peonia
peony

wstążka
ribbon

bukiet
bouquet

suche kwiaty
dried flowers

bukiet
bunch

łodyga
stem

żonkil
daffodil

pot-pourri | potpourri

wieniec | wreath

girlanda
garland

pączek
bud

opakowanie
wrapping

tulipan | tulip

Czy mogę dołączyć wiadomość?
Can I attach a message?

Czy one pachną?
Are they fragrant?

Czy może je pan/pani zapakować?
Can I have them wrapped?

Jak długo wytrzymają?
How long will these last?

Czy może je pan/pani wysłać do…?
Can you send them to …?

Poproszę bukiet….
Can I have a bunch of … please?

kiosk z gazetami • newsstand

papierosy
cigarettes

paczka papierosów
packet of cigarettes

znaczki
stamps

kartka pocztowa
postcard

komiks
comic book

czasopismo
magazine

gazeta
newspaper

palenie • smoking

cybuch
stem

główka
bowl

tytoń
tobacco

zapalniczka
lighter

fajka
pipe

cygaro
cigar

cukiernia • candy store

bombonierka
box of chocolates

batonik
snack bar

czipsy
potato chips

sklep ze słodyczami | candy store

słowniczek • vocabulary

czekolada mleczna
milk chocolate

karmelek
caramel

czekolada deserowa
dark chocolate

trufla
truffle

czekolada biała
white chocolate

herbatnik
cookie

**mieszanka
do wyboru**
pick and mix

słodycze • confectionery

czekoladka
chocolate

tabliczka czekolady
chocolate bar

cukierki
hard candy

lizak
lollipop

toffi | toffee

nugat | nougat

pianka
marshmallow

cukierek miętowy
mint

guma do żucia
chewing gum

żelek
jellybean

żelka owocowa
gumdrop

cukierki lukrecjowe
licorice

---

polski • english

inne sklepy • other stores

piekarnia
pastry shop

ciastkarnia
bakery

sklep mięsny
butcher shop

sklep rybny
fish counter

**sklep owocowo-
warzywny**
produce stand

sklep spożywczy
grocery store

sklep obuwniczy
shoe store

sklep żelazny
hardware store

sklep z antykami
antique store

sklep z upominkami
gift shop

biuro podróży
travel agency

jubiler
jewelry store

księgarnia
bookstore

sklep z płytami
record store

sklep monopolowy
liquor store

sklep zoologiczny
pet store

sklep meblowy
furniture store

butik
boutique

słowniczek • vocabulary

agencja nieruchomości
real estate office

centrum ogrodnicze
garden center

pralnia chemiczna
dry cleaner

pralnia samoobsługowa
laundromat

sklep fotograficzny
camera store

sklep ze zdrową żywnością
health food store

sklep z artykułami plastycznymi
art supply store

sklep z rzeczami używanymi
secondhand store

zakład krawiecki
tailor shop

fryzjer
salon

rynek | market

żywność
food

mięso • meat

jagnięcina
lamb

rzeźnik
butcher

hak rzeźnicki
meat hook

waga
scale

ostrzałka do noży
knife sharpener

bekon
bacon

kiełbaski
sausages

wątróbka
liver

słowniczek • vocabulary

wieprzowina pork	**sarnina** venison	**podroby** variety meat	**z hodowli naturalnej** free range	**czerwone mięso** red meat
wołowina beef	**królik** rabbit	**peklowany** cured	**organiczny** organic	**chude mięso** lean meat
cielęcina veal	**ozór** tongue	**wędzony** smoked	**białe mięso** white meat	**gotowane mięso** cooked meat

kawałki • cuts

plaster
slice

plasterek
bacon strip

szynka
ham

skórka
rind

mięso mielone
ground meat

filet
fillet

rumsztyk | rump steak

befsztyk z polędwicy
sirloin steak

żeberko
rib

tłuszcz
fat

kość
bone

kotlet
chop

mięso na pieczeń
joint

nerka
kidney

serce
heart

drób • poultry

skóra
skin

pierś
breast

udko
thigh

skrzydełko
wing

indyk
turkey

dziczyzna
game

sprawiony kurczak
dressed chicken

bażant | pheasant

kurczak | chicken

kaczka | duck

nóżka
leg

przepiórka | quail

gęś | goose

ryby • fish

oczyszczone krewetki
peeled shrimp

barwena
red mullet

filety z halibuta
halibut fillets

pstrąg tęczowy
rainbow trout

lód
ice

płetwy płaszczki
skate wings

sklep rybny
fish counter

żabnica
monkfish

makrela
mackerel

pstrąg
trout

miecznik
swordfish

sola dover
Dover sole

sola lemon (złocica)
lemon sole

łupacz
haddock

sardynka
sardine

płaszczka
skate

witlinek
whiting

strzępiel
sea bass

łosoś | salmon

dorsz
cod

morlesz
sea bream

tuńczyk
tuna

owoce morza • seafood

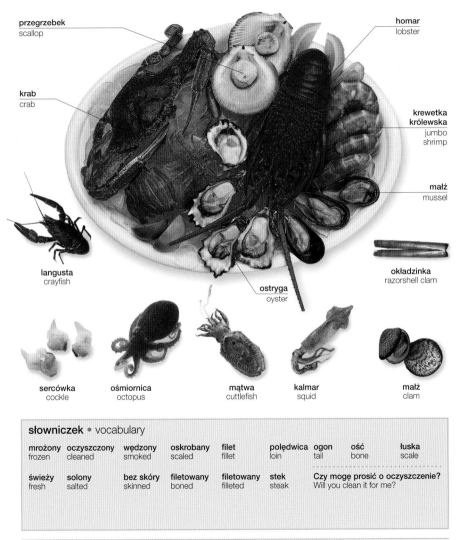

przegrzebek
scallop

homar
lobster

krab
crab

**krewetka
królewska**
jumbo
shrimp

małż
mussel

langusta
crayfish

okładzinka
razorshell clam

ostryga
oyster

sercówka
cockle

ośmiornica
octopus

mątwa
cuttlefish

kalmar
squid

małż
clam

słowniczek • vocabulary

mrożony frozen	**oczyszczony** cleaned	**wędzony** smoked	**oskrobany** scaled	**filet** fillet	**polędwica** loin	**ogon** tail	**ość** bone	**łuska** scale
świeży fresh	**solony** salted	**bez skóry** skinned	**filetowany** boned	**filetowany** filleted	**stek** steak	**Czy mogę prosić o oczyszczenie?** Will you clean it for me?		

warzywa 1 • vegetables 1

ziarnko
seed

bób
fava bean

fasola wielokwiatowa
runner bean

fasola zwykła
green bean

groch
pea

strąk
pod

kiełek fasoli
bean sprout

bambus
bamboo

okra
okra

kukurydza cukrowa
corn

cykoria
chicory

koper włoski
fennel

rdzenie palmowe
palm hearts

seler
celery

słowniczek • vocabulary

liść leaf	**różyczka** floret	**czubek** tip	**organiczny** organic	**Czy są u pana/pani warzywa organiczne?** Do you sell organic vegetables?
łodyga stalk	**ziarno** kernel	**środek** heart	**worek foliowy** plastic bag	**Czy one pochodzą z upraw w okolicy?** Are these grown locally?

rukola
arugula

rukiew wodna
watercress

radicchio (cykoria sałatowa)
radicchio

brukselka
Brussels sprout

boćwina
Swiss chard

jarmuż
kale

szczaw
sorrel

endywia
endive

mlecz
dandelion

szpinak
spinach

kalarepa
kohlrabi

pak-choi (kapusta chińska)
bok choy

sałata
lettuce

brokuł
broccoli

kapusta
cabbage

młoda kapusta
spring greens

warzywa 2 • vegetables 2

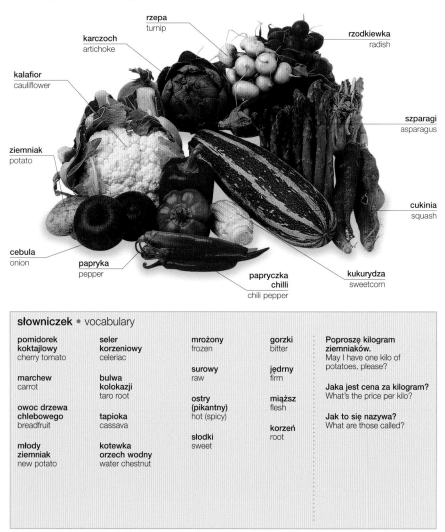

rzepa
turnip

karczoch
artichoke

rzodkiewka
radish

kalafior
cauliflower

szparagi
asparagus

ziemniak
potato

cukinia
squash

cebula
onion

papryka
pepper

papryczka chilli
chili pepper

kukurydza
sweetcorn

słowniczek • vocabulary

pomidorek koktajlowy cherry tomato	**seler korzeniowy** celeriac	**mrożony** frozen	**gorzki** bitter	**Poproszę kilogram ziemniaków.** May I have one kilo of potatoes, please?
marchew carrot	**bulwa kolokazji** taro root	**surowy** raw	**jędrny** firm	
owoc drzewa chlebowego breadfruit	**tapioka** cassava	**ostry (pikantny)** hot (spicy)	**miąższ** flesh	**Jaka jest cena za kilogram?** What's the price per kilo?
młody ziemniak new potato	**kotewka orzech wodny** water chestnut	**słodki** sweet	**korzeń** root	**Jak to się nazywa?** What are those called?

batat
sweet potato

jams (ignam, pochrzyn)
yam

burak
beet

brukiew
rutabaga

słonecznik bulwiasty
Jerusalem artichoke

chrzan
horseradish

pasternak
parsnip

imbir
ginger

bakłażan
eggplant

pomidor
tomato

młoda cebulka
scallion

por
leek

szalotka
shallot

czosnek
garlic

ząbek
clove

trufla
truffle

grzyb
mushroom

ogórek
cucumber

cukinia
zucchini

dynia piżmowa butternut
butternut squash

dynia zwyczajna
acorn squash

dynia
pumpkin

owoce 1 • fruit 1

owoce cytrusowe • citrus fruit

pomarańcza
orange

klementynka
clementine

albedo
pith

tangelo *(skrzyżowanie grejpfruta z mandarynką)*
ugli fruit

grejpfrut
grapefruit

cząstka
segment

mandarynka
tangerine

mandarynka *(odmiana japońska)*
satsuma

skórka
zest

limonka
lime

cytryna
lemon

kumkwat
kumquat

owoce pestkowe • stone fruit

brzoskwinia
peach

nektarynka
nectarine

morela
apricot

śliwka
plum

wiśnia
cherry

jabłko
apple

gruszka
pear

kosz owoców | basket of fruit

owoce jagodowe i melony • berries and melons

truskawka
strawberry

malina
raspberry

melon
melon

winogrona
grapes

jeżyna
blackberry

czerwona porzeczka
red currant

żurawina
cranberry

czarna porzeczka
black currant

skórka
rind

pestka
seed

miąższ
flesh

jagoda
blueberry

biała porzeczka
white currant

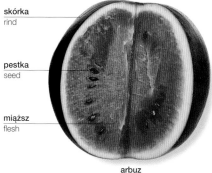
arbuz
watermelon

malinojeżyna
loganberry

agrest
gooseberry

słowniczek • vocabulary

rabarbar rhubarb	**kwaśny** sour	**kruchy** crisp	**sok** juice	**Czy są dojrzałe?** Are they ripe?
błonnik fiber	**świeży** fresh	**zgniły** rotten	**gniazdo nasienne** core	**Czy mogę spróbować?** Can I try one?
słodki sweet	**soczysty** juicy	**miąższ** pulp	**bezpestkowy** seedless	**Jak długo będą świeże?** How long will they keep?

owoce 2 • fruit 2

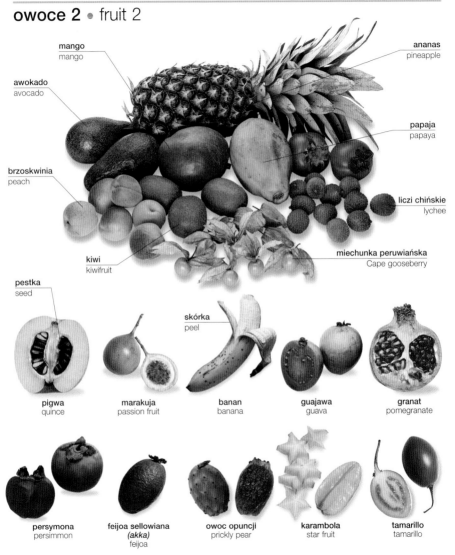

mango
mango

awokado
avocado

ananas
pineapple

papaja
papaya

brzoskwinia
peach

liczi chińskie
lychee

kiwi
kiwifruit

miechunka peruwiańska
Cape gooseberry

pestka
seed

skórka
peel

pigwa
quince

marakuja
passion fruit

banan
banana

guajawa
guava

granat
pomegranate

persymona
persimmon

feijoa sellowiana
(akka)
feijoa

owoc opuncji
prickly pear

karambola
star fruit

tamarillo
tamarillo

orzechy i owoce suszone • nuts and dried fruit

orzeszek piniowy
pine nut

orzeszek pistacjowy
pistachio

orzech nerkowca
cashew

orzech ziemny
peanut

orzech laskowy
hazelnut

orzech brazylijski
Brazil nut

pekan
pecan

migdał
almond

orzech włoski
walnut

kasztan
chestnut

orzech makadamii
macadamia

figa
fig

daktyl
date

suszona śliwka
prune

łupina
shell

miąższ
flesh

sułtanka
sultana

rodzynek
raisin

koryntka
currant

kokos
coconut

słowniczek • vocabulary

zielony green	**twardy** hard	**jądro** kernel	**solony** salted	**prażony** roasted	**łuskany** shelled	**owoce kandyzowane** candied fruit
dojrzały ripe	**miękki** soft	**suszony** desiccated	**surowy** raw	**sezonowy** seasonal	**cały** whole	**owoce egzotyczne** tropical fruit

rośliny zbożowe i strączkowe • grains and legumes

rośliny zbożowe • grains

pszenica
wheat

owies
oats

jęczmień
barley

proso
millet

kukurydza
corn

komosa ryżowa
quinoa

słowniczek • vocabulary

nasiona seed	**świeży** fresh	**moczyć** soak (v)
łuska husk	**aromatyzowany** fragranced	**instant** quick cooking
ziarno kernel	**zboże** cereal	**długoziarnisty** long-grain
suchy dry	**pełnoziarnisty** whole-grain	**krótkoziarnisty** short-grain

ryż • rice

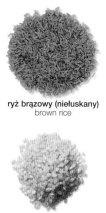

ryż biały
white rice

ryż brązowy (niełuskany)
brown rice

ryż dziki
wild rice

ryż okrągłoziarnisty
arborio rice

zboża przetworzone • processed grains

kuskus
couscous

śruta pszenna
cracked wheat

kasza manna
semolina

otręby
bran

fasola i groch • legumes

fasola limeńska
butter beans

fasola biała
haricot beans

fasola czerwona
red kidney beans

fasola adzuki
adzuki beans

bób
fava beans

soja
soybeans

fasola czarne oczko
black-eyed peas

fasola pinto
pinto beans

fasola mung
mung beans

fasola flażoletka
flageolet beans

soczewica brązowa
brown lentils

soczewica czerwona
red lentils

groszek zielony
green peas

ciecierzyca
chickpeas

groch łuskany
split peas

ziarna i pestki • seeds

pestka dyni
pumpkin seed

ziarno gorczycy
mustard seed

kminek
caraway

ziarno sezamowe
sesame seed

pestka słonecznika
sunflower seed

zioła i przyprawy • herbs and spices

przyprawy • spices

wanilia
vanilla

gałka muszkatołowa
nutmeg

macis
mace

kurkuma
turmeric

kminek
cumin

mieszanka ziół
bouquet garni

ziele angielskie
allspice

ziarnko pieprzu
peppercorn

kozieradka
fenugreek

chilli
chili powder

cały
whole

rozkruszony
crushed

szafran
saffron

kardamon
cardamom

curry
curry powder

mielony
ground

papryka
paprika

wiórki
flakes

czosnek
garlic

przyprawy ziołowe • herbs

laski
sticks

cynamon
cinnamon

nasiona kopru
fennel seeds

koper włoski
fennel

liść laurowy
bay leaf

pietruszka
parsley

palczatka cytrynowa
lemon grass

goździki
cloves

szczypiorek
chives

mięta
mint

tymianek
thyme

szałwia
sage

anyż gwiazdkowaty
star anise

estragon
tarragon

majeranek
marjoram

bazylia
basil

imbir
ginger

oregano
oregano

kolendra
cilantro

koper
dill

rozmaryn
rosemary

żywność w butelkach i słoikach •
bottled foods

korek
cork

olej słonecznikowy
sunflower oil

olej z orzecha włoskiego
walnut oil

olej z pestek winogron
grapeseed oil

olej migdałowy
almond oil

olej sezamowy
sesame seed oil

olej z orzechów laskowych
hazelnut oil

oliwa z oliwek
olive oil

zioła
herbs

olej aromatyzowany
flavored oil

oleje
oils

słodkie produkty do smarowania •
sweet spreads

plaster miodu
honeycomb

słoik
jar

miód stały
set honey

pasta cytrynowa
lemon curd

dżem malinowy
raspberry jam

dżem z owoców cytrusowych
marmalade

miód płynny
clear honey

syrop klonowy
maple syrup

sosy i przyprawy • sauces and condiments

butelka
bottle

ocet winny jabłkowy
cider vinegar

ocet balsamiczny
balsamic vinegar

keczup
ketchup

musztarda angielska
English mustard

majonez
mayonnaise

musztarda francuska
French mustard

chutney
chutney

ocet słodowy
malt vinegar

ocet winny
wine vinegar

sos
sauce

musztarda ziarnista
whole-grain mustard

ocet
vinegar

---

słoik szczelnie zamknięty
canning jar

masło orzechowe
peanut butter

krem czekoladowy do smarowania
chocolate spread

owoce konserwowane
preserved fruit

słowniczek • vocabulary

olej kukurydziany
corn oil

olej rzepakowy
canola oil

olej arachidowy
peanut oil

olej tłoczony na zimno
cold-pressed oil

olej roślinny
vegetable oil

---

produkty mleczne • dairy products

ser • cheese

skórka
rind

ser półtwardy
semi-hard cheese

tarty ser
grated cheese

ser twardy
hard cheese

ser półmiękki
semi-soft cheese

twarożek
cottage cheese

serek śmietankowy
cream cheese

ser niebieski
blue cheese

ser miękki
soft cheese

świeży ser | fresh cheese

mleko • milk

mleko pełne
whole milk

mleko półtłuste
reduced-fat milk

mleko odtłuszczone
skim milk

karton na mleko
milk carton

mleko kozie
goat's milk

mleko skondensowane
condensed milk

mleko krowie | cow's milk

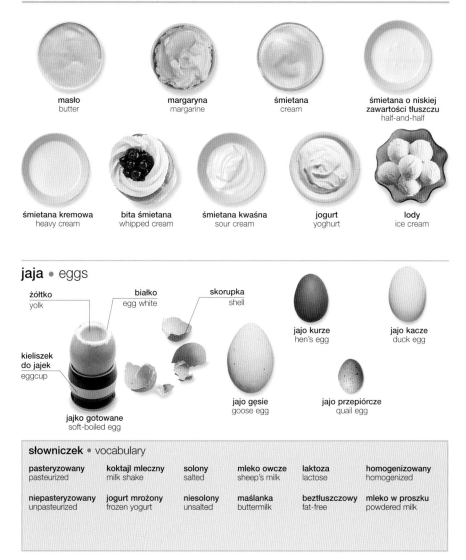

masło
butter

margaryna
margarine

śmietana
cream

śmietana o niskiej zawartości tłuszczu
half-and-half

śmietana kremowa
heavy cream

bita śmietana
whipped cream

śmietana kwaśna
sour cream

jogurt
yoghurt

lody
ice cream

jaja • eggs

żółtko
yolk

białko
egg white

skorupka
shell

kieliszek do jajek
eggcup

jajko gotowane
soft-boiled egg

jajo kurze
hen's egg

jajo kacze
duck egg

jajo gęsie
goose egg

jajo przepiórcze
quail egg

słowniczek • vocabulary

pasteryzowany pasteurized	**koktajl mleczny** milk shake	**solony** salted	**mleko owcze** sheep's milk	**laktoza** lactose	**homogenizowany** homogenized
niepasteryzowany unpasteurized	**jogurt mrożony** frozen yogurt	**niesolony** unsalted	**maślanka** buttermilk	**beztłuszczowy** fat-free	**mleko w proszku** powdered milk

pieczywo i mąka • breads and flours

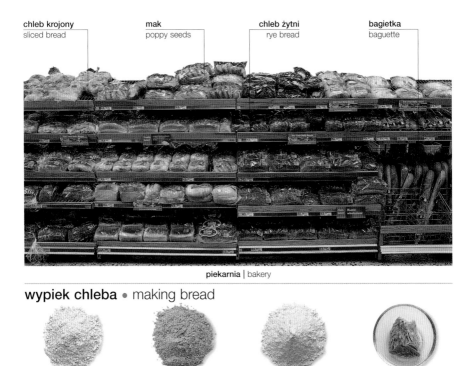

chleb krojony
sliced bread

mak
poppy seeds

chleb żytni
rye bread

bagietka
baguette

piekarnia | bakery

wypiek chleba • making bread

mąka biała
white flour

mąka brązowa
brown flour

mąka razowa
whole-wheat flour

drożdże
yeast

przesiewać
sift (v)

mieszać
mix (v)

ciasto
dough

zagniatać
knead (v)

piec
bake (v)

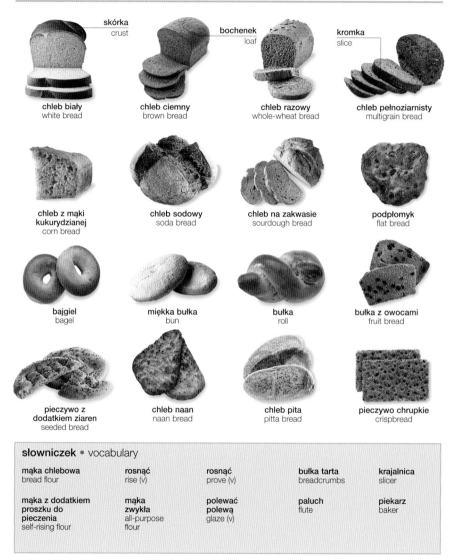

skórka
crust

chleb biały
white bread

bochenek
loaf

chleb ciemny
brown bread

chleb razowy
whole-wheat bread

kromka
slice

chleb pełnoziarnisty
multigrain bread

chleb z mąki
kukurydzianej
corn bread

chleb sodowy
soda bread

chleb na zakwasie
sourdough bread

podpłomyk
flat bread

bajgiel
bagel

miękka bułka
bun

bułka
roll

bułka z owocami
fruit bread

pieczywo z
dodatkiem ziaren
seeded bread

chleb naan
naan bread

chleb pita
pitta bread

pieczywo chrupkie
crispbread

słowniczek • vocabulary

mąka chlebowa bread flour	**rosnąć** rise (v)	**rosnąć** prove (v)	**bułka tarta** breadcrumbs	**krajalnica** slicer
mąka z dodatkiem proszku do pieczenia self-rising flour	**mąka zwykła** all-purpose flour	**polewać polewą** glaze (v)	**paluch** flute	**piekarz** baker

ciasta i desery • cakes and desserts

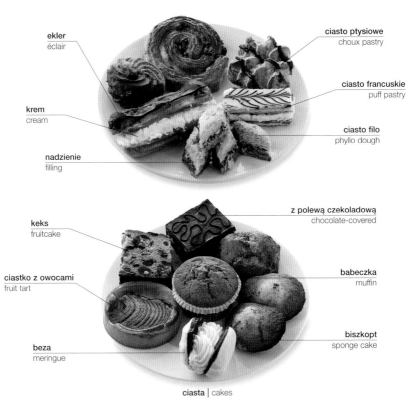

ekler
éclair

ciasto ptysiowe
choux pastry

ciasto francuskie
puff pastry

krem
cream

ciasto filo
phyllo dough

nadzienie
filling

z polewą czekoladową
chocolate-covered

keks
fruitcake

babeczka
muffin

ciastko z owocami
fruit tart

biszkopt
sponge cake

beza
meringue

ciasta | cakes

słowniczek • vocabulary

krem do ciast crème pâtissière	**bułeczka** bun	**ciastko** pastry	**pudding ryżowy** rice pudding	**Czy mogę prosić o kawałek?** May I have a slice, please?
ciasto czekoladowe chocolate cake	**krem budyniowy** custard	**kawałek** slice	**uroczystość** celebration	

kawałek czekolady
chocolate chip

biszkopty
ladyfinger

florentynka
Florentine

biszkopt z owocami i bitą śmietaną
trifle

herbatniki | cookies

mus
mousse

sorbet
sherbet

ciastko z kremem
cream pie

ciastko z polewą karmelową
crème caramel

ciasta na specjalne okazje • celebration cakes

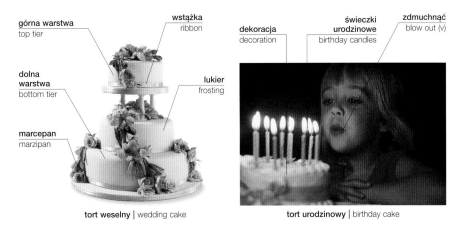

górna warstwa
top tier

wstążka
ribbon

dolna warstwa
bottom tier

lukier
frosting

marcepan
marzipan

tort weselny | wedding cake

dekoracja
decoration

świeczki urodzinowe
birthday candles

zdmuchnąć
blow out (v)

tort urodzinowy | birthday cake

delikatesy • delicatessen

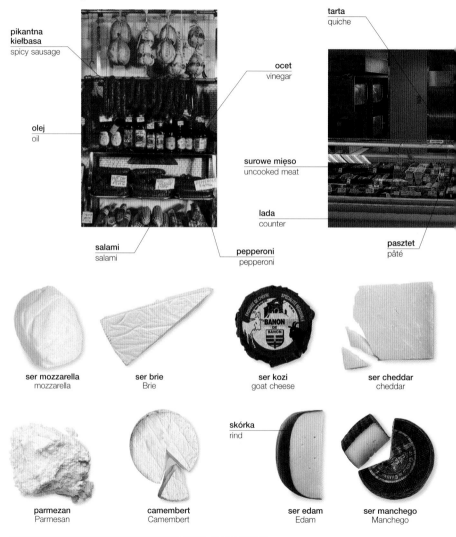

tarta
quiche

pikantna kiełbasa
spicy sausage

ocet
vinegar

olej
oil

surowe mięso
uncooked meat

lada
counter

salami
salami

pepperoni
pepperoni

pasztet
pâté

ser mozzarella
mozzarella

ser brie
Brie

ser kozi
goat cheese

ser cheddar
cheddar

parmezan
Parmesan

camembert
Camembert

skórka
rind

ser edam
Edam

ser manchego
Manchego

polski • english

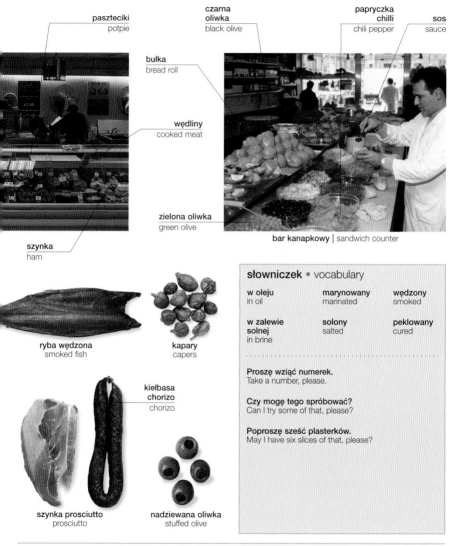

paszteciki
potpie

czarna oliwka
black olive

papryczka chilli
chili pepper

sos
sauce

bułka
bread roll

wędliny
cooked meat

zielona oliwka
green olive

szynka
ham

bar kanapkowy | sandwich counter

ryba wędzona
smoked fish

kapary
capers

kiełbasa chorizo
chorizo

szynka prosciutto
prosciutto

nadziewana oliwka
stuffed olive

słowniczek • vocabulary

w oleju in oil	**marynowany** marinated	**wędzony** smoked
w zalewie solnej in brine	**solony** salted	**peklowany** cured

Proszę wziąć numerek.
Take a number, please.

Czy mogę tego spróbować?
Can I try some of that, please?

Poproszę sześć plasterków.
May I have six slices of that, please?

napoje • drinks

woda • water

woda w butelce
bottled water

gazowana
sparkling

niegazowana
still

woda z kranu
tap water

tonik
tonic water

woda sodowa
soda water

woda mineralna
mineral water

napoje gorące • hot drinks

torebka herbaty
ekspresowej
teabag

herbata
liściasta
luzem
loose-leaf tea

herbata
tea

ziarna
beans

kawa mielona
ground coffee

kawa
coffee

gorąca czekolada
hot chocolate

gorący napój
mleczny z
dodatkiem słodu
malted drink

zimne napoje bezalkoholowe • soft drinks

słomka
straw

sok pomidorowy
tomato juice

sok winogronowy
grape juice

lemoniada
lemonade

oranżada
orangeade

cola
cola

napoje alkoholowe • alcoholic drinks

gin
gin

puszka
can

piwo
beer

cydr
hard cider

piwo gorzkie
bitter

piwo ciemne
stout

wódka
vodka

whisky
whiskey

rum
rum

brandy
brandy

porto
port

wytrawny
dry

sherry
sherry

Campari
Campari

różowy
rosé

biały
white

czerwony
red

likier
liqueur

tequila
tequila

szampan
champagne

wino
wine

jadanie poza domem
eating out

kawiarnia • café

markiza
awning

menu
menu

parasol
umbrella

kawiarnia z tarasem
patio café

kelner
server

ekspres do kawy
coffee machine

stolik
table

kawiarnia ze stolikami na zewnątrz | sidewalk café

bar szybkiej obsługi | snack bar

kawa • coffee

kawa z mlekiem
coffee with milk

kawa czarna
black coffee

kakao w proszku
cocoa powder

piana
froth

kawa z ekspresu
filter coffee

kawa espresso
espresso

cappuccino
cappuccino

kawa mrożona
iced coffee

herbata • tea

herbata ziołowa
herbal tea

herbatka rumiankowa
chamomile tea

zielona herbata
green tea

herbata z mlekiem
tea with milk

czarna herbata
black tea

herbata z cytryną
tea with lemon

herbata z mięty
mint tea

herbata mrożona
iced tea

soki i koktajle mleczne • juices and milkshakes

koktajl czekoladowy
chocolate milkshake

koktajl truskawkowy
strawberry milkshake

koktajl kawowy
coffee milkshake

sok pomarańczowy
orange juice

sok jabłkowy
apple juice

sok ananasowy
pineapple juice

sok pomidorowy
tomato juice

jedzenie • food

chleb razowy
whole-wheat bread

gałka
scoop

kanapka zapiekana
toasted sandwich

sałatka
salad

lody
ice cream

ciastko
pastry

bar • bar

szklanki i kieliszki
glasses

dozownik
dispenser

kasa
cash register

barman
bartender

kurek do nalewania piwa beczkowego
beer tap

ekspres do kawy
coffee machine

wiaderko z lodem
ice bucket

stołek barowy
bar stool

popielniczka
ashtray

podkładka pod szklankę
coaster

bar
bar counter

otwieracz do butelek
bottle opener

szczypce
tongs

mieszadło
stirrer

dźwignia
lever

miarka
measure

korkociąg | corkscrew

shaker | cocktail shaker

dzban
pitcher

kostka lodu
ice cube

gin z tonikiem
gin and tonic

szkocka z wodą
scotch and water

rum z colą
rum and cola

wódka z sokiem pomarańczowym
screwdriver

martini
martini

koktajl
cocktail

wino
wine

piwo
beer

pojedynczy
single

podwójny
double

lód i cytryna
ice and lemon

napój alkoholowy serwowany w małym kieliszku
shot

miarka
measure

bez lodu
without ice

z lodem
with ice

przekąski barowe • bar snacks

orzechy nerkowca
cashews

migdały
almonds

orzeszki ziemne
peanuts

czipsy | potato chips

orzeszki | nuts

oliwki | olives

restauracja • restaurant

nakrycie
table setting

**młodszy
kucharz**
sous chef

szef kuchni
chef

kieliszek
glass

taca
tray

kuchnia | kitchen

kelner | server

słowniczek • vocabulary

menu wieczorne dinner menu	**dania dnia** specials	**cena** price	**napiwek** tip	**bufet** buffet	**klient** customer
lista win wine list	**z karty** à la carte	**rachunek** check	**obsługa wliczona** service charge included	**bar** bar	**pieprz** pepper
menu – dania serwowane w porze lunchu lunch menu	**wózek z deserami** dessert cart	**paragon** receipt	**obsługa nie wliczona** service charge not included	**sól** salt	

menu
menu

porcja dla dziecka
child's meal

zamawiać | order (v)

płacić | pay (v)

dania • courses

aperitif
apéritif

przystawka
appetizer

zupa
soup

danie główne
entrée

dodatek do dania głównego
side order

deser | dessert

kawa | coffee

Poproszę stolik dla dwóch osób.
A table for two, please.

Czy można prosić o menu/listę win?
Can I see the menu/wine list, please?

Czy są zestawy za stałą cenę?
Is there a fixed-price menu?

Czy są jakieś potrawy wegetariańskie?
Do you have any vegetarian dishes?

Poproszę rachunek/paragon.
Could I have the check/a receipt, please?

Czy możemy zapłacić oddzielnie?
Can we pay separately?

Przepraszam, gdzie są toalety?
Where is the restroom, please?

fast food • fast food

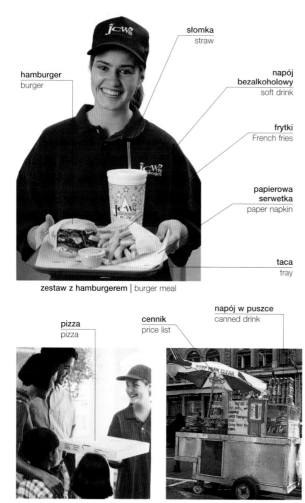

słomka
straw

hamburger
burger

napój bezalkoholowy
soft drink

frytki
French fries

papierowa serwetka
paper napkin

taca
tray

zestaw z hamburgerem | burger meal

pizza
pizza

cennik
price list

napój w puszce
canned drink

dostawa do domu | home delivery

stoisko uliczne
street vendor

słowniczek •
vocabulary

pizzeria
pizzeria

bar hamburgerowy
burger bar

menu
menu

na miejscu
eat-in

na wynos
to go

odgrzać
reheat (v)

sos pomidorowy
ketchup

Poproszę to na wynos.
Can I have that to go, please?

Czy można zamówić dostawę do domu?
Do you deliver?

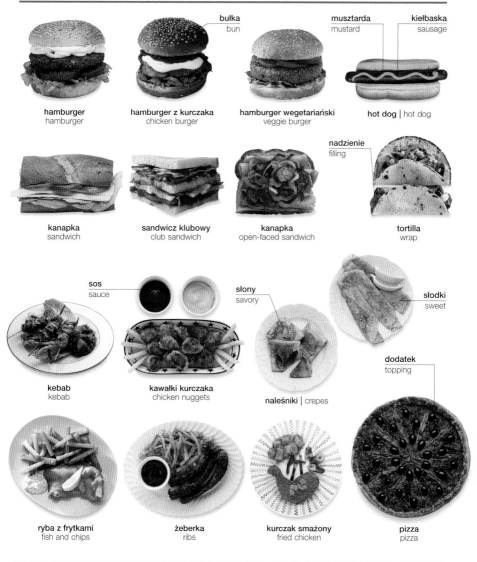

bułka
bun

musztarda
mustard

kiełbaska
sausage

hamburger
hamburger

hamburger z kurczaka
chicken burger

hamburger wegetariański
veggie burger

hot dog | hot dog

nadzienie
filling

kanapka
sandwich

sandwicz klubowy
club sandwich

kanapka
open-faced sandwich

tortilla
wrap

sos
sauce

słony
savory

słodki
sweet

dodatek
topping

kebab
kebab

kawałki kurczaka
chicken nuggets

naleśniki | crepes

ryba z frytkami
fish and chips

żeberka
ribs

kurczak smażony
fried chicken

pizza
pizza

śniadanie • breakfast

mleko
milk

płatki śniadaniowe
cereal

dżem
jam

suszone owoce
dried fruit

szynka
ham

ser
cheese

pieczywo chrupkie
crispbread

bufet śniadaniowy
breakfast buffet

dżem z owoców cytrusowych
marmalade

pasztet
pâté

masło
butter

sok owocowy
fruit juice

kawa
coffee

gorąca czekolada
hot chocolate

croissant
croissant

herbata
tea

stolik śniadaniowy | breakfast table

napoje | drinks

słodka bułka
brioche

pieczywo
bread

tost
toast

pomidor
tomato

kaszanka
black pudding

jajko smażone
fried egg

kiełbaska
sausage

bekon
bacon

śniadanie angielskie
English breakfast

żółtko
yolk

śledzie wędzone
kippers

grzanka francuska
French toast

jajko gotowane
soft-boiled egg

jajecznica
scrambled eggs

śmietana
whipped
cream

jogurt owocowy
fruit yogurt

naleśniki
crepes

gofry
waffles

owsianka
oatmeal

świeże owoce
fresh fruit

obiad • dinner

zupa | soup

bulion | broth

gulasz | stew

curry | curry

pieczeń | roast

pieróg | potpie

suflet | soufflé

kebab | kebab

klopsiki | meatballs

omlet | omelet

kluski z podsmażonymi warzywami i/lub mięsem
stir-fry

kluski
noodles

makaron | pasta

ryż | rice

sałatka | tossed salad

surówka | green salad

sos | dressing

metody • techniques

nadziewany | stuffed

w sosie | in sauce

z grilla | grilled

marynowany | marinated

(jajko) **w koszulce**
poached

purée | mashed

pieczony | baked

smażony na patelni
pan fried

smażony
fried

marynowany
pickled

wędzony
smoked

**smażony w głębokim
tłuszczu** | deep-fried

w syropie
in syrup

przyprawiony
dressed

gotowany na parze
steamed

peklowany
cured

nauka
study

szkoła • school

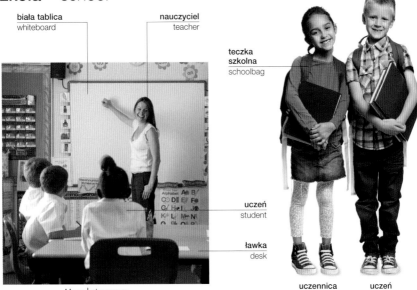

biała tablica
whiteboard

nauczyciel
teacher

teczka
szkolna
schoolbag

uczeń
student

ławka
desk

klasa | classroom

uczennica
schoolgirl

uczeń
schoolboy

słowniczek • vocabulary

historia history	**przedmioty ścisłe** science	**fizyka** physics
języki languages	**plastyka** art	**chemia** chemistry
literatura literature	**muzyka** music	**biologia** biology
geografia geography	**matematyka** math	**wychowanie fizyczne** physical education

czynności • activities

czytać | read (v)

pisać | write (v)

literować | spell (v)

rysować | draw (v)

polski • english

stalówka | nib

kredka | colored pencil

temperówka | pencil sharpener

rzutnik cyfrowy | digital projector

długopis | pen

ołówek | pencil

gumka do ścierania | eraser

zeszyt | notebook

podręcznik | textbook

piórnik | pencil case

linijka | ruler

pytać | question (v)

odpowiadać | answer (v)

omawiać | discuss (v)

uczyć się | learn (v)

słowniczek • vocabulary

dyrektor szkoły principal	**odpowiedź** answer	**stopień** grade
lekcja lesson	**praca domowa** homework	**klasa** year
pytanie question	**egzamin** test	**słownik** dictionary
robić notatki take notes (v)	**wypracowanie** essay	**encyklopedia** encyclopedia

matematyka • math

figury geometryczne • shapes

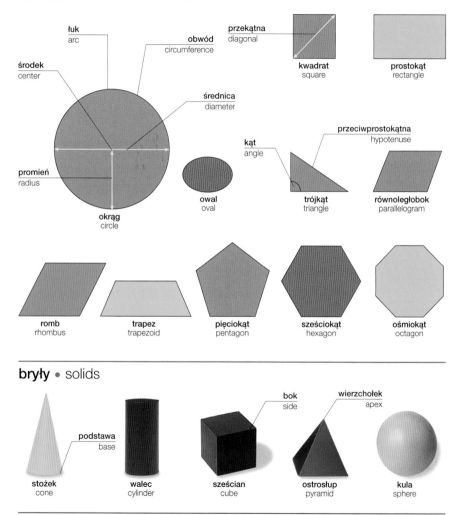

łuk
arc

obwód
circumference

przekątna
diagonal

środek
center

średnica
diameter

kwadrat
square

prostokąt
rectangle

promień
radius

okrąg
circle

owal
oval

kąt
angle

przeciwprostokątna
hypotenuse

trójkąt
triangle

równoległobok
parallelogram

romb
rhombus

trapez
trapezoid

pięciokąt
pentagon

sześciokąt
hexagon

ośmiokąt
octagon

bryły • solids

bok
side

wierzchołek
apex

podstawa
base

stożek
cone

walec
cylinder

sześcian
cube

ostrosłup
pyramid

kula
sphere

linie • lines

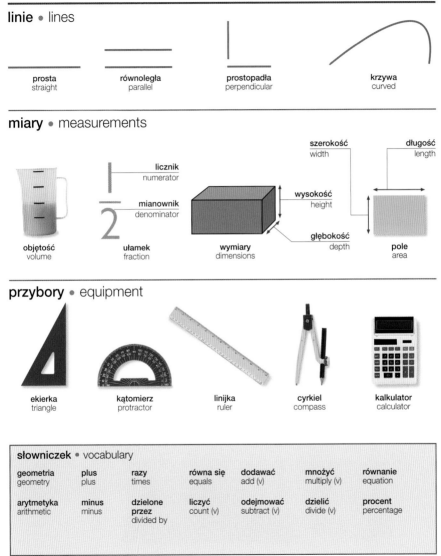

prosta
straight

równoległa
parallel

prostopadła
perpendicular

krzywa
curved

miary • measurements

szerokość
width

długość
length

licznik
numerator

mianownik
denominator

wysokość
height

głębokość
depth

objętość
volume

ułamek
fraction

wymiary
dimensions

pole
area

przybory • equipment

ekierka
triangle

kątomierz
protractor

linijka
ruler

cyrkiel
compass

kalkulator
calculator

słowniczek • vocabulary

geometria geometry	**plus** plus	**razy** times	**równa się** equals	**dodawać** add (v)	**mnożyć** multiply (v)	**równanie** equation
arytmetyka arithmetic	**minus** minus	**dzielone przez** divided by	**liczyć** count (v)	**odejmować** subtract (v)	**dzielić** divide (v)	**procent** percentage

przedmioty ścisłe • science

pracownia
laboratory

waga
scale

ciężarek
weight

waga sprężynowa
spring balance

tygiel
crucible

palnik Bunsena
bunsen burner

trójnóg
tripod

butelka szklana
glass bottle

probówka
test tube

stojak
rack

łapa laboratoryjna
clamp

korek
stopper

stoper
timer

lejek
funnel

kolba laboratoryjna
flask

płytka Petriego
petri dish

doświadczenie | experiment

polski • english

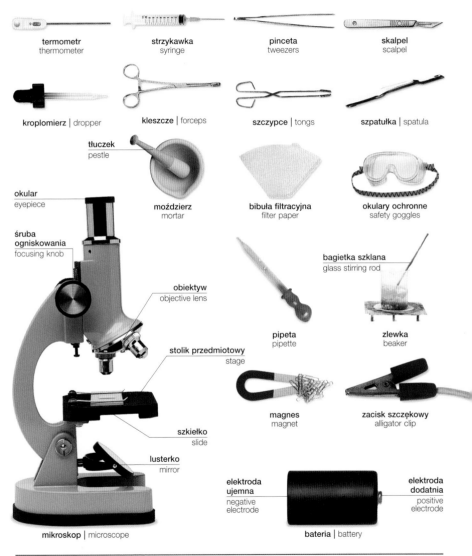

termometr
thermometer

strzykawka
syringe

pinceta
tweezers

skalpel
scalpel

kroplomierz | dropper

kleszcze | forceps

szczypce | tongs

szpatułka | spatula

tłuczek
pestle

okular
eyepiece

śruba ogniskowania
focusing knob

moździerz
mortar

bibuła filtracyjna
filter paper

okulary ochronne
safety goggles

bagietka szklana
glass stirring rod

obiektyw
objective lens

pipeta
pipette

zlewka
beaker

stolik przedmiotowy
stage

szkiełko
slide

lusterko
mirror

magnes
magnet

zacisk szczękowy
alligator clip

elektroda ujemna
negative electrode

elektroda dodatnia
positive electrode

mikroskop | microscope

bateria | battery

uczelnia wyższa • college

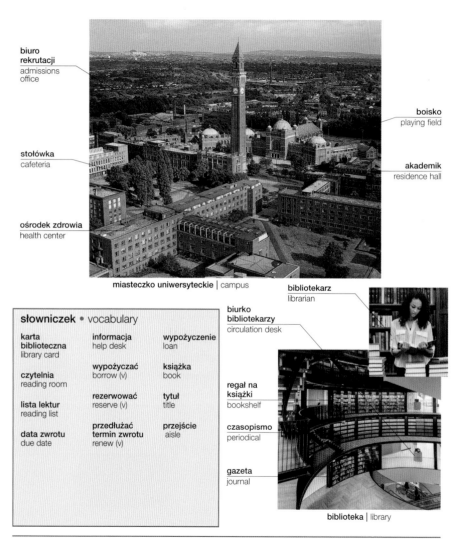

biuro rekrutacji
admissions office

boisko
playing field

stołówka
cafeteria

akademik
residence hall

ośrodek zdrowia
health center

miasteczko uniwersyteckie | campus

słowniczek • vocabulary

karta biblioteczna
library card

czytelnia
reading room

lista lektur
reading list

data zwrotu
due date

informacja
help desk

wypożyczać
borrow (v)

rezerwować
reserve (v)

przedłużać termin zwrotu
renew (v)

wypożyczenie
loan

książka
book

tytuł
title

przejście
aisle

bibliotekarz
librarian

biurko bibliotekarzy
circulation desk

regał na książki
bookshelf

czasopismo
periodical

gazeta
journal

biblioteka | library

student
undergraduate

wykładowca
professor

absolwent
graduate

toga
gown

aula | lecture hall

uroczystość wręczenia dyplomów
graduation ceremony

szkoły • schools

model
model

akademia sztuk pięknych | art school

szkoła muzyczna | music school

szkoła tańca | dance school

słowniczek • vocabulary

stypendium scholarship	**badania** **naukowe** research	**praca** **dyplomowa** dissertation	**medycyna** medicine	**filozofia** philosophy
dyplom diploma	**magisterium** master's	**wydział** department	**zoologia** zoology	**literatura** literature
stopień **naukowy** degree	**doktorat** doctorate	**prawo** law	**fizyka** physics	**historia sztuki** art history
podyplomowy postgraduate	**praca** **magisterska/** **doktorska** thesis	**inżynieria** engineering	**polityka** political science	**ekonomia** economics

praca
work

biuro 1 • office 1

monitor
monitor

przybornik na biurko
desktop organizer

notes
notebook

laptop
laptop

tacka na korespondencję wychodzącą
out-tray

tacka na korespondencję przychodzącą
in-tray

szuflada
drawer

biurko
desk

krzesło obrotowe
swivel chair

kosz na śmieci
wastebasket

szafka na dokumenty
filing cabinet

wyposażenie biura • office equipment

podajnik papieru
paper tray

drukarka | printer

niszczarka | shredder

słowniczek • vocabulary

drukować
print (v)

powiększać
enlarge (v)

kopiować
copy (v)

zmniejszać
reduce (v)

Muszę zrobić kilka fotokopii.
I need to make some copies.

materiały biurowe • office supplies

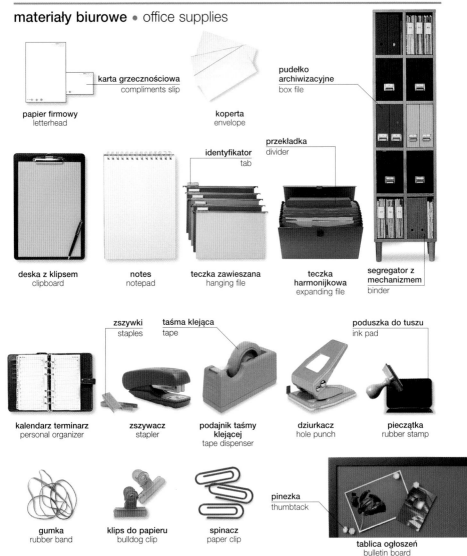

karta grzecznościowa
compliments slip

papier firmowy
letterhead

koperta
envelope

pudełko archiwizacyjne
box file

przekładka
divider

identyfikator
tab

deska z klipsem
clipboard

notes
notepad

teczka zawieszana
hanging file

teczka harmonijkowa
expanding file

segregator z mechanizmem
binder

zszywki
staples

taśma klejąca
tape

poduszka do tuszu
ink pad

kalendarz terminarz
personal organizer

zszywacz
stapler

podajnik taśmy klejącej
tape dispenser

dziurkacz
hole punch

pieczątka
rubber stamp

gumka
rubber band

klips do papieru
bulldog clip

spinacz
paper clip

pinezka
thumbtack

tablica ogłoszeń
bulletin board

biuro 2 • office 2

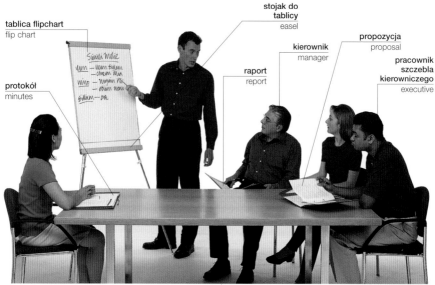

tablica flipchart
flip chart

stojak do tablicy
easel

propozycja
proposal

kierownik
manager

pracownik szczebla kierowniczego
executive

raport
report

protokół
minutes

zebranie | meeting

słowniczek • vocabulary

sala konferencyjna
meeting room

być obecnym
attend (v)

program dnia/zebrania
agenda

przewodniczyć
chair (v)

O której godzinie jest zebranie?
What time is the meeting?

W jakich godzinach pracujesz?
What are your office hours?

mówca
speaker

prezentacja | presentation

polski • english

biznes • business

biznesmen
businessman

bizneswoman
businesswoman

lunch służbowy | business lunch

podróż służbowa | business trip

umówione
spotkanie
appointment

dyrektor
naczelny
CEO

klient
client

terminarz | day planner

transakcja handlowa | business deal

słowniczek • vocabulary

firma company	**personel** staff	**dział księgowości** accounting department	**dział prawny** legal department
siedziba główna head office	**pensja** salary	**dział marketingu** marketing department	**dział obsługi klienta** customer service department
oddział regional office	**lista płac** payroll	**dział sprzedaży** sales department	**dział kadr** human resources department

komputer • computer

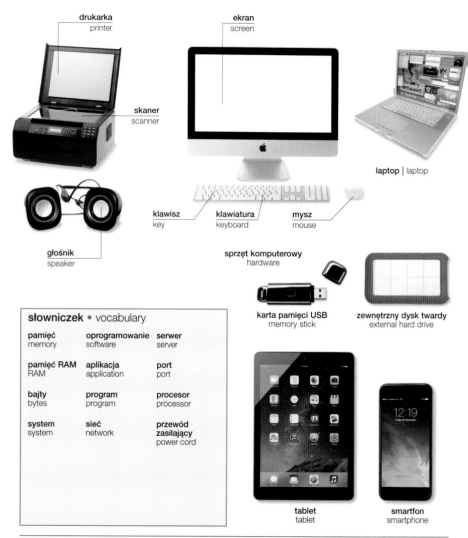

drukarka
printer

ekran
screen

skaner
scanner

laptop | laptop

głośnik
speaker

klawisz
key

klawiatura
keyboard

mysz
mouse

sprzęt komputerowy
hardware

karta pamięci USB
memory stick

zewnętrzny dysk twardy
external hard drive

słowniczek • vocabulary

pamięć memory	**oprogramowanie** software	**serwer** server
pamięć RAM RAM	**aplikacja** application	**port** port
bajty bytes	**program** program	**procesor** processor
system system	**sieć** network	**przewód zasilający** power cord

tablet
tablet

smartfon
smartphone

pulpit • desktop

pasek menu
menubar

czcionka
font

plik
file

pasek narzędzi
toolbar

ikona
icon

pasek przewijania
scrollbar

katalog
folder

tapeta
wallpaper

okno
window

kosz
trash

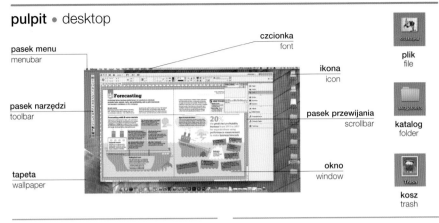

internet • internet

przeglądarka
browser

skrzynka
odbiorcza
inbox

strona
internetowa
website

przeglądać | browse (v)

e-mail • email

adres e-mail
email address

słowniczek • vocabulary

łączyć connect (v)	dostawca usług service provider	zalogować się log on (v)	pobierać download (v)	wysyłać send (v)	zapisz save (v)
instalować install (v)	konto e-mail email account	podłączony do sieci online	załącznik attachment	odbierać receive (v)	szukaj search (v)

media • media

studio telewizyjne • television studio

prezenter
host

światło
light

plan
set

kamera
camera

kran kamerowy
camera crane

kamerzysta
cameraman

---

słowniczek • vocabulary

kanał channel	**wiadomości** news	**prasa** press	**telenowela** soap opera	**film rysunkowy** cartoon	**na żywo** live
ramówka programming	**program dokumentalny** documentary	**serial telewizyjny** television series	**teleturniej** game show	**nagrany wcześniej** prerecorded	**nadawać** broadcast (v)

dziennikarz przeprowadzający wywiad
interviewer

reporter | reporter

teleprompter
teleprompter

prezenter wiadomości
anchor

aktorzy | actors

żuraw mikrofonowy
sound boom

klaps | clapper board

plan filmowy | movie set

radio • radio

technik dźwięku
sound technician

stół mikserski
mixing desk

mikrofon
microphone

studio nagraniowe | recording studio

słowniczek • vocabulary

stacja radiowa radio station	**głośność** volume
didżej DJ	**nastawiać** tune (v)
program broadcast	**fale krótkie** short wave
długość fali wavelength	**fale średnie** medium wave
fale długie long wave	**radio analogowe** analog
częstotliwość frequency	**radio cyfrowe** digital

---

polski • english

prawo • law

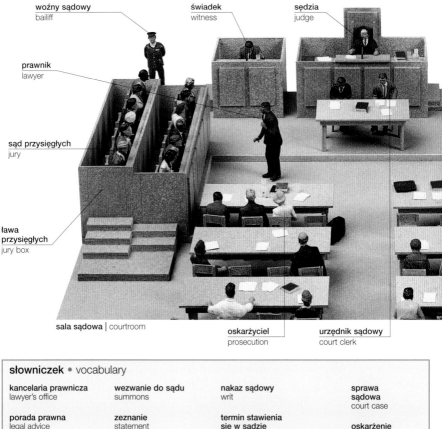

woźny sądowy
bailiff

świadek
witness

sędzia
judge

prawnik
lawyer

sąd przysięgłych
jury

ława
przysięgłych
jury box

sala sądowa | courtroom

oskarżyciel
prosecution

urzędnik sądowy
court clerk

słowniczek • vocabulary

kancelaria prawnicza
lawyer's office

wezwanie do sądu
summons

nakaz sądowy
writ

**sprawa
sądowa**
court case

porada prawna
legal advice

zeznanie
statement

**termin stawienia
się w sądzie**
court date

oskarżenie
charge

klient
client

nakaz
warrant

mowa obrończa
plea

oskarżony
accused

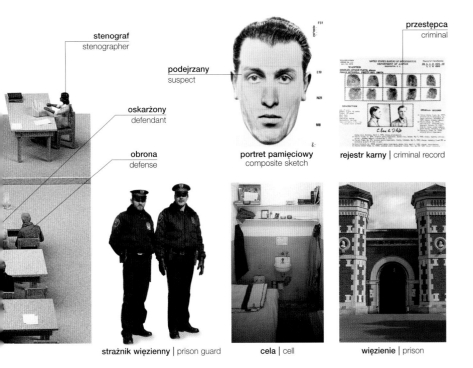

stenograf
stenographer

podejrzany
suspect

oskarżony
defendant

obrona
defense

przestępca
criminal

portret pamięciowy
composite sketch

rejestr karny | criminal record

strażnik więzienny | prison guard

cela | cell

więzienie | prison

---

słowniczek • vocabulary

dowody evidence	**winny** guilty	**zwolnienie za kaucją, poręczeniem** bail	**Chcę się skonsultować z prawnikiem.** I want to see a lawyer.
werdykt verdict	**uniewinniony** acquitted	**apelacja** appeal	**Gdzie się znajduje gmach sądu?** Where is the courthouse?
niewinny innocent	**wyrok** sentence	**zwolnienie warunkowe** parole	**Czy mogę złożyć kaucję?** Can I post bail?

gospodarstwo rolne 1 • farm 1

ziemia uprawna
farmland

podwórze
farmyard

budynek
gospodarczy
outbuilding

budynek
mieszkalny
farmhouse

pole
field

rolnik
farmer

stodoła
barn

ogródek
warzywny
vegetable
garden

żywopłot
hedge

brama
gate

ogrodzenie
fence

pastwisko
pasture

inwentarz żywy
livestock

kultywator
cultivator

traktor | tractor

kombajn | combine

rodzaje gospodarstw rolnych • types of farms

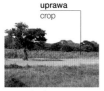
uprawa
crop

gospodarstwo uprawowe
crop farm

gospodarstwo mleczne
dairy farm

stado
flock

hodowla owiec
sheep farm

ferma drobiu
poultry farm

hodowla świń
pig farm

gospodarstwo rybne
fish farm

gospodarstwo sadownicze
fruit farm

winorośl
vine

winnica
vineyard

prace • actions

bruzda
furrow

orać
plow (v)

siać
sow (v)

doić
milk (v)

karmić
feed (v)

podlewać | water (v)

zbierać plony | harvest (v)

słowniczek • vocabulary

herbicyd herbicide	**stado** herd	**koryto** trough
pestycyd pesticide	**silos** silo	**sadzić** plant (v)

gospodarstwo rolne 2 • farm 2

rośliny uprawne • crops

pszenica
wheat

kukurydza
corn

jęczmień
barley

rzepak
rapeseed

słonecznik
sunflower

bela
bale

siano
hay

lucerna
alfalfa

tytoń
tobacco

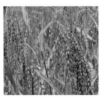

ryż
rice

herbata
tea

kawa
coffee

len
flax

trzcina cukrowa
sugarcane

bawełna
cotton

strach na wróble
scarecrow

inwentarz żywy • livestock

prosię
piglet

świnia
pig

cielę
calf

krowa
cow

byk
bull

owca
sheep

koźlę
kid

jagnię
lamb

koza
goat

źrebię
foal

koń
horse

osioł
donkey

kurczę
chick

kura
chicken

kogut
rooster

indyk
turkey

kaczę
duckling

kaczka
duck

stajnia
stable

zagroda
pen

kurnik
chicken coop

chlew
pigsty

budowa • construction

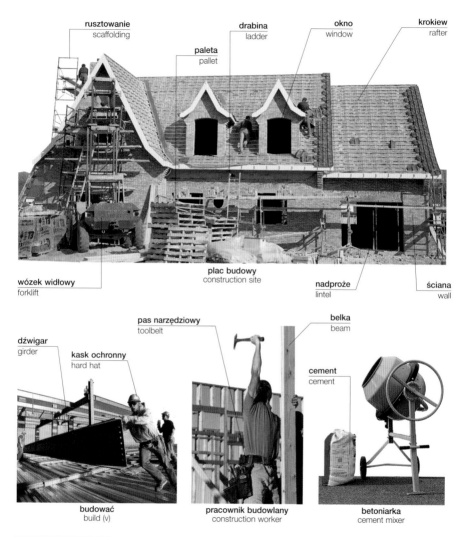

rusztowanie
scaffolding

paleta
pallet

drabina
ladder

okno
window

krokiew
rafter

wózek widłowy
forklift

plac budowy
construction site

nadproże
lintel

ściana
wall

dźwigar
girder

kask ochronny
hard hat

pas narzędziowy
toolbelt

belka
beam

cement
cement

budować
build (v)

pracownik budowlany
construction worker

betoniarka
cement mixer

materiały • materials

cegła
brick

drewno
lumber

dachówka
roof tile

blok betonowy
cinder block

narzędzia • tools

zaprawa
murarska
mortar

kielnia
trowel

poziomnica alkoholowa
level

trzonek
handle

młot dwuręczny
sledgehammer

oskard
pickax

szufla
shovel

maszyny • machinery

walec
road roller

wywrotka
dump truck

podpora
support

hak
hook

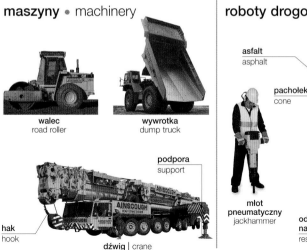

dźwig | crane

roboty drogowe • roadwork

asfalt
asphalt

pachołek
cone

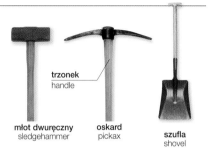

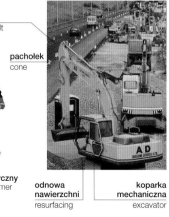

**młot
pneumatyczny**
jackhammer

**odnowa
nawierzchni**
resurfacing

**koparka
mechaniczna**
excavator

zawody 1 • occupations 1

stolarz
carpenter

elektryk
electrician

hydraulik
plumber

budowniczy
construction worker

ogrodnik
gardener

odkurzacz
vacuum
cleaner

sprzątacz
cleaner

mechanik
mechanic

rzeźnik
butcher

fryzjer
hairdresser

sprzedawca ryb
fish seller

sprzedawca warzyw i owoców
produce seller

kwiaciarz
florist

fryzjer męski
barber

jubiler
jeweler

sprzedawca
salesperson

pośrednik w handlu nieruchomościami
realtor

optyk
optometrist

maska ochronna
mask

dentysta
dentist

lekarz
doctor

farmaceuta
pharmacist

pielęgniarz
nurse

weterynarz
veterinarian

rolnik
farmer

rybak
fisherman

karabin maszynowy
machine gun

identyfikator
badge

mundur
uniform

strażnik
security guard

marynarz
sailor

żołnierz
soldier

policjant
police officer

strażak
firefighter

zawody 2 • occupations 2

prawnik
lawyer

księgowy
accountant

makieta
model

architekt | architect

naukowiec
scientist

nauczyciel
teacher

bibliotekarz
librarian

recepcjonista
receptionist

torba na listy
mailbag

listonosz
mail carrier

kierowca autobusów
bus driver

kierowca samochodów ciężarowych
truck driver

taksówkarz
taxi driver

pilot
pilot

stewardesa
flight attendant

pracownik biura podróży
travel agent

czapka kucharska
chef's hat

kucharz
chef

tutu
tutu

muzyk
musician

tancerz
dancer

aktorka
actress

piosenkarz
singer

kelnerka
waitress

barman
bartender

sportowiec
sportsman

rzeźbiarz
sculptor

notatki
notes

malarz
painter

fotograf
photographer

prezenter wiadomości
anchor

dziennikarz
journalist

redaktor
editor

projektant
designer

krawcowa
seamstress

krawiec
tailor

transport
transportation

drogi • roads

autostrada
freeway

punkt
pobierania
opłat
toll booth

znaki drogowe
poziome
road markings

wjazd
on-ramp

ulica
jednokierunkowa
one-way street

przegroda
divider

skrzyżowanie
interchange

światło
sygnalizatora
traffic light

pas wewnętrzny
right lane

pas środkowy
middle lane

pas zewnętrzny
left lane

zjazd
off-ramp

ruch uliczny
traffic

wiadukt
overpass

utwardzone
pobocze
shoulder

samochód
ciężarowy
truck

pas dzielący
median strip

przejazd dołem
underpass

telefon alarmowy
emergency phone

miejsce parkingowe dla
niepełnosprawnych
disabled parking

korek
traffic jam

**przejście dla
pieszych**
crosswalk

**nawigacja
satelitarna**
satnav

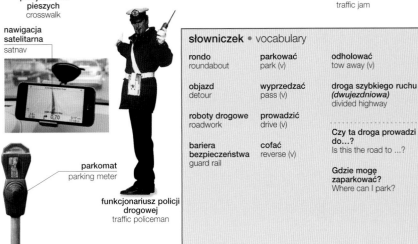

parkomat
parking meter

**funkcjonariusz policji
drogowej**
traffic policeman

słowniczek • vocabulary

rondo roundabout	**parkować** park (v)	**odholować** tow away (v)
objazd detour	**wyprzedzać** pass (v)	**droga szybkiego ruchu** *(dwujezdniowa)* divided highway
roboty drogowe roadwork	**prowadzić** drive (v)	
bariera bezpieczeństwa guard rail	**cofać** reverse (v)	**Czy tą droga prowadzi do...?** Is this the road to ...?
		Gdzie mogę zaparkować? Where can I park?

znaki drogowe • road signs

zakaz wjazdu
do not enter

**ograniczenie
prędkości**
speed limit

niebezpieczeństwo
hazard

**zakaz
zatrzymywania
się**
no stopping

**zakaz skrętu w
prawo**
no right turn

autobus • bus

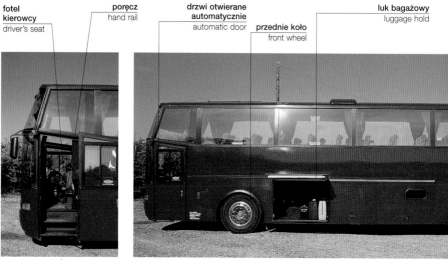

fotel
kierowcy
driver's seat

poręcz
hand rail

drzwi otwierane
automatycznie
automatic door

przednie koło
front wheel

luk bagażowy
luggage hold

drzwi | door

autokar | long-distance bus

rodzaje autobusów • types of buses

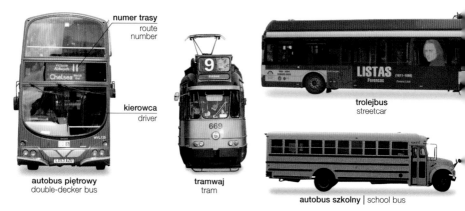

numer trasy
route
number

kierowca
driver

autobus piętrowy
double-decker bus

tramwaj
tram

trolejbus
streetcar

autobus szkolny | school bus

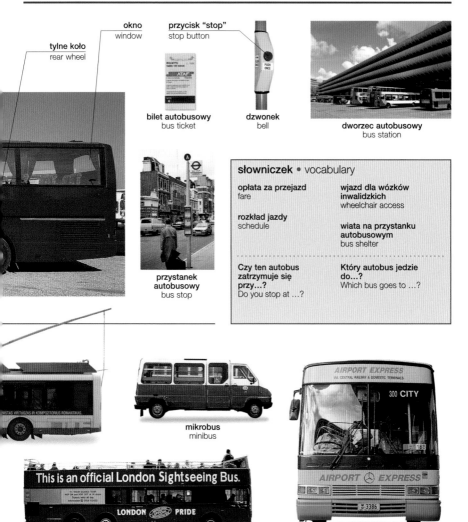

tylne koło
rear wheel

okno
window

przycisk "stop"
stop button

bilet autobusowy
bus ticket

dzwonek
bell

dworzec autobusowy
bus station

przystanek autobusowy
bus stop

słowniczek • vocabulary

opłata za przejazd
fare

rozkład jazdy
schedule

wjazd dla wózków inwalidzkich
wheelchair access

wiata na przystanku autobusowym
bus shelter

Czy ten autobus zatrzymuje się przy...?
Do you stop at …?

Który autobus jedzie do...?
Which bus goes to …?

mikrobus
minibus

This is an official London Sightseeing Bus.
LONDON PRIDE

autobus turystyczny | tour bus

AIRPORT EXPRESS
VIA CENTRAL RAILWAY & DOMESTIC TERMINALS
300 CITY
AIRPORT EXPRESS

autobus wahadłowy | shuttle bus

samochód 1 • car 1

elementy zewnętrzne • exterior

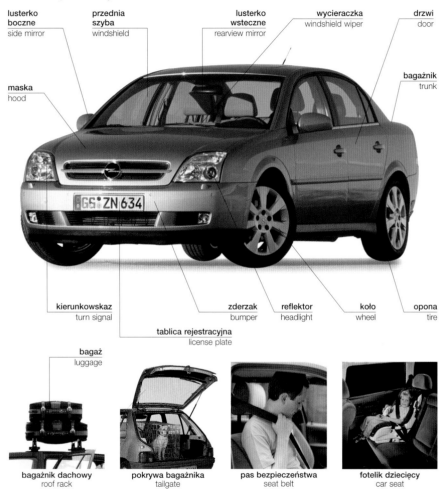

lusterko boczne
side mirror

przednia szyba
windshield

lusterko wsteczne
rearview mirror

wycieraczka
windshield wiper

drzwi
door

bagażnik
trunk

maska
hood

kierunkowskaz
turn signal

zderzak
bumper

reflektor
headlight

koło
wheel

opona
tire

tablica rejestracyjna
license plate

bagaż
luggage

bagażnik dachowy
roof rack

pokrywa bagażnika
tailgate

pas bezpieczeństwa
seat belt

fotelik dziecięcy
car seat

typy • types

samochód elektryczny
electric car

hatchback
hatchback

sedan
sedan

kombi
station wagon

kabriolet
convertible

samochód sportowy
sports car

minivan
minivan

**samochód z napędem
na cztery koła**
four-wheel drive

stary model
vintage

limuzyna
limousine

stacja benzynowa • gas station

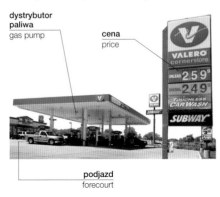

**dystrybutor
paliwa**
gas pump

cena
price

podjazd
forecourt

słowniczek • vocabulary

olej oil	**ołowiowy** leaded	**myjnia samochodowa** car wash
benzyna gasoline	**olej napędowy** diesel	**płyn chłodnicowy** antifreeze
bezołowiowy unleaded	**garaż** garage	**płyn do spryskiwacza** windshield washer fluid

Do pełna proszę.
Fill it up, please.

samochód 2 • car 2

wnętrze • interior

zagłówek
headrest

zamek
drzwiowy
door lock

klamka
handle

tylne siedzenie
backseat

podłokietnik
armrest

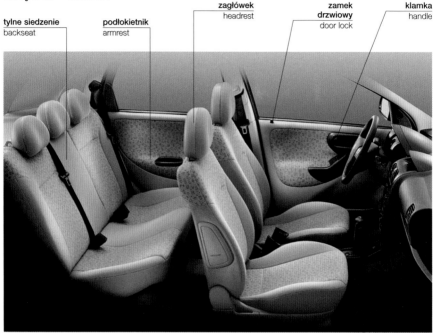

---

słowniczek • vocabulary

dwudrzwiowy two-door	**czterodrzwiowy** four-door	**automatyczny** automatic	**hamulec** brake	**pedał gazu** accelerator
trzydrzwiowy hatchback	**ręczny** manual	**zapłon** ignition	**sprzęgło** clutch	**klimatyzacja** air-conditioning

Czy może mi pan/pani wskazać drogę do...?
Can you tell me the way to ...?

Gdzie jest parking?
Where is the parking lot?

Czy można tutaj
zaparkować?
Can I park here?

układ sterowania • controls

kierownica
steering
wheel

klakson
horn

deska rozdzielcza
dashboard

światła awaryjne
hazard lights

nawigacja satelitarna
satellite navigation

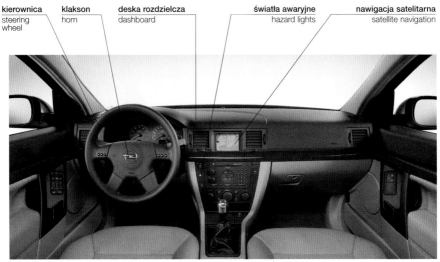

samochód z kierownicą po lewej stronie | left-hand drive

wskaźnik temperatury
temperature gauge

obrotomierz
tachometer

prędkościomierz
speedometer

wskaźnik paliwa
fuel gauge

samochodowy zestaw audio
car stereo

włącznik świateł
light switch

regulacja ogrzewania
heater controls

drogomierz
odometer

poduszka powietrzna
air bag

dźwignia zmiany biegów
gearshift

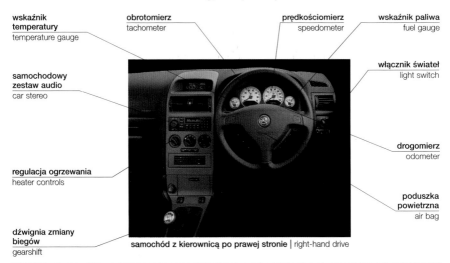

samochód z kierownicą po prawej stronie | right-hand drive

samochód 3 • car 3

mechanika • mechanics

zbiornik na płyn do spryskiwacza
washer fluid reservoir

prętowy wskaźnik poziomu oleju
dipstick

filtr powietrza
air filter

zbiornik na płyn hamulcowy
brake fluid reservoir

akumulator
battery

karoseria
bodywork

zbiornik na płyn do chłodnicy
coolant reservoir

głowica cylindra
cylinder head

rura
pipe

szyberdach
sunroof

chłodnica
radiator

silnik
engine

wentylator
fan

dekiel
hubcap

skrzynia biegów
gearbox

skrzynia przekładniowa
transmission

wał napędowy
driveshaft

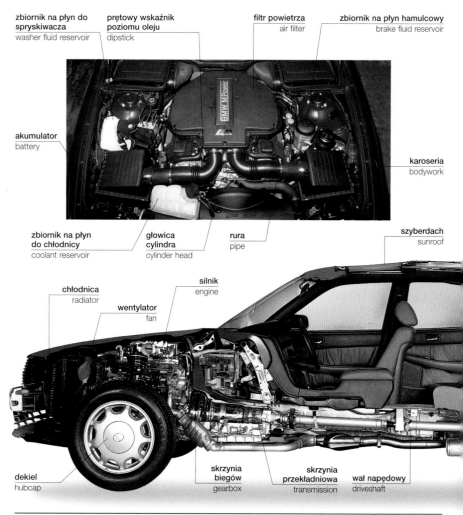

przebicie opony • flat tire

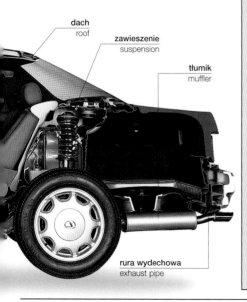

zapasowa opona
spare tire

klucz
tire iron

nakrętki koła
lug nuts

podnośnik
samochodowy
jack

zmieniać koło
change a tire (v)

dach
roof

zawieszenie
suspension

tłumik
muffler

rura wydechowa
exhaust pipe

słowniczek • vocabulary

wypadek samochodowy car accident	**turbosprężarka** turbocharger
awaria breakdown	**rozdzielacz** distributor
ubezpieczenie insurance	**podwozie** chassis
samochód z wózkiem holowniczym tow truck	**hamulec ręczny** parking brake
mechanik mechanic	**alternator** alternator
ciśnienie w oponach tire pressure	**pasek rozrządu** cam belt
skrzynka bezpiecznikowa fuse box	**Zepsuł mi się samochód.** My car has broken down.
świeca zapłonowa spark plug	**Mój samochód nie chce zapalić.** My car won't start.
pasek klinowy fan belt	
zbiornik paliwa gas tank	
ustawienie zapłonu timing	

motocykl • motorcycle

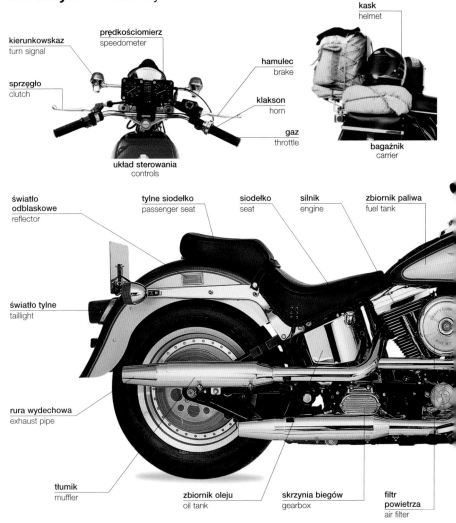

kask
helmet

kierunkowskaz
turn signal

prędkościomierz
speedometer

hamulec
brake

sprzęgło
clutch

klakson
horn

gaz
throttle

układ sterowania
controls

bagażnik
carrier

światło odblaskowe
reflector

tylne siodełko
passenger seat

siodełko
seat

silnik
engine

zbiornik paliwa
fuel tank

światło tylne
taillight

rura wydechowa
exhaust pipe

tłumik
muffler

zbiornik oleju
oil tank

skrzynia biegów
gearbox

filtr powietrza
air filter

osłona
oczu
visor

pasek
odblaskowy
reflector strap

skóra
leathers

nakolannik
knee pad

odzież | clothing

typy • types

motocykl wyścigowy | racing bike

szyba ochronna
windshield

motocykl turystyczny | tourer

motocykl terenowy | dirt bike

podpórka
stand

skuter | scooter

reflektor
headlight

zawieszenie
suspension

błotnik
mudguard

pedał hamulca
brake pedal

oś
axle

opona
tire

rower • bicycle

tandem
tandem

siodełko
saddle

sztyca podsiodłowa
seat post

bidon
water bottle

rama
frame

rower wyścigowy
racing bike

hamulec
brake

piasta
hub

przerzutka
gears

obręcz
rim

opona
tire

łańcuch
chain

pedał
pedal

koło zębate
cog

rower górski
mountain bike

rower turystyczny
touring bike

kask
helmet

rower szosowy
road bike

ścieżka rowerowa | bike lane

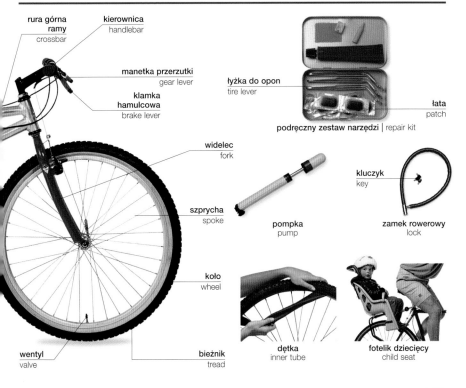

rura górna
ramy
crossbar

kierownica
handlebar

manetka przerzutki
gear lever

klamka
hamulcowa
brake lever

łyżka do opon
tire lever

łata
patch

podręczny zestaw narzędzi | repair kit

widelec
fork

kluczyk
key

szprycha
spoke

pompka
pump

zamek rowerowy
lock

koło
wheel

wentyl
valve

bieżnik
tread

dętka
inner tube

fotelik dziecięcy
child seat

słowniczek • vocabulary

światło headlight	**podpórka** kickstand	**klocek** **hamulcowy** brake block	**kosz** basket	**nosek** *(przy pedale)* toe clip	**hamować** brake (v)
światło tylne rear light	**stojak na rowery** bike rack	**linka** cable	**dynamo** dynamo	**pasek** *(przy pedale)* toe strap	**jechać rowerem** cycle (v)
światło **odblaskowe** reflector	**stabilizatory** training wheels	**koło łańcuchowe** sprocket	**przebicie** *(opony)* flat tire	**pedałować** pedal (v)	**zmieniać** **przełożenie** change gears (v)

pociąg · train

wagon
railcar

peron
platform

wózek
cart

numer peronu
platform number

dojeżdżający
(do pracy)
commuter

dworzec kolejowy | train station

typy pociągów · types of train

lokomotywa
engine

pociąg z lokomotywą parową
steam train

kabina
maszynisty
engineer's
cab

szyna
rail

pociąg z lokomotywą spalinowo-elektryczną | diesel train

pociąg elektryczny
electric train

pociąg szybkobieżny
high-speed train

kolej jednotorowa
monorail

metro
subway

tramwaj
tram

pociąg towarowy
freight train

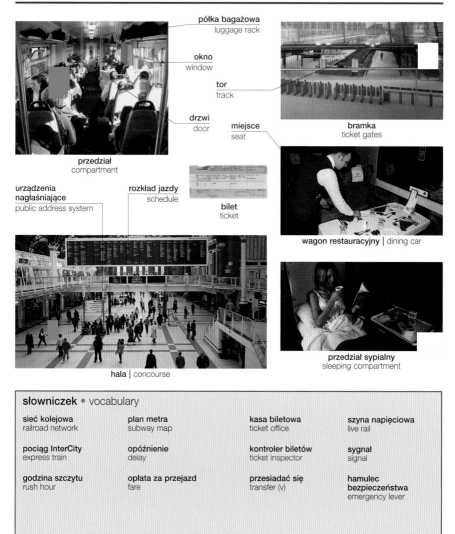

półka bagażowa
luggage rack

okno
window

tor
track

drzwi
door

miejsce
seat

bramka
ticket gates

przedział
compartment

urządzenia nagłaśniające
public address system

rozkład jazdy
schedule

bilet
ticket

wagon restauracyjny | dining car

przedział sypialny
sleeping compartment

hala | concourse

słowniczek • vocabulary

sieć kolejowa railroad network	**plan metra** subway map	**kasa biletowa** ticket office	**szyna napięciowa** live rail
pociąg InterCity express train	**opóźnienie** delay	**kontroler biletów** ticket inspector	**sygnał** signal
godzina szczytu rush hour	**opłata za przejazd** fare	**przesiadać się** transfer (v)	**hamulec bezpieczeństwa** emergency lever

samolot • aircraft

samolot pasażerski • airliner

dziób nose	**kabina pilota** cockpit	**silnik** engine	**kadłub** fuselage	**skrzydło** wing	**ogon** tail

ster
rudder

wyjście
exit

koło przednie
(podwozia)
nosewheel

podwozie
landing gear

lotka
aileron

statecznik pionowy
fin

statecznik poziomy
tailplane

kabina • cabin

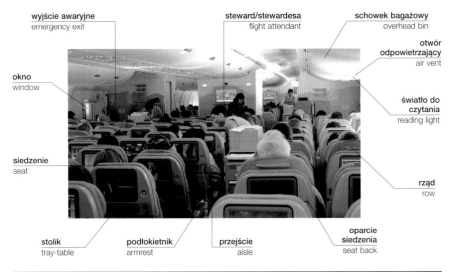

wyjście awaryjne
emergency exit

steward/stewardesa
flight attendant

schowek bagażowy
overhead bin

otwór odpowietrzający
air vent

okno
window

światło do czytania
reading light

siedzenie
seat

rząd
row

stolik
tray-table

podłokietnik
armrest

przejście
aisle

oparcie siedzenia
seat back

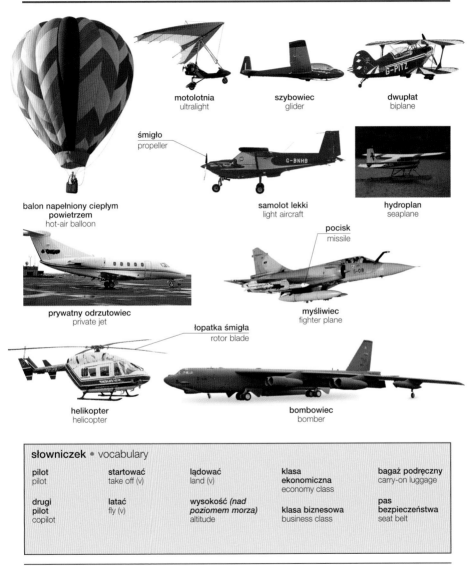

motolotnia
ultralight

szybowiec
glider

dwupłat
biplane

śmigło
propeller

balon napełniony ciepłym powietrzem
hot-air balloon

samolot lekki
light aircraft

hydroplan
seaplane

pocisk
missile

prywatny odrzutowiec
private jet

myśliwiec
fighter plane

łopatka śmigła
rotor blade

helikopter
helicopter

bombowiec
bomber

słowniczek • vocabulary

pilot pilot	**startować** take off (v)	**lądować** land (v)	**klasa ekonomiczna** economy class	**bagaż podręczny** carry-on luggage
drugi pilot copilot	**latać** fly (v)	**wysokość** *(nad poziomem morza)* altitude	**klasa biznesowa** business class	**pas bezpieczeństwa** seat belt

polski • english

lotnisko • airport

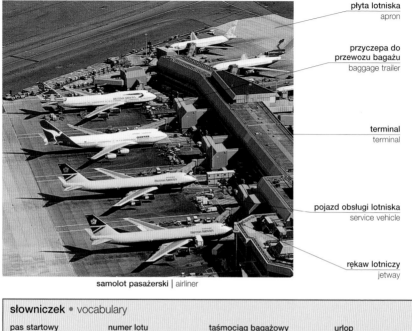

płyta lotniska
apron

przyczepa do
przewozu bagażu
baggage trailer

terminal
terminal

pojazd obsługi lotniska
service vehicle

rękaw lotniczy
jetway

samolot pasażerski | airliner

---

słowniczek • vocabulary

pas startowy runway	**numer lotu** flight number	**taśmociąg bagażowy** baggage carousel	**urlop** vacation
lot międzynarodowy international flight	**kontrola paszportowa** immigration	**bezpieczeństwo** security	**zgłosić się do odprawy** check in (v)
lot krajowy domestic flight	**odprawa celna** customs	**aparat rentgenowski** X-ray machine	**wieża kontroli lotów** control tower
połączenie connection	**nadwyżka bagażu** excess baggage	**broszura turystyczna** travel brochure	**zarezerwować lot** book a flight (v)

bagaż podręczny
carry-on luggage

bagaż
luggage

wózek
cart

stanowisko odprawy
check-in desk

wiza
visa

paszport | passport

kontrola paszportowa
passport control

karta pokładowa
boarding pass

bilet
ticket

numer wyjścia
gate number

odloty
departures

hala odlotów
departure lounge

port docelowy
destination

przyloty
arrivals

tablica lotów
information screen

sklep wolnocłowy
duty-free shop

odbiór bagażu
baggage claim

postój taksówek
taxi stand

wynajem samochodów
car rental

statek • ship

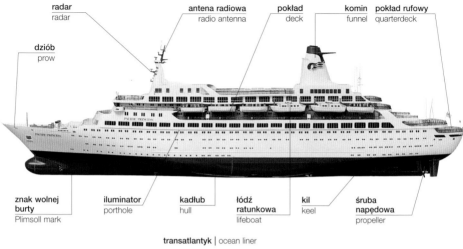

radar / radar	antena radiowa / radio antenna
dziób / prow	pokład / deck
	komin / funnel
	pokład rufowy / quarterdeck
znak wolnej burty / Plimsoll mark	iluminator / porthole
kadłub / hull	łódź ratunkowa / lifeboat
kil / keel	śruba napędowa / propeller

transatlantyk | ocean liner

mostek kapitański
bridge

maszynownia
engine room

słowniczek • vocabulary

dok / dock	**winda kotwiczna** / windlass
port / port	**kapitan** / captain
trap / gangway	**łódź motorowa** / speedboat
kotwica / anchor	**łódź wiosłowa** / rowboat
pachołek cumowy / bollard	**kajak** / canoe

kajuta
cabin

kambuz *(kuchnia)*
galley

inne statki • other ships

prom
ferry

silnik
przyczepny
outboard motor

ponton
inflatable dinghy

wodolot
hydrofoil

jacht
yacht

katamaran
catamaran

holownik
tugboat

poduszkowiec
hovercraft

kontenerowiec
container ship

takielunek
rigging

luk towarowy
hold

żaglówka
sailboat

frachtowiec
freighter

tankowiec
oil tanker

lotniskowiec
aircraft carrier

pancernik
battleship

kiosk
conning tower

okręt podwodny
submarine

port • port

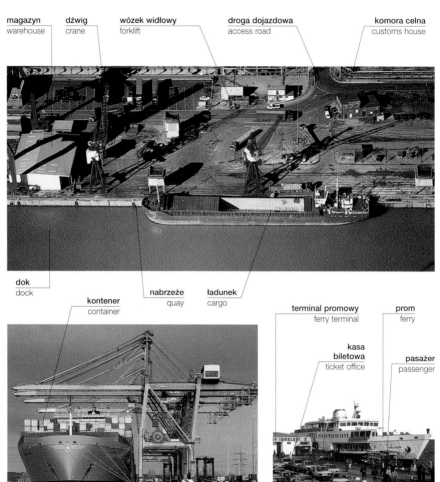

magazyn
warehouse

dźwig
crane

wózek widłowy
forklift

droga dojazdowa
access road

komora celna
customs house

dok
dock

kontener
container

nabrzeże
quay

ładunek
cargo

terminal promowy
ferry terminal

prom
ferry

kasa
biletowa
ticket office

pasażer
passenger

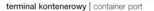

terminal kontenerowy | container port

port pasażerski | passenger port

sieć
net

łódź rybacka
fishing boat

miejsce
cumowania
mooring

marina | marina

przystań | harbor

port rybacki | fishing port

molo | pier

molo
jetty

stocznia
shipyard

lampa
lamp

latarnia morska
lighthouse

boja
buoy

słowniczek • vocabulary

straż przybrzeżna coastguard	**suchy dok** dry dock	**wchodzić na pokład** board (v)
kapitan portu harbor master	**cumować** moor (v)	**wysiadać** disembark (v)
rzucić kotwicę drop anchor (v)	**przybić do portu** dock (v)	**wypłynąć w morze** set sail (v)

sport
sports

futbol amerykański • football

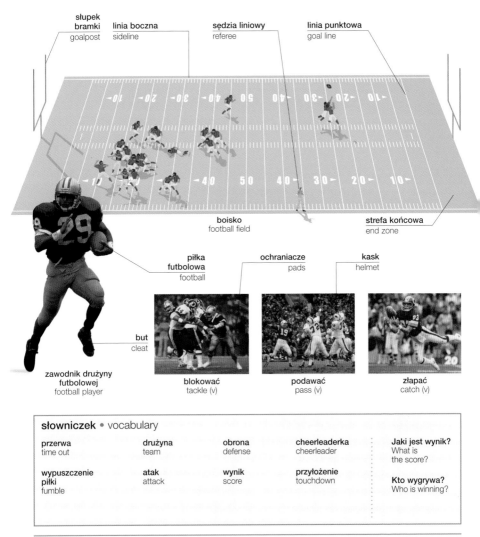

słupek bramki
goalpost

linia boczna
sideline

sędzia liniowy
referee

linia punktowa
goal line

boisko
football field

strefa końcowa
end zone

piłka futbolowa
football

ochraniacze
pads

kask
helmet

but
cleat

zawodnik drużyny futbolowej
football player

blokować
tackle (v)

podawać
pass (v)

złapać
catch (v)

słowniczek • vocabulary

przerwa time out	**drużyna** team	**obrona** defense	**cheerleaderka** cheerleader	**Jaki jest wynik?** What is the score?
wypuszczenie piłki fumble	**atak** attack	**wynik** score	**przyłożenie** touchdown	**Kto wygrywa?** Who is winning?

rugby • rugby

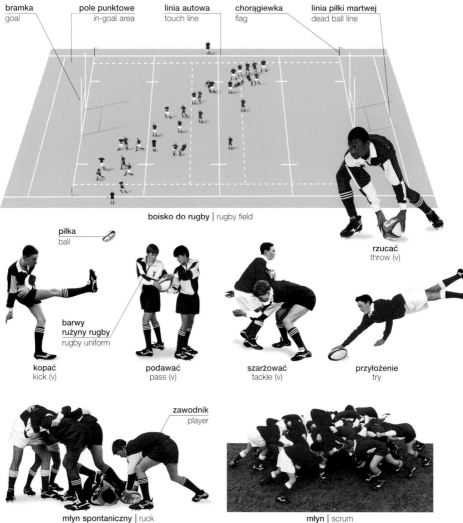

bramka
goal

pole punktowe
in-goal area

linia autowa
touch line

chorągiewka
flag

linia piłki martwej
dead ball line

boisko do rugby | rugby field

piłka
ball

rzucać
throw (v)

kopać
kick (v)

barwy
rużyny rugby
rugby uniform

podawać
pass (v)

szarżować
tackle (v)

przyłożenie
try

zawodnik
player

młyn spontaniczny | ruck

młyn | scrum

piłka nożna • soccer

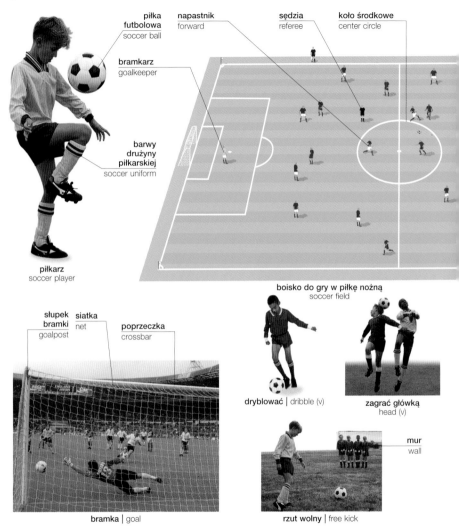

piłka futbolowa
soccer ball

napastnik
forward

sędzia
referee

koło środkowe
center circle

bramkarz
goalkeeper

barwy drużyny piłkarskiej
soccer uniform

piłkarz
soccer player

boisko do gry w piłkę nożną
soccer field

słupek bramki
goalpost

siatka
net

poprzeczka
crossbar

dryblować | dribble (v)

zagrać główką
head (v)

mur
wall

bramka | goal

rzut wolny | free kick

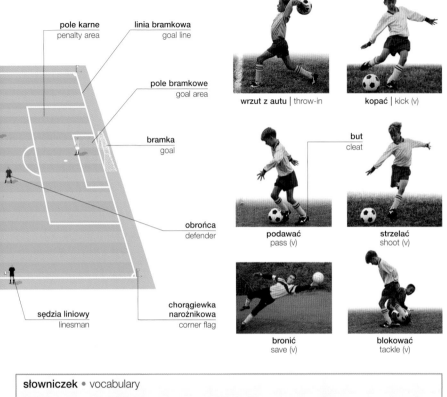

pole karne
penalty area

linia bramkowa
goal line

pole bramkowe
goal area

bramka
goal

obrońca
defender

sędzia liniowy
linesman

chorągiewka
narożnikowa
corner flag

wrzut z autu | throw-in

kopać | kick (v)

but
cleat

podawać
pass (v)

strzelać
shoot (v)

bronić
save (v)

blokować
tackle (v)

słowniczek • vocabulary

stadion stadium	**faul** foul	**żółta kartka** yellow card	**liga** league	**dogrywka** extra time
strzelić gola score a goal (v)	**rzut rożny** corner	**spalony** offside	**remis** tie	**rezerwowy** substitute
kara penalty	**czerwona kartka** red card	**usunięcie z boiska** send off	**przerwa** half time	**zmiana** substitution

hokej • hockey

hokej na lodzie • ice hockey

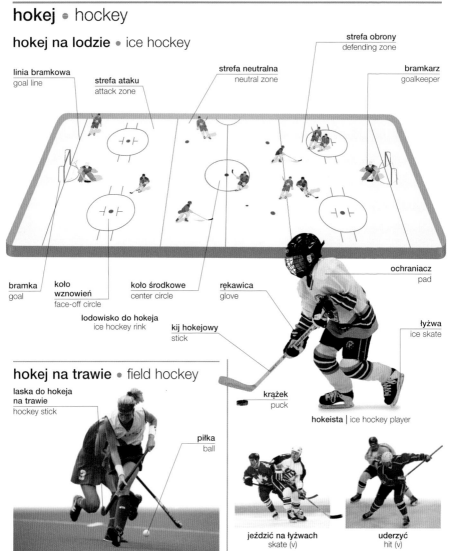

strefa obrony
defending zone

linia bramkowa
goal line

strefa neutralna
neutral zone

bramkarz
goalkeeper

strefa ataku
attack zone

bramka
goal

koło wznowień
face-off circle

koło środkowe
center circle

rękawica
glove

ochraniacz
pad

lodowisko do hokeja
ice hockey rink

kij hokejowy
stick

łyżwa
ice skate

hokej na trawie • field hockey

laska do hokeja na trawie
hockey stick

krążek
puck

piłka
ball

hokeista | ice hockey player

jeździć na łyżwach
skate (v)

uderzyć
hit (v)

krykiet • cricket

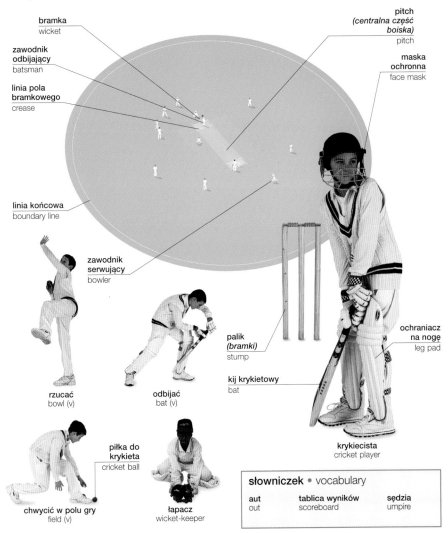

bramka
wicket

zawodnik odbijający
batsman

linia pola bramkowego
crease

linia końcowa
boundary line

pitch
(centralna część boiska)
pitch

maska ochronna
face mask

zawodnik serwujący
bowler

palik
(bramki)
stump

kij krykietowy
bat

ochraniacz na nogę
leg pad

rzucać
bowl (v)

odbijać
bat (v)

krykiecista
cricket player

chwycić w polu gry
field (v)

piłka do krykieta
cricket ball

łapacz
wicket-keeper

---

słowniczek • vocabulary

aut	**tablica wyników**	**sędzia**
out	scoreboard	umpire

---

koszykówka • basketball

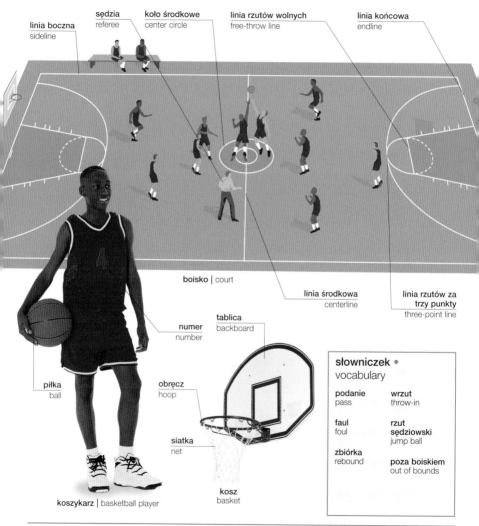

linia boczna
sideline

sędzia
referee

koło środkowe
center circle

linia rzutów wolnych
free-throw line

linia końcowa
endline

boisko | court

linia środkowa
centerline

**linia rzutów za
trzy punkty**
three-point line

numer
number

tablica
backboard

piłka
ball

obręcz
hoop

siatka
net

koszykarz | basketball player

kosz
basket

słowniczek •
vocabulary

podanie pass	**wrzut** throw-in
faul foul	**rzut** **sędziowski** jump ball
zbiórka rebound	**poza boiskiem** out of bounds

czynności • actions

rzucać
throw (v)

łapać
catch (v)

strzelać
shoot (v)

skakać
jump (v)

kryć
mark (v)

blokować
block (v)

odbijać
dribble (v)

wykonać wsad
dunk (v)

siatkówka • volleyball

blokować
block (v)

siatka
net

podbić
dig (v)

sędzia
referee

**opaska
elastyczna
na kolano**
knee support

boisko | court

baseball • baseball

boisko • field

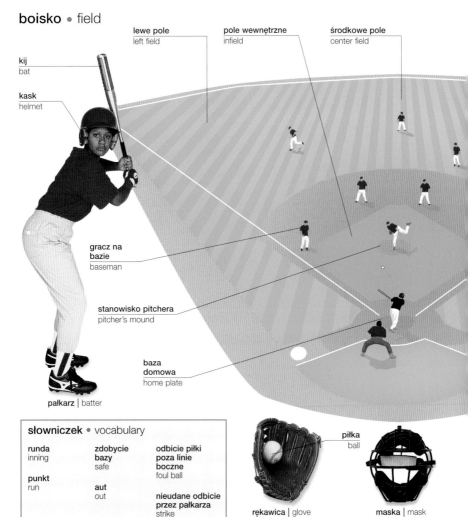

lewe pole
left field

pole wewnętrzne
infield

środkowe pole
center field

kij
bat

kask
helmet

gracz na bazie
baseman

stanowisko pitchera
pitcher's mound

baza domowa
home plate

pałkarz | batter

słowniczek • vocabulary

runda inning	**zdobycie bazy** safe	**odbicie piłki poza linie boczne** foul ball
punkt run	**aut** out	**nieudane odbicie przez pałkarza** strike

piłka
ball

rękawica | glove

maska | mask

czynności • actions

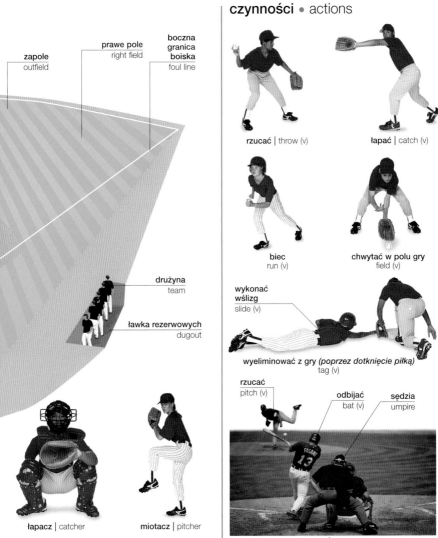

zapole
outfield

prawe pole
right field

**boczna
granica
boiska**
foul line

drużyna
team

ławka rezerwowych
dugout

rzucać | throw (v)

łapać | catch (v)

biec
run (v)

chwytać w polu gry
field (v)

**wykonać
wślizg**
slide (v)

wyeliminować z gry *(poprzez dotknięcie piłką)*
tag (v)

rzucać
pitch (v)

odbijać
bat (v)

sędzia
umpire

grać | play (v)

łapacz | catcher

miotacz | pitcher

tenis • tennis

uchwyt **główka**
handle head

naciąg **sędzia**
string umpire

linia końcowa
główna
baseline

rakieta
racket

linia serwisowa
service line

linia boczna
sideline

piłka
ball

opaska na
nadgarstek
wristband

kort tenisowy | tennis court

słowniczek • vocabulary

singel singles	**set** set	**równowaga** deuce	**błąd serwisowy** fault	**uderzenie** **z boku** slice	**podkręcenie** spin
debel doubles	**mecz** match	**przewaga** advantage	**as** ace	**wymiana** rally	**sędzia liniowy** linesman
gem game	**tie-break** tiebreaker	**zero** love	**piłka ścięta** *(spadająca* *tuż za siatką)* dropshot	**net** let!	**turniej** championship

polski • english

siatka
net

smecz
smash

chłopiec do
podawania piłek
ball boy

serwować
serve (v)

buty
tenisowe
tennis shoes

gracz | player

uderzenia • strokes

serw
serve

wolej
volley

return
return

lob
lob

forhend
forehand

bekhend
backhand

sporty rakietowe • racket games

lotka
shuttlecock

rakietka
paddle

badminton
badminton

tenis stołowy
table tennis

squash
squash

racquetball
racquetball

golf • golf

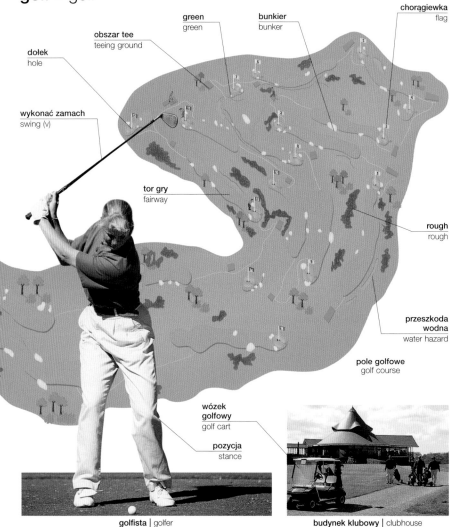

green
green

bunkier
bunker

chorągiewka
flag

obszar tee
teeing ground

dołek
hole

wykonać zamach
swing (v)

tor gry
fairway

rough
rough

przeszkoda wodna
water hazard

pole golfowe
golf course

wózek golfowy
golf cart

pozycja
stance

golfista | golfer

budynek klubowy | clubhouse

sprzęt • equipment

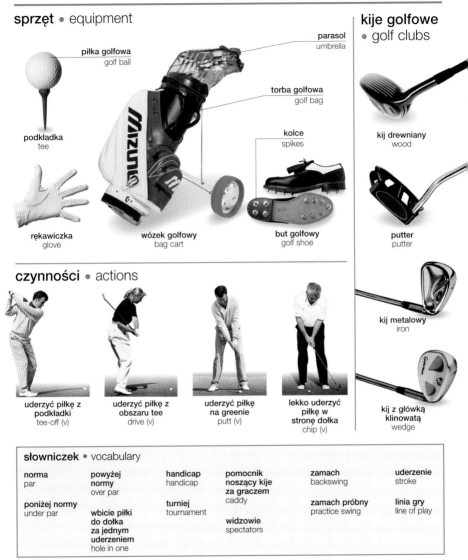

piłka golfowa
golf ball

parasol
umbrella

torba golfowa
golf bag

podkładka
tee

kolce
spikes

rękawiczka
glove

wózek golfowy
bag cart

but golfowy
golf shoe

kije golfowe
• golf clubs

kij drewniany
wood

putter
putter

kij metalowy
iron

**kij z główką
klinowatą**
wedge

czynności • actions

**uderzyć piłkę z
podkładki**
tee-off (v)

**uderzyć piłkę z
obszaru tee**
drive (v)

**uderzyć piłkę
na greenie**
putt (v)

**lekko uderzyć
piłkę w
stronę dołka**
chip (v)

słowniczek • vocabulary

norma par	**powyżej normy** over par	**handicap** handicap	**pomocnik noszący kije za graczem** caddy	**zamach** backswing	**uderzenie** stroke
poniżej normy under par	**wbicie piłki do dołka za jednym uderzeniem** hole in one	**turniej** tournament	**widzowie** spectators	**zamach próbny** practice swing	**linia gry** line of play

lekkoatletyka • track and field

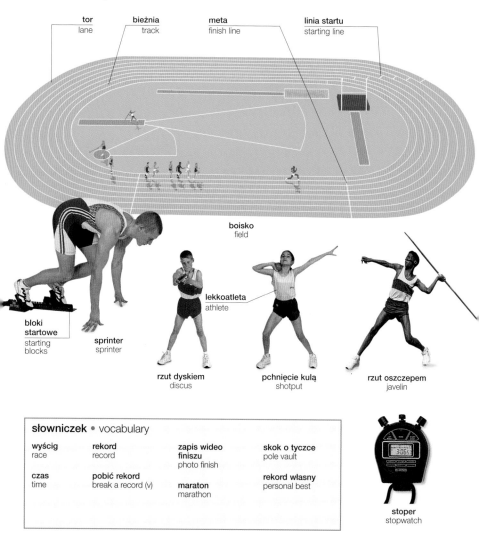

tor
lane

bieżnia
track

meta
finish line

linia startu
starting line

boisko
field

bloki startowe
starting blocks

sprinter
sprinter

lekkoatleta
athlete

rzut dyskiem
discus

pchnięcie kulą
shotput

rzut oszczepem
javelin

słowniczek • vocabulary

wyścig race	rekord record	zapis wideo finiszu photo finish	skok o tyczce pole vault
czas time	pobić rekord break a record (v)	maraton marathon	rekord własny personal best

stoper
stopwatch

pałeczka
baton

poprzeczka
crossbar

bieg sztafetowy
relay race

skok wzwyż
high jump

skok w dal
long jump

płotki
hurdles

gimnastyka • gymnastics

trampolina
springboard

gimnastyk
gymnast

kozioł
horse

salto
somersault

równoważnia | beam

wstążka
ribbon

mata
mat

skok
vault

ćwiczenia wolne
floor exercises

przerzut bokiem
cartwheel

gimnastyka artystyczna
rhythmic gymnastics

---

słowniczek • vocabulary

drążek horizontal bar	**koń z łękami** pommel horse	**kółka** rings	**medale** medals	**srebro** silver
poręcze parallel bars	**poręcze asymetryczne** asymmetric bars	**podium** podium	**złoto** gold	**brąz** bronze

---

sporty walki • combat sports

przeciwnik
opponent

kask ochronny
guard

pas
belt

rękawica
glove

taekwondo | tae kwon do

karate | karate

judo | judo

maska
mask

miecz
sword

aikido | aikido

kendo | kendo

kung-fu | kung fu

kick boxing | kickboxing

zapasy | wrestling

boks | boxing

czynności • actions

powalenie przeciwnika
fall

chwyt | hold

rzut | throw

rzut na łopatki | pin

kopnięcie | kick

cios pięścią | punch

uderzenie | strike

skok | jump

blok | block

cios | chop

słowniczek • vocabulary

ring bokserski boxing ring	**runda** round	**pięść** fist	**czarny pas** black belt	**capoeira** capoeira
rękawice bokserskie boxing gloves	**walka** bout	**nokaut** knockout	**samoobrona** self-defense	**sumo** sumo wrestling
ochraniacz szczęki mouth guard	**sparing** sparring	**worek treningowy** punching bag	**sztuki walki** martial arts	**wt'ai chi** tai chi

pływanie • swimming
sprzęt • equipment

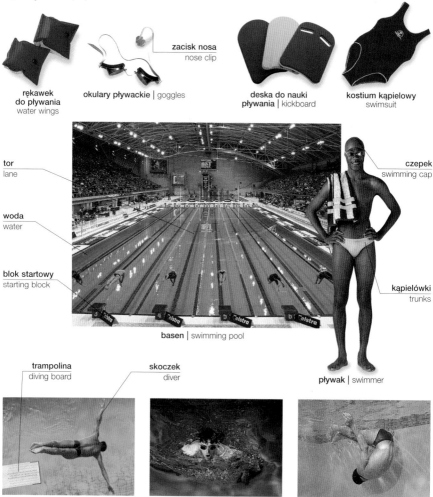

rękawek do pływania
water wings

okulary pływackie | goggles

zacisk nosa
nose clip

deska do nauki pływania | kickboard

kostium kąpielowy
swimsuit

tor
lane

woda
water

blok startowy
starting block

czepek
swimming cap

kąpielówki
trunks

basen | swimming pool

trampolina
diving board

skoczek
diver

pływak | swimmer

skakać do wody | dive (v)

pływać | swim (v)

obrót | turn

style • styles

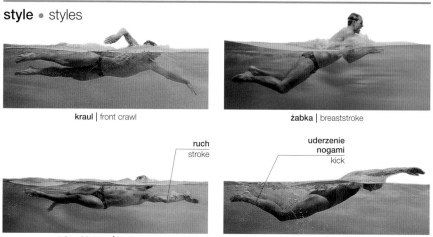

kraul | front crawl

żabka | breaststroke

ruch
stroke

uderzenie nogami
kick

styl grzbietowy | backstroke

motylek | butterfly

nurkowanie z akwalungiem • scuba diving

butla ze sprężonym powietrzem
air cylinder

kombinezon piankowy
wetsuit

maska
mask

płetwa
fin

regulator
regulator

balast
weight belt

rurka
snorkel

słowniczek • vocabulary

skok do wody dive	**pływać w miejscu** tread water (v)	**szafki** lockers	**piłka wodna** water polo	**płytka część basenu** shallow end	**kurcz** cramp
skok do wody z trampoliny high dive	**skok startowy** racing dive	**ratownik** lifeguard	**najgłębsza część basenu** deep end	**pływanie synchroniczne** synchronized swimming	**tonąć** drown (v)

żeglarstwo • sailing

kompas
compass

kotwica
anchor

knaga
cleat

żagiel przedni
headsail

półpokład
sidedeck

dziób
bow

rumpel
tiller

kadłub
hull

maszt
mast

takielunek
rigging

grot
mainsail

bom
boom

rufa
stern

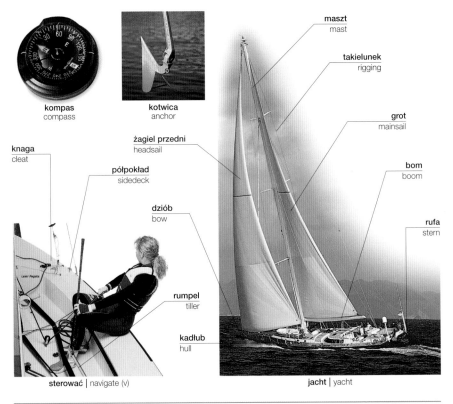

sterować | navigate (v)

jacht | yacht

bezpieczeństwo • safety

raca
flare

koło ratunkowe
life buoy

kamizelka ratunkowa
life jacket

tratwa ratunkowa
life raft

sporty wodne • watersports

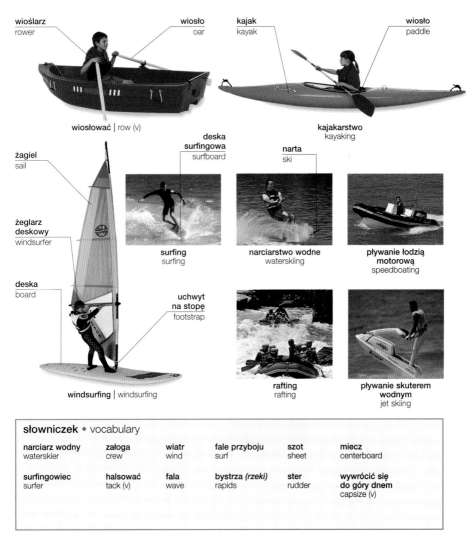

wioślarz
rower

wiosło
oar

wiosłować | row (v)

kajak
kayak

wiosło
paddle

kajakarstwo
kayaking

żagiel
sail

żeglarz deskowy
windsurfer

deska
board

deska surfingowa
surfboard

narta
ski

surfing
surfing

narciarstwo wodne
waterskiing

pływanie łodzią motorową
speedboating

uchwyt na stopę
footstrap

windsurfing | windsurfing

rafting
rafting

pływanie skuterem wodnym
jet skiing

słowniczek • vocabulary

narciarz wodny waterskier	**załoga** crew	**wiatr** wind	**fale przyboju** surf	**szot** sheet	**miecz** centerboard
surfingowiec surfer	**halsować** tack (v)	**fala** wave	**bystrza** *(rzeki)* rapids	**ster** rudder	**wywrócić się do góry dnem** capsize (v)

jazda konna •
horseback riding

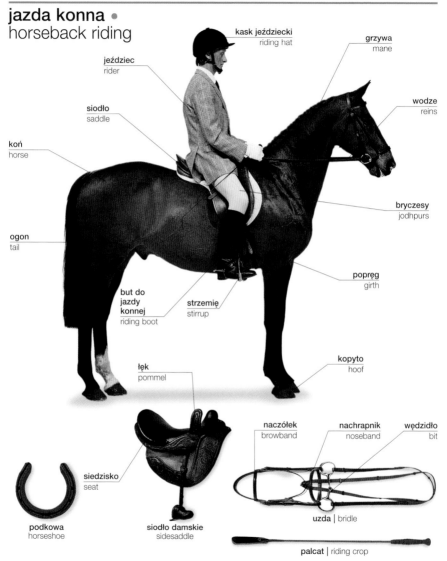

kask jeździecki
riding hat

grzywa
mane

jeździec
rider

wodze
reins

siodło
saddle

koń
horse

bryczesy
jodhpurs

ogon
tail

popręg
girth

but do
jazdy
konnej
riding boot

strzemię
stirrup

kopyto
hoof

łęk
pommel

naczółek
browband

nachrapnik
noseband

wędzidło
bit

siedzisko
seat

uzda | bridle

podkowa
horseshoe

siodło damskie
sidesaddle

palcat | riding crop

konkurencje • events

koń wyścigowy
racehorse

gonitwa
horse race

przeszkoda
fence

gonitwa z przeszkodami
steeplechase

wyścig zaprzęgów
harness race

rodeo
rodeo

skoki przez przeszkody
showjumping

wyścig powozów
carriage race

trekking | trail riding

ujeżdżanie | dressage

polo | polo

---

słowniczek • vocabulary

stęp walk	**cwał** canter	**skok** jump	**kantar** halter	**padok** paddock	**wyścig płaski** flat race
kłus trot	**galop** gallop	**stajenny** groom	**stajnia** stable	**arena** arena	**tor wyścigowy** racecourse

---

wędkarstwo • fishing

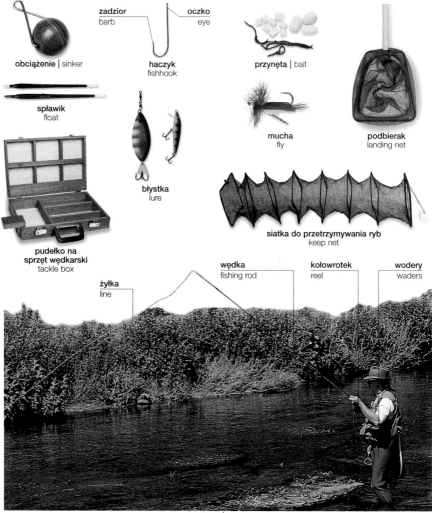

obciążenie | sinker

zadzior barb

oczko eye

haczyk fishhook

przynęta | bait

spławik float

mucha fly

podbierak landing net

błystka lure

pudełko na sprzęt wędkarski tackle box

siatka do przetrzymywania ryb keep net

żyłka line

wędka fishing rod

kołowrotek reel

wodery waders

wędkarz | angler

rodzaje wędkarstwa • types of fishing

wędkarstwo słodkowodne
freshwater fishing

wędkarstwo muchowe
fly fishing

wędkarstwo sportowe
sport fishing

wędkarstwo dalekomorskie
deep sea fishing

łowienie ryb z plaży
surfcasting

czynności • activities

zarzucać
cast (v)

łapać
catch (v)

wciągać
reel in (v)

łowić w sieć
net (v)

wypuszczać
release (v)

słowniczek • vocabulary

zakładać przynętę bait (v)	**sprzęt wędkarski** tackle	**ubranie nieprzemakalne** rain gear	**karta wędkarska** fishing license	**kosz** creel
brać *(o rybie)* bite (v)	**kołowrotek** spool	**wędzisko** pole	**wędkarstwo morskie** marine fishing	**połów kuszą** spearfishing

narciarstwo • skiing

stok narciarski
ski slope

wyciąg krzesełkowy
chairlift

wagonik kolejki linowej
cable car

kijek narciarski
ski pole

rękawica
glove

trasa narciarska
ski run

barierka bezpieczeństwa
safety barrier

dziób
tip

krawędź
edge

narta
ski

Kurtka narciarska
ski jacket

but narciarski
ski boot

narciarz
skier

dyscypliny • events

narciarstwo zjazdowe
downhill skiing

bramka
gate

slalom
slalom

skok narciarski
ski jump

narciarstwo biegowe
cross-country skiing

sporty zimowe • winter sports

gogle
goggles

łyżwa
skate

wspinaczka lodowa
ice climbing

łyżwiarstwo
ice-skating

łyżwiarstwo figurowe
figure skating

snowboarding
snowboarding

bobslej
bobsled

saneczkarstwo
luge

skuter śnieżny
snowmobile

jazda na sankach
sledding

słowniczek • vocabulary

narciarstwo alpejskie
alpine skiing

slalom gigant
giant slalom

poza wyznaczonymi trasami
off-piste

curling
curling

psie zaprzęgi
dogsledding

łyżwiarstwo szybkie
speed skating

biatlon
biathlon

lawina
avalanche

inne sporty • other sports

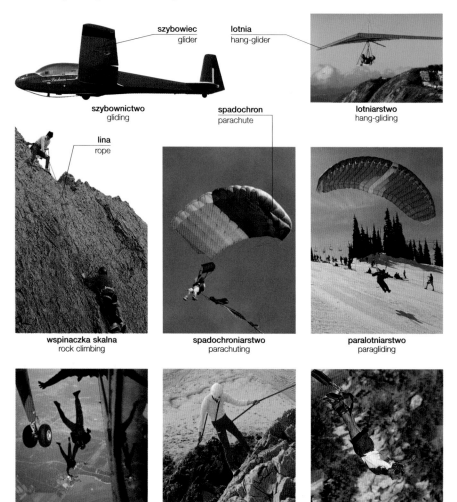

szybowiec
glider

lotnia
hang-glider

szybownictwo
gliding

spadochron
parachute

lotniarstwo
hang-gliding

lina
rope

wspinaczka skalna
rock climbing

spadochroniarstwo
parachuting

paralotniarstwo
paragliding

akrobacje spadochronowe
skydiving

schodzenie po linie
rappelling

skoki na bungee
bungee jumping

rajdy samochodowe
rally driving

kierowca wyścigowy
race-car driver

wyścigi samochodowe
auto racing

motocross
motocross

wyścigi motocyklowe
motorcycle racing

deskorolka
skateboard

jazda na deskorolce
skateboarding

jazda na łyżworolkach
inline skating

kij
stick

lacrosse
lacrosse

maska
mask

floret
foil

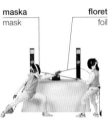
szermierka
fencing

kręgiel
pin

kula do kręgli
bowling ball

kręgle
bowling

łuk
bow

strzała
arrow

kołczan
quiver

łucznictwo
archery

tarcza
target

strzelectwo
target shooting

bilard
pool

snooker
snooker

fitness • fitness

rower treningowy
exercise bike

sprzęt siłowy
gym machine

ławka treningowa
bench

ciężarki
free weights

gryf
bar

siłownia
gym

wioślarz treningowy
rowing machine

bieżnia
treadmill

trenażer eliptyczny
elliptical trainer

trener osobisty
personal trainer

stepper
stair machine

basen
swimming pool

sauna
sauna

ćwiczenia • exercises

ćwiczenie rozciągające
stretch

wypad
lunge

legginsy
tights

pompka
push-up

hantla
dumbbell

przysiad
squat

brzuszek
sit-up

**uginanie
przedramion**
bicep curl

wyciskanie nogami
leg press

**wyciskanie na
klatkę piersiową**
chest press

**buty
sportowe**
sneakers

sztanga
weight bar

ćwiczenia siłowe
weight training

jogging
jogging

pilates
Pilates

---

słowniczek • vocabulary

trenować train (v)	**biegać w miejscu** jog in place (v)	**wyciągać** extend (v)	**boxercise** boxercise	**trening kondycyjny** circuit training
robić rozgrzewkę warm up (v)	**napinać** flex (v)	**podciągać** pull up (v)	**skakanie przez skakankę** jumping rope	

czas wolny
leisure

teatr • theater

kurtyna
curtain

kulisy
wings

dekoracje
set

publiczność
audience

orkiestra
orchestra

scena | stage

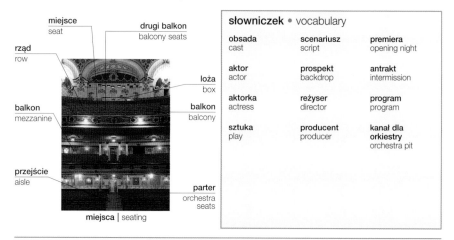

miejsce
seat

drugi balkon
balcony seats

rząd
row

loża
box

balkon
mezzanine

balkon
balcony

przejście
aisle

parter
orchestra
seats

miejsca | seating

słowniczek • vocabulary

obsada cast	**scenariusz** script	**premiera** opening night
aktor actor	**prospekt** backdrop	**antrakt** intermission
aktorka actress	**reżyser** director	**program** program
sztuka play	**producent** producer	**kanał dla orkiestry** orchestra pit

koncert | concert

musical | musical

kostium
costume

balet | ballet

słowniczek • vocabulary

bileter
usher

muzyka klasyczna
classical music

partytura
musical score

ścieżka dźwiękowa
soundtrack

oklaskiwać
applaud (v)

bis
encore

O której godzinie się to zaczyna?
What time does it start?

Poproszę dwa bilety na dzisiejsze przedstawienie.
I'd like two tickets for tonight's performance.

opera | opera

kino • movies

popcorn
popcorn

hol
lobby

kasa biletowa
box office

plakat
poster

sala kinowa
movie theater

ekran
screen

słowniczek • vocabulary

komedia
comedy

thriller
thriller

horror
horror movie

western
Western

romans
romance

film science fiction
science fiction movie

film przygodowy
adventure movie

film animowany
animated movie

orkiestra • orchestra

instrumenty strunowe • strings

harfa
harp

dyrygent
conductor

kontrabas
double bass

skrzypce
violin

podium
podium

altówka
viola

wiolonczela
cello

partytura
score

klucz
wiolinowy
treble clef

nuta
note

pięciolinia
staff

klucz
basowy
bass clef

fortepian | piano

notacja | notation

---

słowniczek • vocabulary

uwertura overture	**sonata** sonata	**pauza** rest	**krzyżyk** sharp	**kasownik** natural	**gama** scale
symfonia symphony	**instrumenty** instruments	**ton** pitch	**bemol** flat	**takt** bar	**batuta** baton

---

instrumenty dęte drewniane • woodwind

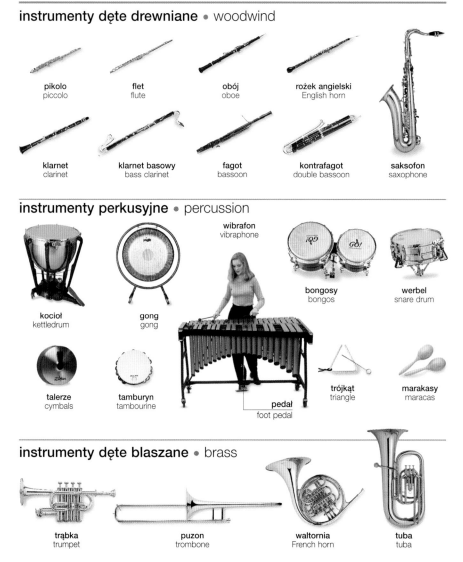

pikolo
piccolo

flet
flute

obój
oboe

rożek angielski
English horn

klarnet
clarinet

klarnet basowy
bass clarinet

fagot
bassoon

kontrafagot
double bassoon

saksofon
saxophone

instrumenty perkusyjne • percussion

wibrafon
vibraphone

bongosy
bongos

werbel
snare drum

kocioł
kettledrum

gong
gong

talerze
cymbals

tamburyn
tambourine

pedał
foot pedal

trójkąt
triangle

marakasy
maracas

instrumenty dęte blaszane • brass

trąbka
trumpet

puzon
trombone

waltornia
French horn

tuba
tuba

koncert • concert

głośnik
speaker

gitarzysta
guitarist

fani
fans

lider
lead singer

mikrofon
microphone

perkusista
drummer

koncert rockowy | rock concert

instrumenty • instruments

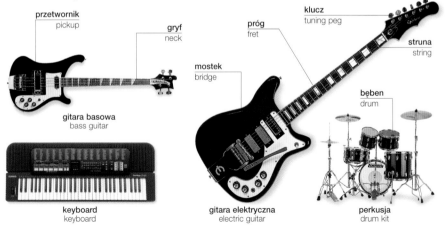

przetwornik
pickup

gryf
neck

próg
fret

klucz
tuning peg

struna
string

mostek
bridge

bęben
drum

gitara basowa
bass guitar

keyboard
keyboard

gitara elektryczna
electric guitar

perkusja
drum kit

style muzyczne • musical styles

jazz | jazz

blues | blues

punk | punk

muzyka folk | folk music

pop | pop

dance | dance

rap | rap

heavy metal | heavy metal

muzyka klasyczna | classical music

słowniczek • vocabulary

piosenka song	**tekst** lyrics	**melodia** melody	**rytm** beat	**reggae** reggae	**country** country	**reflektor** spotlight

zwiedzanie • sightseeing

turysta
tourist

trasa
itinerary

z otwartym dachem
open-top

autobus wycieczkowy | tour bus

atrakcja turystyczna | tourist attraction

przewodnik
tour guide

zwiedzanie z przewodnikiem
guided tour

statuetka
figurine

pamiątki
souvenirs

---

słowniczek • vocabulary

otwarty open	**przewodnik** guidebook	**kamera wideo** camcorder	**w lewo** left	**Gdzie jest…?** Where is …?
zamknięty closed	**film** film	**aparat** camera	**w prawo** right	**Zgubiłem się.** I'm lost.
opłata za wstęp entrance fee	**baterie** batteries	**wskazówki** directions	**prosto** straight ahead	**Czy może mi pan/pani wskazać drogę do…?** Can you tell me the way to …?

---

atrakcje • attractions

obraz
painting

eksponat
exhibit

wystawa
exhibition

słynne ruiny
famous ruin

galeria sztuki
art gallery

pomnik
monument

muzeum
museum

zabytkowy budynek
historic building

kasyno
casino

ogrody
gardens

park narodowy
national park

informacje • information

godziny
times

plan piętra
floor plan

mapa
map

rozkład jazdy
schedule

**biuro informacji
turystycznej**
tourist information

zajęcia na świeżym powietrzu • outdoor activities

chodnik
footpath

zegar słoneczny
sundial

kawiarnia
café

park | park

trawa
grass

ławka
bench

ogród francuski
formal gardens

kolejka górska
roller coaster

wesołe miasteczko
fairground

tematyczny park rozrywki
theme park

park safari
safari park

zoo
zoo

zajęcia • activites

jazda na rowerze
cycling

jogging
jogging

jazda na deskorolce
skateboarding

jazda na rolkach
rollerblading

ścieżka do jazdy konnej
bridle path

obserwowanie ptaków
bird-watching

jazda konna
horseback riding

piesze wędrówki
hiking

kosz
hamper

piknik
picnic

plac zabaw • playground

piaskownica
sandbox

basen nadmuchiwany
wading pool

huśtawka
swing

huśtawka | seesaw

zjeżdżalnia | slide

drabinki | climbing frame

plaża • beach

hotel
hotel

parasol plażowy
beach umbrella

kabina plażowa
beach hut

piasek
sand

fala
wave

morze
sea

torba plażowa
beach bag

bikini
bikini

opalać się | sunbathe (v)

ratownik
lifeguard

wieża ratownika
lifeguard tower

parawan plażowy
windbreak

promenada
boardwalk

leżak
deck chair

okulary przeciwsłoneczne
sunglasses

kapelusz od słońca
sun hat

emulsja do opalania
suntan lotion

krem z wysokim filtrem przeciwsłonecznym
sunblock

piłka plażowa
beach ball

koło dmuchane
inflatable ring

kostium kąpielowy
swimsuit

łopatka
shovel

wiaderko
pail

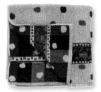

ręcznik plażowy
beach towel

zamek z piasku
sandcastle

muszla
shell

---

kemping • camping

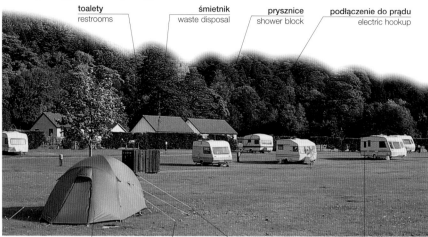

toalety
restrooms

śmietnik
waste disposal

prysznice
shower block

podłączenie do prądu
electric hookup

tropik
flysheet

kołek do namiotu
tent peg

linka namiotowa
guy rope

przyczepa
kempingowa
camper

pole kempingowe | campground

słowniczek • vocabulary

kempingować
camp (v)

biuro zarządu
site manager's
office

wolne miejsca
sites available

pełny
full

miejsce
site

**rozbić
namiot**
pitch a tent (v)

**maszt
namiotu**
tent pole

łóżko polowe
camp bed

ławka piknikowa
picnic bench

hamak
hammock

**samochód z
częścią mieszkalną**
camper van

przyczepa kempingowa
trailer

węgiel drzewny
charcoal

podpałka
firelighter

rozpalić ogień
light a fire (v)

ognisko
campfire

stelaż
frame

mata wodoodporna
ground sheet

plecak
backpack

termos
vacuum flask

manierka
water bottle

namiot
tent

środek odstraszający
owady
insect repellent

latarka
flashlight

moskitiera
mosquito net

odzież termoaktywna
thermal underwear

buty turystyczne
hiking boots

odzież nieprzemakalna
rain gear

śpiwór
sleeping bag

karimata
sleeping mat

kuchenka
turystyczna
camping stove

grill
barbecue grill

materac nadmuchiwany | air mattress

rozrywka domowa • home entertainment

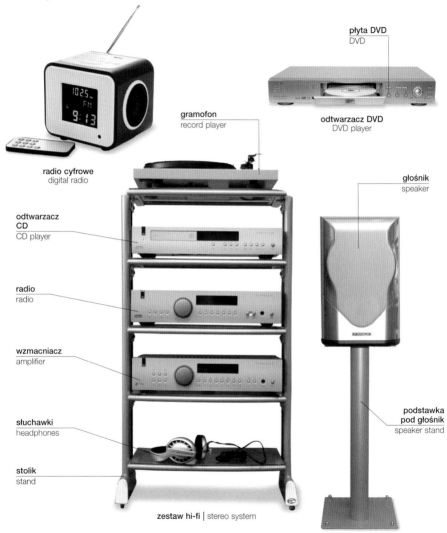

płyta DVD
DVD

odtwarzacz DVD
DVD player

gramofon
record player

radio cyfrowe
digital radio

głośnik
speaker

odtwarzacz CD
CD player

radio
radio

wzmacniacz
amplifier

słuchawki
headphones

stolik
stand

podstawka pod głośnik
speaker stand

zestaw hi-fi | stereo system

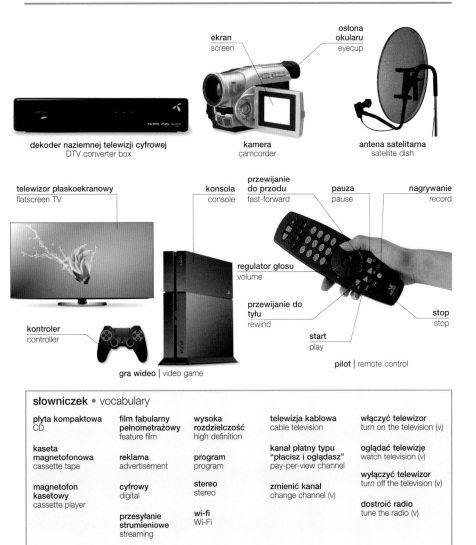

ekran
screen

osłona okularu
eyecup

dekoder naziemnej telewizji cyfrowej
DTV converter box

kamera
camcorder

antena satelitarna
satellite dish

telewizor płaskoekranowy
flatscreen TV

konsola
console

przewijanie do przodu
fast-forward

pauza
pause

nagrywanie
record

regulator głosu
volume

przewijanie do tyłu
rewind

start
play

stop
stop

kontroler
controller

gra wideo | video game

pilot | remote control

---

słowniczek • vocabulary

płyta kompaktowa
CD

kaseta magnetofonowa
cassette tape

magnetofon kasetowy
cassette player

film fabularny pełnometrażowy
feature film

reklama
advertisement

cyfrowy
digital

przesyłanie strumieniowe
streaming

wysoka rozdzielczość
high definition

program
program

stereo
stereo

wi-fi
Wi-Fi

telewizja kablowa
cable television

kanał płatny typu "płacisz i oglądasz"
pay-per-view channel

zmienić kanał
change channel (v)

włączyć telewizor
turn on the television (v)

oglądać telewizję
watch television (v)

wyłączyć telewizor
turn off the television (v)

dostroić radio
tune the radio (v)

---

polski • english

fotografika • photography

wyzwalacz migawki
shutter release

regulator przysłony
aperture dial

obiektyw
lens

filtr
filter

osłona obiektywu
lens cap

lustrzanka jednoobiektywowa | SLR camera

flesz
flash gun

światłomierz
light meter

teleobiektyw
zoom lens

statyw
tripod

rodzaje aparatów fotograficznych • types of camera

**lampa
błyskowa**
flash

aparat polaroid
Polaroid camera

aparat cyfrowy
digital camera

telefon z aparatem
camera phone

aparat jednorazowy
disposable camera

polski • english

fotografować • photograph (v)

szpulka z filmem
film roll

film
film

ustawiać ostrość
focus (v)

wywoływać
develop (v)

negatyw
negative

pejzaż
landscape

portret
portrait

fotografia | photograph

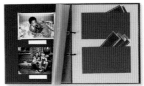

album fotograficzny
photo album

ramka na zdjęcie
picture frame

problemy • problems

niedoświetlony
underexposed

prześwietlony
overexposed

nieostry
out of focus

czerwone oko
red eye

słowniczek • vocabulary

wizjer
viewfinder

futerał na aparat fotograficzny
camera case

naświetlenie
exposure

ciemnia
darkroom

odbitka
print

matowy
matte

błyszczący
gloss

powiększenie
enlargement

Chciałbym oddać ten film do wywołania.
I'd like this film processed.

gry • games

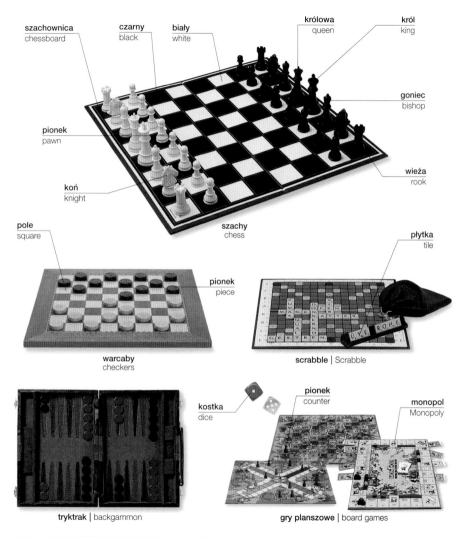

szachownica
chessboard

czarny
black

biały
white

królowa
queen

król
king

goniec
bishop

pionek
pawn

wieża
rook

koń
knight

szachy
chess

pole
square

pionek
piece

płytka
tile

warcaby
checkers

scrabble | Scrabble

kostka
dice

pionek
counter

monopol
Monopoly

tryktrak | backgammon

gry planszowe | board games

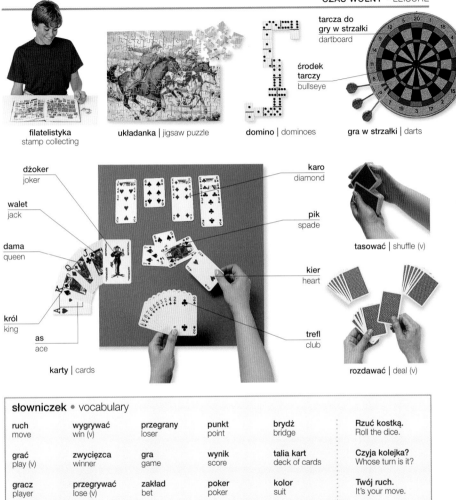

filatelistyka
stamp collecting

układanka | jigsaw puzzle

domino | dominoes

tarcza do gry w strzałki
dartboard

środek tarczy
bullseye

gra w strzałki | darts

dżoker
joker

walet
jack

dama
queen

król
king

as
ace

karty | cards

karo
diamond

pik
spade

kier
heart

trefl
club

tasować | shuffle (v)

rozdawać | deal (v)

słowniczek • vocabulary

ruch move	**wygrywać** win (v)	**przegrany** loser	**punkt** point	**brydż** bridge	**Rzuć kostką.** Roll the dice.
grać play (v)	**zwyciężca** winner	**gra** game	**wynik** score	**talia kart** deck of cards	**Czyja kolejka?** Whose turn is it?
gracz player	**przegrywać** lose (v)	**zakład** bet	**poker** poker	**kolor** suit	**Twój ruch.** It's your move.

rzemiosło artystyczne 1 • arts and crafts 1

farby • paints

artysta
artist

obraz
painting

sztaluga
easel

płótno
canvas

pędzel
brush

paleta
palette

malarstwo | painting

farby olejne
oil paint

akwarela
watercolor paint

pastele
pastels

farba akrylowa
acrylic paint

farba plakatowa
poster paint

kolory • colors

czerwony | red

niebieski | blue

żółty | yellow

zielony | green

pomarańczowy
orange

fioletowy | purple

biały | white

czarny | black

szary | gray

różowy | pink

brązowy | brown

indygo | indigo

inne sztuki • other crafts

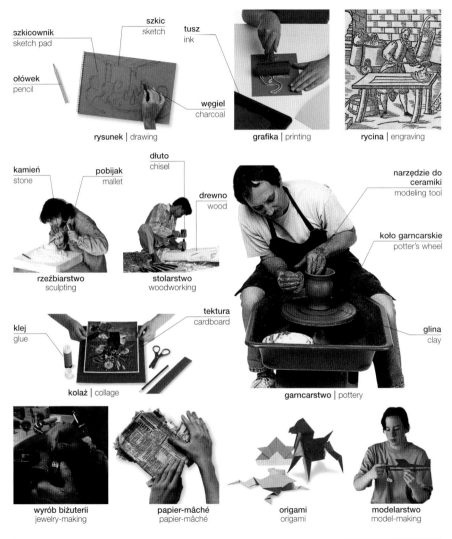

szkicownik
sketch pad

szkic
sketch

tusz
ink

ołówek
pencil

węgiel
charcoal

rysunek | drawing

grafika | printing

rycina | engraving

kamień
stone

pobijak
mallet

dłuto
chisel

drewno
wood

narzędzie do ceramiki
modeling tool

koło garncarskie
potter's wheel

rzeźbiarstwo
sculpting

stolarstwo
woodworking

tektura
cardboard

klej
glue

glina
clay

kolaż | collage

garncarstwo | pottery

wyrób biżuterii
jewelry-making

papier-mâché
papier-mâché

origami
origami

modelarstwo
model-making

rzemiosło artystyczne 2 • arts and crafts 2

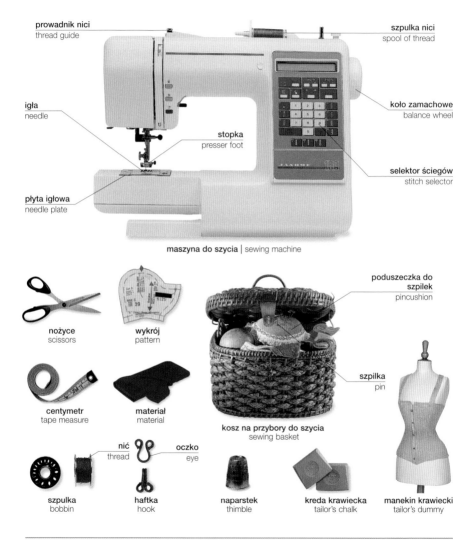

prowadnik nici
thread guide

szpulka nici
spool of thread

igła
needle

koło zamachowe
balance wheel

stopka
presser foot

selektor ściegów
stitch selector

płyta igłowa
needle plate

maszyna do szycia | sewing machine

nożyce
scissors

wykrój
pattern

poduszeczka do szpilek
pincushion

centymetr
tape measure

materiał
material

szpilka
pin

kosz na przybory do szycia
sewing basket

nić
thread

oczko
eye

szpulka
bobbin

haftka
hook

naparstek
thimble

kreda krawiecka
tailor's chalk

manekin krawiecki
tailor's dummy

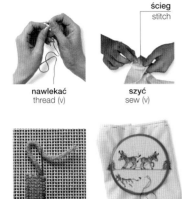

ścieg
stitch

nawlekać	**szyć**	**cerować**	**fastrygować**	**ciąć**
thread (v)	sew (v)	darn (v)	tack (v)	cut (v)

szydełko
crochet hook

haft na kanwie	**haft**	**szydełkowanie**	**makrama**	**patchwork**
needlepoint	embroidery	crochet	macramé	patchwork

klocek
lace bobbin

krosno
loom

pikowanie	**koronkarstwo**	**tkactwo**
quilting	lace-making	weaving

drut
knitting needle

wełna
yarn

robienie na drutach
knitting

motek | skein

słowniczek • vocabulary

pruć	**nylon**
unpick (v)	nylon
tkanina	**jedwab**
fabric	silk
bawełna	**projektant**
cotton	designer
płótno lniane	**moda**
linen	fashion
poliester	**zamek błyskawiczny**
polyester	zipper

środowisko
environment

przestrzeń kosmiczna • space

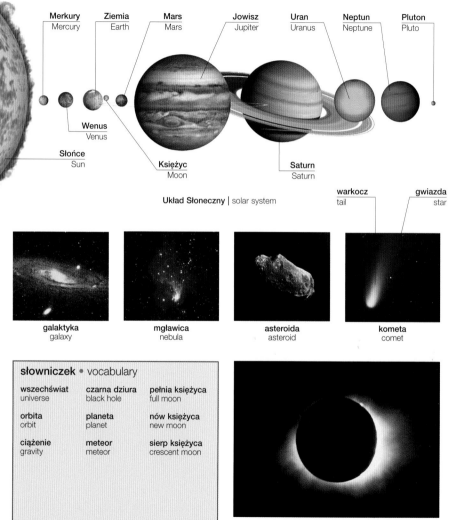

Merkury / Mercury
Ziemia / Earth
Mars / Mars
Jowisz / Jupiter
Uran / Uranus
Neptun / Neptune
Pluton / Pluto
Wenus / Venus
Słońce / Sun
Księżyc / Moon
Saturn / Saturn

Układ Słoneczny | solar system

warkocz / tail
gwiazda / star

galaktyka / galaxy
mgławica / nebula
asteroida / asteroid
kometa / comet

słowniczek • vocabulary

wszechświat / universe
czarna dziura / black hole
pełnia księżyca / full moon

orbita / orbit
planeta / planet
nów księżyca / new moon

ciążenie / gravity
meteor / meteor
sierp księżyca / crescent moon

zaćmienie | eclipse

polski • english

badania kosmosu • space exploration

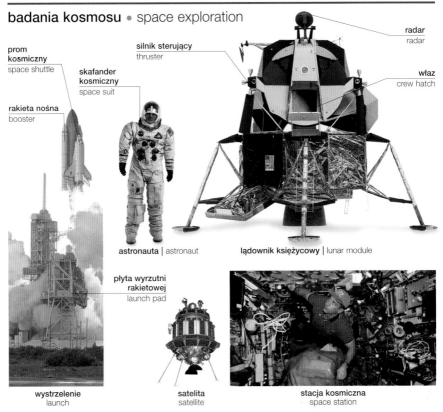

radar
radar

prom kosmiczny
space shuttle

silnik sterujący
thruster

właz
crew hatch

skafander kosmiczny
space suit

rakieta nośna
booster

astronauta | astronaut

lądownik księżycowy | lunar module

płyta wyrzutni rakietowej
launch pad

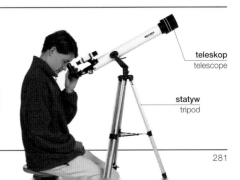

wystrzelenie
launch

satelita
satellite

stacja kosmiczna
space station

astronomia • astronomy

teleskop
telescope

statyw
tripod

gwiazdozbiór
constellation

lornetka
binoculars

Ziemia • Earth

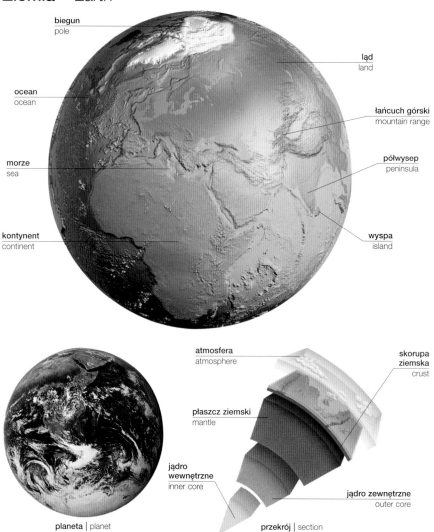

biegun
pole

ląd
land

ocean
ocean

łańcuch górski
mountain range

morze
sea

półwysep
peninsula

kontynent
continent

wyspa
island

atmosfera
atmosphere

skorupa
ziemska
crust

płaszcz ziemski
mantle

jądro
wewnętrzne
inner core

jądro zewnętrzne
outer core

planeta | planet

przekrój | section

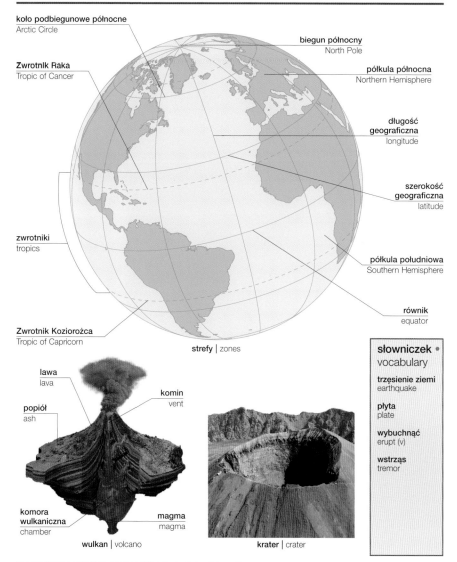

koło podbiegunowe północne
Arctic Circle

biegun północny
North Pole

Zwrotnik Raka
Tropic of Cancer

półkula północna
Northern Hemisphere

długość
geograficzna
longitude

szerokość
geograficzna
latitude

zwrotniki
tropics

półkula południowa
Southern Hemisphere

równik
equator

Zwrotnik Koziorożca
Tropic of Capricorn

strefy | zones

lawa
lava

komin
vent

popiół
ash

szklanka • vocabulary

słowniczek •
vocabulary

trzęsienie ziemi
earthquake

płyta
plate

wybuchnąć
erupt (v)

wstrząs
tremor

komora
wulkaniczna
chamber

magma
magma

wulkan | volcano

krater | crater

krajobraz • landscape

góra
mountain

stok
slope

brzeg
bank

rzeka
river

bystrza
rapids

skały
rocks

lodowiec
glacier

dolina | valley

wzgórze
hill

płaskowyż
plateau

wąwóz
gorge

jaskinia
cave

równina | plain

pustynia | desert

las | forest

las | woods

las deszczowy
rain forest

bagno
swamp

łąka
meadow

step
grassland

wodospad
waterfall

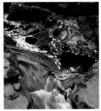

strumień
stream

jezioro
lake

gejzer
geyser

wybrzeże
coast

klif
cliff

rafa koralowa
coral reef

ujście rzeki
estuary

pogoda • weather

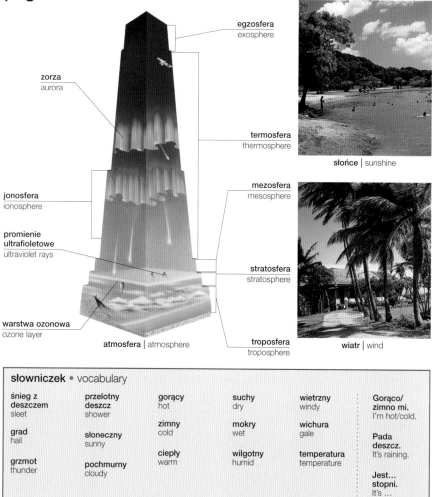

egzosfera
exosphere

zorza
aurora

termosfera
thermosphere

słońce | sunshine

jonosfera
ionosphere

mezosfera
mesosphere

promienie
ultrafioletowe
ultraviolet rays

stratosfera
stratosphere

warstwa ozonowa
ozone layer

atmosfera | atmosphere

troposfera
troposphere

wiatr | wind

słowniczek • vocabulary

śnieg z deszczem sleet	przelotny deszcz shower	gorący hot	suchy dry	wietrzny windy	Gorąco/zimno mi. I'm hot/cold.
grad hail	słoneczny sunny	zimny cold	mokry wet	wichura gale	Pada deszcz. It's raining.
grzmot thunder	pochmurny cloudy	ciepły warm	wilgotny humid	temperatura temperature	Jest... stopni. It's ... degrees.

chmura | cloud

deszcz | rain

błyskawica
lightning

burza | storm

mgła | mist

mgła | fog

tęcza | rainbow

śnieg | snow

szron | frost

lód | ice

sopel
icicle

mróz | freeze

huragan | hurricane

tornado | tornado

monsun | monsoon

powódź | flood

skały • rocks

magmowe • igneous

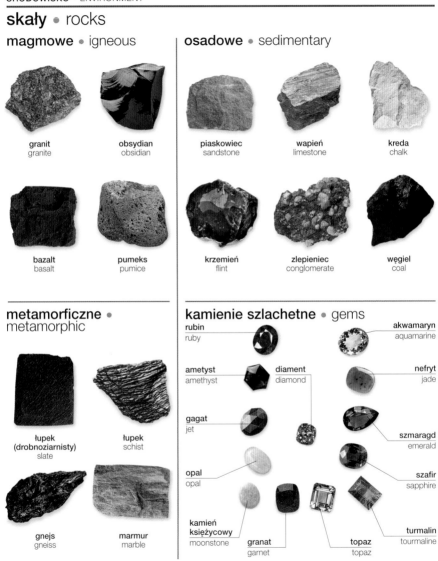

granit
granite

obsydian
obsidian

bazalt
basalt

pumeks
pumice

osadowe • sedimentary

piaskowiec
sandstone

wapień
limestone

kreda
chalk

krzemień
flint

zlepieniec
conglomerate

węgiel
coal

metamorficzne • metamorphic

łupek (drobnoziarnisty)
slate

łupek
schist

gnejs
gneiss

marmur
marble

kamienie szlachetne • gems

rubin
ruby

akwamaryn
aquamarine

ametyst
amethyst

diament
diamond

nefryt
jade

gagat
jet

szmaragd
emerald

opal
opal

szafir
sapphire

kamień księżycowy
moonstone

granat
garnet

topaz
topaz

turmalin
tourmaline

minerały • minerals

kwarc
quartz

mika
mica

siarka
sulfur

hematyt
hematite

kalcyt
calcite

malachit
malachite

turkus
turquoise

onyks
onyx

agat
agate

grafit
graphite

metale • metals

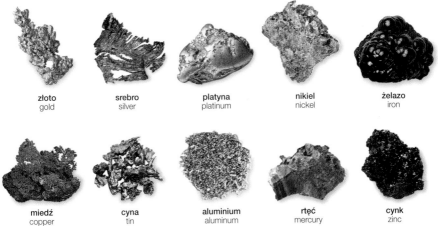

złoto
gold

srebro
silver

platyna
platinum

nikiel
nickel

żelazo
iron

miedź
copper

cyna
tin

aluminium
aluminum

rtęć
mercury

cynk
zinc

zwierzęta 1 • animals 1

ssaki • mammals

królik
rabbit

chomik
hamster

wąsy
whiskers

mysz
mouse

ogon
tail

szczur
rat

jeż
hedgehog

wiewiórka
squirrel

nietoperz
bat

szop pracz
raccoon

lis
fox

wilk
wolf

szczenię
puppy

kociak
kitten

młode
pup

pies
dog

kot
cat

wydra
otter

foka
seal

płetwa
flipper

nozdrze
blowhole

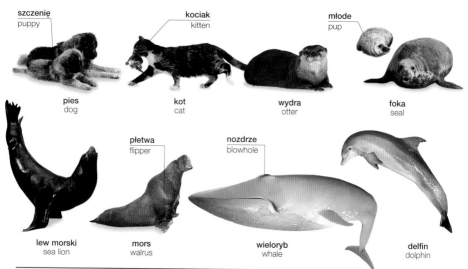

lew morski
sea lion

mors
walrus

wieloryb
whale

delfin
dolphin

poroże
antler

jeleń
deer

grzywa
mane

kopyto
hoof

zebra
zebra

żyrafa
giraffe

garb
hump

wielbłąd
camel

trąba
trunk

kieł
tusk

hipopotam
hippopotamus

słoń
elephant

róg
horn

nosorożec
rhinoceros

tygrys
tiger

grzywa
mane

lew
lion

małpa
monkey

goryl
gorilla

koala
koala

torba
pouch

kangur
kangaroo

niedźwiedź
bear

pazur
claw

niedźwiedź polarny
polar bear

panda
panda

polski • english

zwierzęta 2 • animals 2

ptaki • birds

ogon
tail

kanarek
canary

wróbel
sparrow

koliber
hummingbird

jaskółka
swallow

wrona
crow

gołąb
pigeon

dzięcioł
woodpecker

sokół
falcon

sowa
owl

mewa
gull

orzeł
eagle

pelikan
pelican

flaming
flamingo

bocian
stork

żuraw
crane

pingwin
penguin

struś
ostrich

gady • reptiles

gęś | goose

łabędź
swan

paw
peacock

bażant
pheasant

indyk
turkey

kakadu
cockatoo

dziób
beak

pióro
feather

skrzydło
wing

szpon
claw

papuga
parrot

tarcze rogowe
scales

aligator
alligator

jaszczurka
lizard

iguana
iguana

skorupa
shell

żółw wodny
turtle

żółw lądowy
tortoise

wąż
snake

pysk
snout

krokodyl
crocodile

zwierzęta 3 • animals 3
płazy • amphibians

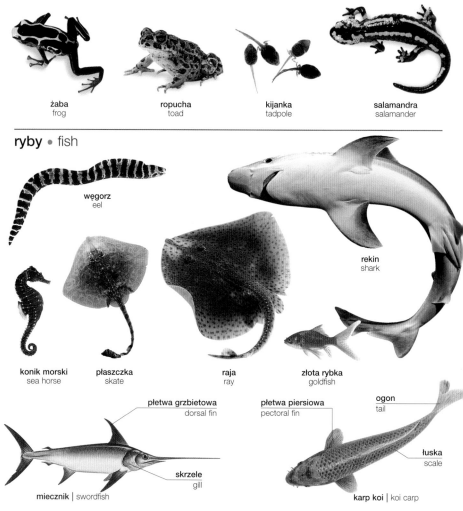

żaba
frog

ropucha
toad

kijanka
tadpole

salamandra
salamander

ryby • fish

węgorz
eel

rekin
shark

konik morski
sea horse

płaszczka
skate

raja
ray

złota rybka
goldfish

płetwa grzbietowa
dorsal fin

płetwa piersiowa
pectoral fin

ogon
tail

skrzele
gill

łuska
scale

miecznik | swordfish

karp koi | koi carp

bezkręgowce · invertebrates

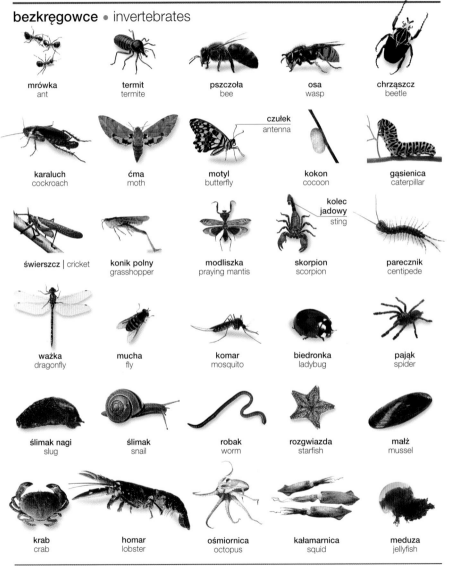

mrówka
ant

termit
termite

pszczoła
bee

osa
wasp

chrząszcz
beetle

karaluch
cockroach

ćma
moth

motyl
butterfly

czułek
antenna

kokon
cocoon

gąsienica
caterpillar

świerszcz | cricket

konik polny
grasshopper

modliszka
praying mantis

kolec
jadowy
sting

skorpion
scorpion

parecznik
centipede

ważka
dragonfly

mucha
fly

komar
mosquito

biedronka
ladybug

pająk
spider

ślimak nagi
slug

ślimak
snail

robak
worm

rozgwiazda
starfish

małż
mussel

krab
crab

homar
lobster

ośmiornica
octopus

kałamarnica
squid

meduza
jellyfish

polski · english

rośliny • plants

drzewo • tree

liść
leaf

gałązka
twig

wierzba
willow

gałąź
branch

kora
bark

korzeń
root

pień
trunk

dąb | oak

topola
poplar

eukaliptus
eucalyptus

modrzew
larch

buk
beech

brzoza
birch

sosna
pine

cedr
cedar

klon
maple

wiąz
elm

lipa
lime

jagoda
berry

ostrokrzew
holly

palma
palm

roślina kwitnąca • flowering plant

kwiat
flower

pręcik
stamen

płatek
petal

kielich
calyx

ogonek liściowy
stalk

łodyga
stem

pąk
bud

jaskier
buttercup

margerytka
daisy

oset
thistle

mlecz
dandelion

wrzos
heather

mak
poppy

naparstnica
foxglove

kapryfolium
honeysuckle

słonecznik
sunflower

koniczyna
clover

dzwonki
bluebells

pierwiosnek
primrose

łubiny
lupines

pokrzywa
nettle

miasto • city

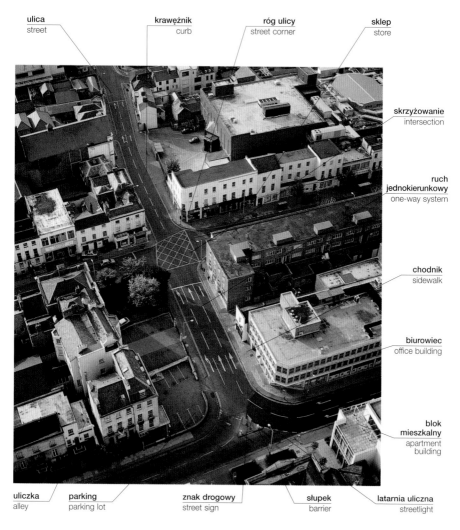

ulica
street

krawężnik
curb

róg ulicy
street corner

sklep
store

skrzyżowanie
intersection

ruch jednokierunkowy
one-way system

chodnik
sidewalk

biurowiec
office building

blok mieszkalny
apartment building

uliczka
alley

parking
parking lot

znak drogowy
street sign

słupek
barrier

latarnia uliczna
streetlight

budynki • buildings

ratusz
town hall

biblioteka
library

kino
movie theater

teatr
theater

uniwersytet
university

drapacz chmur
skyscraper

obszary • areas

strefa przemysłowa
industrial park

miasto
city

szkoła
school

dzielnica podmiejska
suburb

miasteczko
village

---

słowniczek • vocabulary

strefa piesza pedestrian zone	**boczna uliczka** side street	**studzienka włazowa** manhole	**rynsztok** gutter	**kościół** church
aleja avenue	**plac** square	**przystanek autobusowy** bus stop	**fabryka** factory	**studzienka** drain

---

architektura • architecture

budynki i konstrukcje • buildings and structures

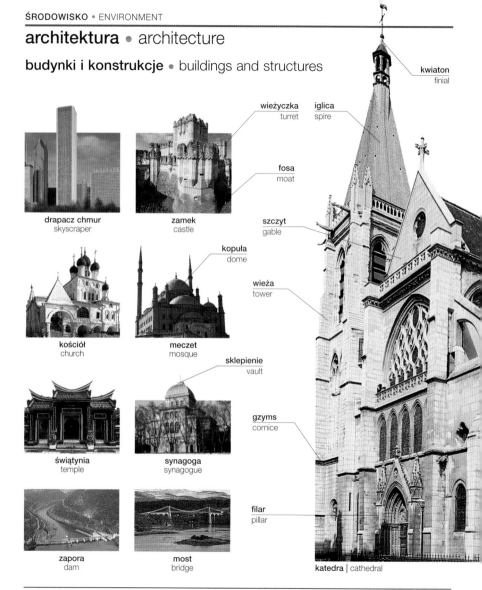

kwiaton
finial

wieżyczka
turret

iglica
spire

fosa
moat

drapacz chmur
skyscraper

zamek
castle

szczyt
gable

kopuła
dome

wieża
tower

kościół
church

meczet
mosque

sklepienie
vault

gzyms
cornice

świątynia
temple

synagoga
synagogue

filar
pillar

zapora
dam

most
bridge

katedra | cathedral

style • styles

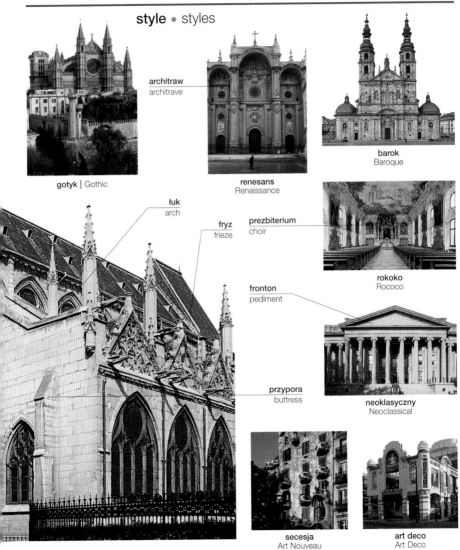

architraw
architrave

barok
Baroque

gotyk | Gothic

renesans
Renaissance

łuk
arch

fryz
frieze

prezbiterium
choir

rokoko
Rococo

fronton
pediment

przypora
buttress

neoklasyczny
Neoclassical

secesja
Art Nouveau

art deco
Art Deco

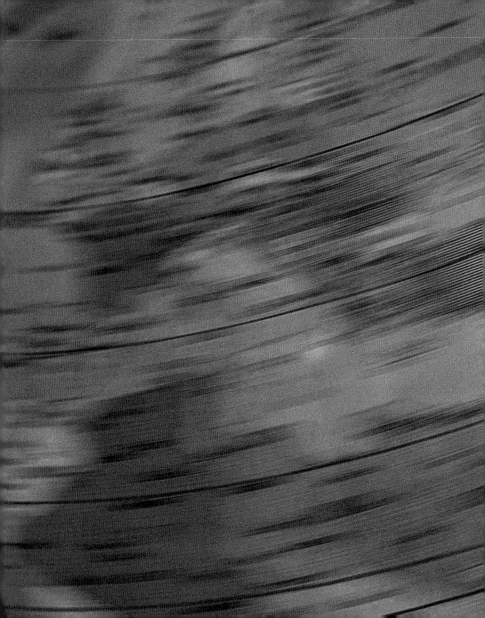

informacje
reference

czas • time

wskazówka
minutowa
minute hand

wskazówka
godzinowa
hour hand

zegar
clock

słowniczek • vocabulary

sekunda second	**później** later	**dwadzieścia minut** twenty minutes
minuta minute	**pół godziny** half an hour	**czterdzieści minut** forty minutes
godzina hour	**kwadrans** a quarter of an hour	
teraz now		

Która godzina?
What time is it?

Jest trzecia.
It's three o'clock.

---

pięć po pierwszej
five past one

dziesięć po pierwszej
ten past one

piętnaście po pierwszej
quarter past one

dwadzieścia
po pierwszej
twenty past one

sekundnik
second hand

dwadzieścia pięć
po pierwszej
twenty-five past one

wpół do drugiej
one thirty

za dwadzieścia
pięć druga
twenty-five to two

za dwadzieścia druga
twenty to two

za piętnaście druga
quarter to two

za dziesięć druga
ten to two

za pięć druga
five to two

druga
two o'clock

noc i dzień • night and day

północ | midnight

wschód słońca | sunrise

świt | dawn

poranek | morning

zachód słońca
sunset

południe
noon

zmierzch | dusk

wieczór | evening

popołudnie | afternoon

słowniczek • vocabulary

wcześnie
early

na czas
on time

późno
late

Jesteś (za) wcześnie.
You're early.

Spóźniłeś się.
You're late.

Niedługo tam będę.
I'll be there soon.

Bądź punktualnie.
Please be on time.

Do zobaczenia później.
I'll see you later.

O której godzinie się to zaczyna?
What time does it start?

O której godzinie się to kończy?
What time does it end?

Robi się późno.
It's getting late.

Jak długo to potrwa?
How long will it last?

kalendarz • calendar

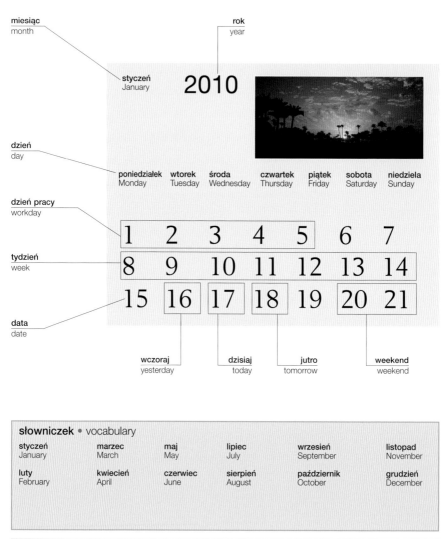

miesiąc
month

rok
year

styczeń
January

2010

dzień
day

poniedziałek	**wtorek**	**środa**	**czwartek**	**piątek**	**sobota**	**niedziela**
Monday	Tuesday	Wednesday	Thursday	Friday	Saturday	Sunday

dzień pracy
workday

| 1 | 2 | 3 | 4 | 5 | 6 | 7 |

tydzień
week

| 8 | 9 | 10 | 11 | 12 | 13 | 14 |

| 15 | 16 | 17 | 18 | 19 | 20 | 21 |

data
date

wczoraj
yesterday

dzisiaj
today

jutro
tomorrow

weekend
weekend

---

słowniczek • vocabulary

styczeń January	**marzec** March	**maj** May	**lipiec** July	**wrzesień** September	**listopad** November
luty February	**kwiecień** April	**czerwiec** June	**sierpień** August	**październik** October	**grudzień** December

---

polski • english

lata • years

1900   **tysiąc dziewięćsetny** • nineteen hundred

1901   **tysiąc dziewięćset pierwszy** • nineteen hundred and one

1910   **tysiąc dziewięćset dziesiąty** • nineteen ten

2000   **dwutysięczny** • two thousand

2001   **dwa tysiące pierwszy** • two thousand and one

pory roku • seasons

wiosna
spring

lato
summer

jesień
fall

zima
winter

słowniczek • vocabulary

wiek
century

dekada
decade

tysiąclecie
millennium

dwa tygodnie
two weeks

w tym tygodniu
this week

w zeszłym tygodniu
last week

w przyszłym tygodniu
next week

przedwczoraj
the day before yesterday

pojutrze
the day after tomorrow

(co)tygodniowy
weekly

(co)miesięczny
monthly

(co)roczny
annual

Który dziś jest?
What's the date today?

Jest siódmy lutego dwa tysiące siedemnastego roku.
It's February seventh, two thousand and seventeen.

liczby • numbers

0	zero • zero		20	dwadzieścia • twenty
1	jeden • one		21	dwadzieścia jeden • twenty-one
2	dwa • two		22	dwadzieścia dwa • twenty-two
3	trzy • three		30	trzydzieści • thirty
4	cztery • four		40	czterdzieści • forty
5	pięć • five		50	pięćdziesiąt • fifty
6	sześć • six		60	sześćdziesiąt • sixty
7	siedem • seven		70	siedemdziesiąt • seventy
8	osiem • eight		80	osiemdziesiąt • eighty
9	dziewięć • nine		90	dziewięćdziesiąt • ninety
10	dziesięć • ten		100	sto • one hundred
11	jedenaście • eleven		110	sto dziesięć • one hundred and ten
12	dwanaście • twelve		200	dwieście • two hundred
13	trzynaście • thirteen		300	trzysta • three hundred
14	czternaście • fourteen		400	czterysta • four hundred
15	piętnaście • fifteen		500	pięćset • five hundred
16	szesnaście • sixteen		600	sześćset • six hundred
17	siedemnaście • seventeen		700	siedemset • seven hundred
18	osiemnaście • eighteen		800	osiemset • eight hundred
19	dziewiętnaście • nineteen		900	dziewięćset • nine hundred

polski • english

1,000	**tysiąc** • one thousand	
10,000	**dziesięć tysięcy** • ten thousand	
20,000	**dwadzieścia tysięcy** • twenty thousand	
50,000	**pięćdziesiąt tysięcy** • fifty thousand	
55,500	**pięćdziesiąt pięć tysięcy pięćset** • fifty-five thousand five hundred	
100,000	**sto tysięcy** • one hundred thousand	
1,000,000	**milion** • one million	
1,000,000,000	**miliard** • one billion	

pierwszy first
drugi second
trzeci third

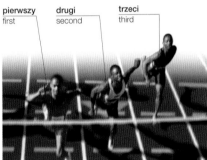

czwarty • fourth

piąty • fifth

szósty • sixth

siódmy • seventh

ósmy • eighth

dziewiąty • ninth

dziesiąty • tenth

jedenasty • eleventh

dwunasty • twelfth

trzynasty • thirteenth

czternasty • fourteenth

piętnasty • fifteenth

szesnasty • sixteenth

siedemnasty • seventeenth

osiemnasty • eighteenth

dziewiętnasty • nineteenth

dwudziesty • twentieth

dwudziesty pierwszy • twenty-first

dwudziesty drugi • twenty-second

dwudziesty trzeci • twenty-third

trzydziesty • thirtieth

czterdziesty • fortieth

pięćdziesiąty • fiftieth

sześćdziesiąty • sixtieth

siedemdziesiąty • seventieth

osiemdziesiąty • eightieth

dziewięćdziesiąty • ninetieth

setny • (one) hundredth

wagi i miary • weights and measures

powierzchnia • area

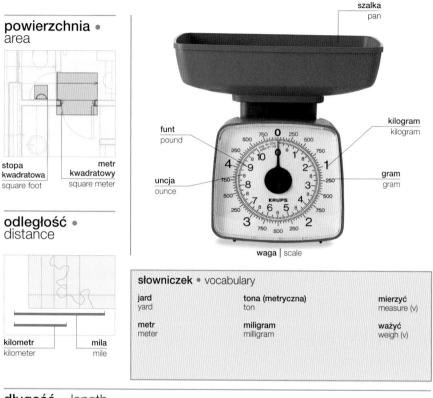

stopa kwadratowa
square foot

metr kwadratowy
square meter

odległość • distance

kilometr
kilometer

mila
mile

szalka
pan

funt
pound

kilogram
kilogram

uncja
ounce

gram
gram

waga | scale

słowniczek • vocabulary

jard yard	**tona (metryczna)** ton	**mierzyć** measure (v)
metr meter	**miligram** milligram	**ważyć** weigh (v)

długość • length

stopa
foot

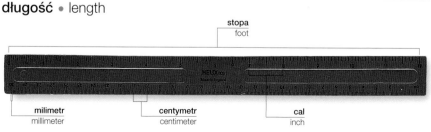

milimetr
millimeter

centymetr
centimeter

cal
inch

pojemność • capacity

pół litra
half-liter

pół kwarty
pint

objętość
volume

mililitr
milliliter

słowniczek •
vocabulary

galon
gallon

kwarta
quart

litr
liter

miarka kuchenna | measuring cup

miarka do cieczy | liquid measure

pojemnik • container

worek
bag

karton
carton

paczka
packet

butelka
bottle

pudełko | tub

słoik | jar

puszka
can

puszka | tin

rozpylacz | spray bottle

kostka
bar

tubka
tube

rolka
roll

paczka
pack

aerozol
spray can

polski • english

mapa świata • world map

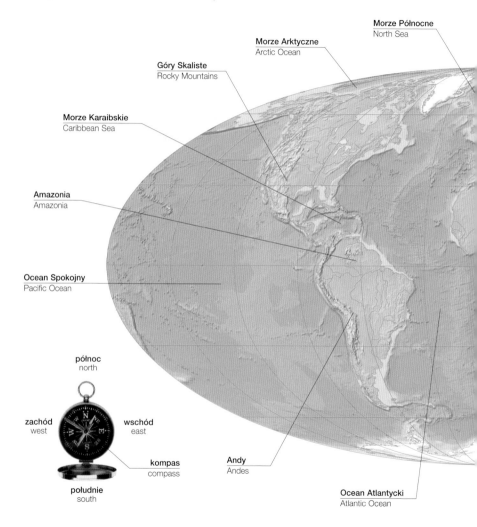

Morze Północne
North Sea

Morze Arktyczne
Arctic Ocean

Góry Skaliste
Rocky Mountains

Morze Karaibskie
Caribbean Sea

Amazonia
Amazonia

Ocean Spokojny
Pacific Ocean

północ
north

zachód
west

wschód
east

kompas
compass

Andy
Andes

południe
south

Ocean Atlantycki
Atlantic Ocean

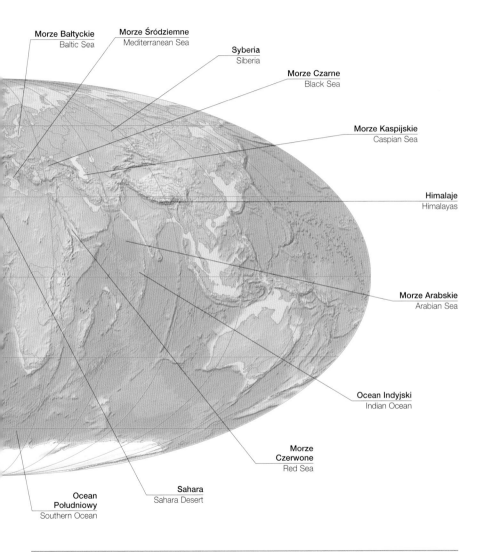

Morze Bałtyckie
Baltic Sea

Morze Śródziemne
Mediterranean Sea

Syberia
Siberia

Morze Czarne
Black Sea

Morze Kaspijskie
Caspian Sea

Himalaje
Himalayas

Morze Arabskie
Arabian Sea

Ocean Indyjski
Indian Ocean

**Morze
Czerwone**
Red Sea

**Ocean
Południowy**
Southern Ocean

Sahara
Sahara Desert

Ameryka Północna i Środkowa •
North and Central America

Barbados • Barbados

Kanada • Canada

Kostaryka • Costa Rica

Kuba • Cuba

Jamajka • Jamaica

Meksyk • Mexico

Panama • Panama

Trynidad i Tobago • Trinidad and Tobago

Stany Zjednoczone Ameryki • United States of America

Alaska • Alaska

Antigua i Barbuda • Antigua and Barbuda

Bahamy • Bahamas

Barbados • Barbados

Belize • Belize

Dominika • Dominica

Grenada • Grenada

Grenlandia • Greenland

Gwatemala • Guatemala

Haiti • Haiti

Hawaje • Hawaii

Honduras • Honduras

Jamajka • Jamaica

Kanada • Canada

Kostaryka • Costa Rica

Kuba • Cuba

Meksyk • Mexico

Nikaragua • Nicaragua

Panama • Panama

Portoryko • Puerto Rico

Republika Dominikańska • Dominican Republic

Saint Kitts i Nevis • St. Kitts and Nevis

Saint Lucia • St. Lucia

Saint Vincent i Grenadyny • St. Vincent and The Grenadines

Salwador • El Salvador

Stany Zjednoczone Ameryki • United States of America

Trynidad i Tobago • Trinidad and Tobago

Ameryka Południowa • South America

Argentyna • Argentina

Boliwia • Bolivia

Brazylia • Brazil

Chile • Chile

Kolumbia • Colombia

Ekwador • Ecuador

Peru • Peru

Urugwaj • Uruguay

Wenezuela • Venezuela

Argentyna • Argentina
Boliwia • Bolivia
Brazylia • Brazil
Chile • Chile
Ekwador • Ecuador
Falklandy • Falkland Islands
Galapagos • Galápagos Islands
Gujana • Guyana
Gujana Francuska • French Guiana
Kolumbia • Colombia
Paragwaj • Paraguay
Peru • Peru

Surinam • Suriname
Urugwaj • Uruguay
Wenezuela • Venezuela

słowniczek • vocabulary

kraj
country

naród
nation

państwo
state

kontynent
continent

prowincja
province

terytorium
territory

kolonia
colony

księstwo
principality

strefa
zone

rejon
district

region
region

stolica
capital

Europa • Europe

Francja • France

Niemcy • Germany

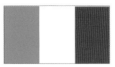

Włochy • Italy

Polska • Poland

Portugalia • Portugal

Federacja Rosyjska • Russian Federation

Hiszpania • Spain

Albania • Albania

Andora • Andorra

Austria • Austria

Baleary • Balearic Islands

Belgia • Belgium

Białoruś • Belarus

Bośnia i Hercegowina • Bosnia and Herzegovina

Bułgaria • Bulgaria

Chorwacja • Croatia

Czarnogóra • Montenegro

Dania • Denmark

Estonia • Estonia

Federacja Rosyjska • Russian Federation

Finlandia • Finland

Francja • France

Grecja • Greece

Hiszpania • Spain

Holandia • Netherlands

Irlandia • Ireland

Islandia • Iceland

Kaliningrad • Kaliningrad

Korsyka • Corsica

Kosowo • Kosovo

Liechtenstein • Liechtenstein

Litwa • Lithuania

Łotwa • Latvia

Luksemburg • Luxembourg

Macedonia • Macedonia

Malta • Malta

Mołdawia • Moldova

Monako • Monaco

Niemcy • Germany

Norwegia • Norway

Państwo Watykańskie • Vatican City

Polska • Poland

Portugalia • Portugal

Republika Czeska • Czech Republic

Rumunia • Romania

San Marino • San Marino

Sardynia • Sardinia

Serbia • Serbia

Słowacja • Slovakia

Słowenia • Slovenia

Sycylia • Sicily

Szwajcaria • Switzerland

Szwecja • Sweden

Ukraina • Ukraine

Węgry • Hungary

Wielka Brytania • United Kingdom

Włochy • Italy

Afryka • Africa

Egipt • Egypt

Etiopia • Ethiopia

Kenia • Kenya

Nigeria • Nigeria

Republika Południowej Afryki • South Africa

Uganda • Uganda

Algieria • Algeria

Angola • Angola

Benin • Benin

Botswana • Botswana

Burkina Faso • Burkina Faso

Burundi • Burundi

Czad • Chad

Demokratyczna Republika Konga • Democratic Republic of the Congo

Dżibuti • Djibouti

Egipt • Egypt

Erytrea • Eritrea

Etiopia • Ethiopia

Gabon • Gabon

Gambia • Gambia

Ghana • Ghana

Gwinea • Guinea

Gwinea Bissau • Guinea-Bissau

Gwinea Równikowa • Equatorial Guinea

Kabinda • Cabinda

Kamerun • Cameroon

Kenia • Kenya

Komory • Comoros

Kongo • Congo

Lesotho • Lesotho

Liberia • Liberia

Libia • Libya

Madagaskar • Madagascar

Malawi • Malawi

Mali • Mali

Maroko • Morocco

Mauretania • Mauritania

Mauritius • Mauritius

Mozambik • Mozambique

Namibia • Namibia

Niger • Niger

Nigeria • Nigeria

Południowy Sudan • South Sudan

Republika Południowej Afryki • South Africa

Republika Środkowoafrykańska • Central African Republic

Rwanda • Rwanda

Sahara Zachodnia • Western Sahara

Senegal • Senegal

Sierra Leone • Sierra Leone

Somalia • Somalia

Suazi • Swaziland

Sudan • Sudan

Tanzania • Tanzania

Togo • Togo

Tunezja • Tunisia

Uganda • Uganda

Wybrzeże Kości Słoniowej • Ivory Coast

Wyspy Świętego Tomasza i Książęca • São Tomé and Principe

Zambia • Zambia

Zimbabwe • Zimbabwe

Azja • Asia

Bangladesz • Bangladesh

Chiny • China

Indie • India

Japonia • Japan

Jordania • Jordan

Filipiny • Philippines

Korea Południowa •
South Korea

Tajlandia • Thailand

Turcja • Turkey

Afganistan • Afghanistan
Arabia Saudyjska • Saudi Arabia
Armenia • Armenia
Azerbejdżan • Azerbaijan
Bahrajn • Bahrain
Bangladesz • Bangladesh
Bhutan • Bhutan
Brunei • Brunei
Chiny • China
Cypr • Cyprus
Fidżi • Fiji
Filipiny • Philippines
Gruzja • Georgia
Indie • India
Indonezja • Indonesia

Irak • Iraq
Iran • Iran
Izrael • Israel
Japonia • Japan
Jemen • Yemen
Jordania • Jordan
Kambodża • Cambodia
Katar • Qatar
Kazachstan • Kazakhstan
Kirgistan • Kyrgyzstan
Korea Północna • North Korea
Korea Południowa • South Korea
Kuwejt • Kuwait
Laos • Laos
Liban • Lebanon

Malediwy • Maldives
Malezja • Malaysia
Mongolia • Mongolia
Myanmar (Birma) • Myanmar (Burma)
Nepal • Nepal
Oman • Oman
Pakistan • Pakistan
Papua-Nowa Gwinea • Papua New Guinea
Singapur • Singapore
Sri Lanka • Sri Lanka
Syria • Syria
Tadżykistan • Tajikistan
Tajlandia • Thailand
Timor Wschodni • East Timor

Indonezja • Indonesia

Arabia Saudyjska •
Saudi Arabia

Wietnam • Vietnam

Turcja • Turkey

Turkmenistan • Turkmenistan

Uzbekistan • Uzbekistan

Vanuatu • Vanuatu

Wietnam • Vietnam

Wyspy Salomona • Solomon
Islands

Zjednoczone Emiraty Arabskie •
United Arab Emirates

Australasia •
Australasia

Australazja • Australia

Nowa Zelandia • New Zealand

Australazja • Australia
Nowa Zelandia • New Zealand
Tasmania • Tasmania

partykuły i antonimy • particles and antonyms

do to	**z, od** from	**dla** for	**w kierunku** towards
nad over	**pod** under	**wzdłuż** along	**przez** across
przed in front of	**za** behind	**z** with	**bez** without
na onto	**do** into	**przed** before	**po** after
w in	**na zewnątrz** out	**do** by	**do** until
(po)nad above	**pod** below	**wcześnie** early	**późno** late
wewnątrz, w środku inside	**na zewnątrz** outside	**teraz** now	**później** later
na górze up	**na dole** down	**zawsze** always	**nigdy** never
w, na at	**za, poza** beyond	**często** often	**rzadko** rarely
przez through	**wokół** around	**wczoraj** yesterday	**jutro** tomorrow
na on top of	**obok** beside	**pierwszy** first	**ostatni** last
pomiędzy between	**naprzeciw** opposite	**każdy** every	**trochę, kilka** some
blisko near	**daleko** far	**około** about	**dokładnie** exactly
tutaj here	**tam** there	**trochę** a little	**dużo** a lot

polski	english	polski	english	polski	english	polski	english
duży large		**mały** small		**gorący** hot		**zimny** cold	
szeroki wide		**wąski** narrow		**otwarty** open		**zamknięty** closed	
wysoki tall		**niski** short		**pełny** full		**pusty** empty	
wysoki high		**niski** low		**nowy** new		**stary** old	
gruby thick		**cienki** thin		**jasny** light		**ciemny** dark	
lekki light		**ciężki** heavy		**łatwy** easy		**trudny** difficult	
twardy hard		**miękki** soft		**wolny** free		**zajęty** occupied	
mokry wet		**suchy** dry		**mocny** strong		**słaby** weak	
dobry good		**zły** bad		**gruby** fat		**chudy** thin	
szybki fast		**(po)wolny** slow		**młody** young		**stary** old	
poprawny correct		**zły, błędny** wrong		**lepszy** better		**gorszy** worse	
czysty clean		**brudny** dirty		**czarny** black		**biały** white	
piękny beautiful		**brzydki** ugly		**interesujący** interesting		**nudny** boring	
drogi expensive		**tani** cheap		**chory** sick		**zdrowy** well	
cichy quiet		**hałaśliwy** noisy		**początek** beginning		**koniec** end	

przydatne zwroty • useful phrases

podstawowe wyrażenia •
essential phrases

Tak
Yes

Nie
No

Może
Maybe

Proszę
Please

Dziękuję
Thank you

Proszę
You're welcome

Przepraszam
Excuse me

Przepraszam
I'm sorry

Nie
Don't

OK
OK

W porządku
That's fine

Tak jest
That's correct

Nie, tak nie jest
That's wrong

pozdrowienia •
greetings

Dzień dobry, Cześć
Hello

Do widzenia
Goodbye

Dzień dobry *(rano)*
Good morning

Dzień dobry *(po południu)*
Good afternoon

Dobry wieczór
Good evening

Dobranoc
Good night

Jak się masz?
How are you?

Nazywam się…
My name is …

Jak się nazywasz?
What is your name?

Jak on/ona się nazywa?
What is his/her name?

Pozwól, że przedstawię…
May I introduce …

To jest…
This is …

Miło mi pana/panią poznać
Pleased to meet you

Do zobaczenia
See you later

znaki • signs

Informacja turystyczna
Tourist information

Wejście
Entrance

Wyjście
Exit

Wyjście awaryjne
Emergency exit

Pchać
Push

Niebezpieczeństwo
Danger

Zakaz palenia
No smoking

Niesprawny
Out of order

Godziny otwarcia
Opening times

Wstęp wolny
Free admission

Przecena
Reduced

Wyprzedaż
Sale

Pukać przed wejściem
Knock before entering

Nie deptać trawy
Keep off the grass

pomoc • help

Czy może mi pan/pani pomóc?
Can you help me?

Nie rozumiem
I don't understand

Nie wiem
I don't know

Czy zna pan/pani język angielski?
Do you speak English?

Ja mówię po angielsku
I speak English

Proszę mówić wolniej
Please speak more slowly

Czy może pan/pani to napisać?
Please write it down for me

Zgubiłem…
I have lost …

wskazówki •
directions

Zgubiłem się
I am lost

Gdzie jest...?
Where is the ...?

Gdzie jest najbliższy...?
Where is the nearest ...?

Gdzie są toalety?
Where is the
restroom?

Jak dojść do...?
How do I get to ...?

W prawo
To the right

W lewo
To the left

Prosto
Straight ahead

Jak daleko jest...?
How far is ...?

znaki drogowe •
road signs

Uwaga
Caution

Zakaz wjazdu
Do not enter

Zwolnij
Slow down

Objazd
Detour

Trzymaj się prawej strony
Keep right

Autostrada
Freeway

Zakaz parkowania
No parking

Droga bez przejazdu
Dead end

Ulica jednokierunkowa
One-way street

Ustąpić pierszeństwa
Yield

Tylko dla mieszkańców
Residents only

Roboty drogowe
Roadwork

Niebezpieczny zakręt
Dangerous curve

wzakwaterowanie •
accommodation

Mam rezerwację
I have a reservation

Gdzie jest jadalnia?
Where is the dining room?

O której godzinie jest śniadanie?
What time is breakfast?

Będę z powrotem o godzinie...
I'll be back at ...
o'clock

Jutro wyjeżdżam
I'm leaving tomorrow

jedzenie i picie •
eating and drinking

Na zdrowie!
Cheers!

To jest pyszne/ okropne
It's delicious/awful

Nie piję/nie palę
I don't drink/smoke

Nie jem mięsa
I don't eat meat

Ja już dziękuję
No more for me, thank you

Czy mogę prosić o dokładkę?
May I have some more?

Czy można prosić o rachunek?
May we have the check?

Czy można prosić o paragon?
Can I have a receipt?

Część dla palących
Smoking area

zdrowie • health

Źle się czuję
I don't feel well

Niedobrze mi
I feel sick

Tutaj mnie boli
It hurts here

Mam gorączkę
I have a fever

Jestem w ... miesiącu ciąży
I'm ... months pregnant

Potrzebna mi recepta na ...
I need a prescription for ...

Zwykle biorę ...
I normally take ...

Mam alergię na ...
I'm allergic to ...

Czy z nim/nią wszystko będzie w porządku?
Will he/she be alright?

Indeks polski • Polish index

A

absolwent m 169
adres m 98
Adres e-mail m 177
adres zwrotny m 98
aerozol m 311
Afganistan 318
Afryka 317
agat m 289
agencja nieruchomości f 115
agrafka f 47
agrest m 127
aikido n 236
ajurweda f 55
akacja f 110
akademia sztuk pięknych f 169
akademik m 168
akcje 97
akrobacje spadochronowe 248
aktor m 254, 191
aktorka f 254
aktorzy 179
akumulator m 78, 202
akupresura f 55
akupunktura f 55
akwamaryn m 288
akwarela f 274
alarm pożarowy m 95
alarm przeciwwłamaniowy m 58
Alaska 314
Albania 316
albedo n 126
album fotograficzny m 271
aleja f 299
alergia f 44
Algieria 317
aligator m 293
alternator m 203
altówka f 256
aluminium m 289
Amazonia 312
Ameryka Północna i Środkowa 314
ametyst m 288
amniocenteza f 52
amper m 60
analogowy 179
ananas m 128
Andora 316
Andy 312
anestezjolog m 48
Angola 317
anorak m 31, 33
antena radiowa f 214
antena satelitarna f 269
Antigua i Barbuda 314
antrakt m 254
antykoncepcja f 21
anyż gwiazdkowaty m 133

aparat m 260, 270
aparat cyfrowy m 270
aparat jednorazowy m 270
aparat korekcyjny m 50
aparat polaroid 270
aparat rentgenowski m 212
apelacja f 181
aperitif m 153
aplikacja f 99, 176
apteczka f 47, 72
apteka f 108
aptekarz m 108
Arabia Saudyjska 318
arbuz m 127
architekt m 190
architektura f 300
architraw m 301
arena f 243
areszt m 94
Argentyna 315
Armenia 318
aromaterapia f 55
aromatyzowany 130
art deco 301
artykuły dla niemowląt 107
artykuły elektryczne 105, 107
artykuły higieniczne dla kobiet 108
artykuły papiernicze 105
artykuły sportowe 105
artykuły spożywcze 106
artysta m 274
arytmetyka f 165
as m 230, 273
asfalt m 187
asteroida f 280
astma f 44
astronauta m 281
astronomia f 281
astygmatyzm m 51
asystent m 24
atak m 220
atak serca m 44
atlas m 250
atmosfera f 282, 286
atrakcja turystyczna f 260
atrakcje 261
atrium n 104
aula f 169
Australazja 319
Australia 319
Austria 316
aut m 225, 228
autobus m 196
autobus piętrowy m 196
autobus szkolny m 196
autobus turystyczny m 197
autobus wahadłowy m 197
autobus wycieczkowy m 260
autobusy 196

autokar m 196
automat telefoniczny 99
automatyczna sekretarka f 99
automatyczny 200
autostrada f 194
awaria f 203
awokado n 128
Azerbejdżan 318
Azja 318

B

babcia f 22
babeczka f 140
badania kosmosu 281
badania naukowe 169
badanie n 49
badanie krwi n 48
badanie lekarskie n 45
badanie prenatalne n 52
badanie USG n 52
badanie wzroku n 51
badminton m 231
bagaż m 100, 198, 213
bagaż podręczny m 211, 213
bagażnik m 198, 204
bagażnik dachowy m 198
bagażowy m 100
bagietka f 138
bagietka szklana f 167
bagno n 285
Bahamy 314
Bahrajn 318
bajgiel m 139
bajty 176
bakłażan m 125
balast m 239
Baleary 316
balet m 255
balkon m 59, 254
balon napełniony ciepłym powietrzem m 211
balsam do ciała m 73
balsam po opalaniu m 108
balustrada f 59
bambus m 86, 122
banan m 39, 128
bandaż m 47
Bangladesz 318
bank m 96
banknot m 97
bankomat m 97
bar m 150, 152
bar hamburgerowy m 154
bar kanapkowy m 143
bar micwa f 26
bar szybkiej obsługi m 148
Barbados 314
bariera bezpieczeństwa f 195

barierka bezpieczeństwa f 246
bark m 13
barman m 150, 191
barok m 301
barwena f 120
barwy drużyny rugby 221
baseball m 228
basen m 101, 238, 250
basen nadmuchiwany m 263
baskinka f 35
batat m 125
bateria f 167
baterie 260
batonik m 113
batuta f 256
bawełna f 184, 277
baza f 99
baza domowa f 228
bazalt m 288
bazylia f 133
bażant m 119, 293
befsztyk z polędwicy m 119
bejca f 79
bekhend m 231
bekon m 118, 157
bela f 184
Belgia 316
Belize 314
belka f 186
bemol m 256
Benin 317
benzyna f 199
betoniarka f 186
bez 320
bez miąższek 34
bez rękawów 34
bez skóry 121
beza f 140
bezkręgowce 295
bezołowiowy 199
bezpestkowy 127
bezpieczeństwo n 75, 212, 240
bezpiecznik m 60
bezpłodny 20
bezsenność f 71
beztłuszczowy 137
bęben m 258
bęben do zwijania węża m 89
Bhutan 318
biała porzeczka f 127
biała tablica 162
białe mięso n 118
białko n 137
Białoruś 316
biały 39, 145, 272, 274
biatlon m 247
biblioteka f 168, 299
bibliotekarz m 168, 190

bibuła filtracyjna f 167
bidet m 72
bidon m 206
biec 228
biedronka f 295
bieg sztafetowy m 235
biegać w miejscu 251
biegun m 282
biegun północny m 283
biegunka f 44, 109
bielizna f 32, 35, 105
bielizna nocna f 31
bielizna pościelowa i stołowa f 105
bieżnia f 234, 250
bieżnik m 207
bikini n 264
bilard m 249
bilet m 209, 213
bilet autobusowy m 197
bileter m 255
biodro n 12
biologia f 162
bis m 255
biszkopt m 140
biszkopt z owocami i bitą śmietaną m 141
biszkopty 141
bita śmietana f 137
biurko n 100, 172
biurko bibliotekarzy n 168
biuro n 24, 172, 174
biuro informacji turystycznej n 261
biuro podróży n 114
biuro rekrutacji n 168
biuro zarządu n 266
biurowiec m 298
biustonosz m 35
biustonosz dla karmiących piersią m 53
biznes m 175
biznesmen m 175
bizneswoman f 175
biżuteria f 36
blacha do pieczenia f 69
blacha do pieczenia babeczek f 69
blat m 66
blisko 320
bliźniak m 58
bliźnięta m 23
blok m 237
blok betonowy m 187
blok mieszkalny m 59, 298
blok startowy m 238
bloki startowe 234
blokować 220, 223, 227
blond 39
blues m 259
bluza sportowa f 33
bluzka f 34

bluzka z odkrytymi plecami, zawiązywana na szyi f 35
błąd serwisowy m 230
błonnik m 127
błotnik m 205
błyskawica f 287
błystka f 244
błyszczący 271
błyszczyk do ust m 40
bobslej m 247
bochenek m 139
bocian m 292
boczna granica boiska f 229
boczna uliczka f 299
boćwina f 123
boisko n 168, 220, 226, 228, 234
boisko do gry w piłkę nożną n 222
boisko do rugby n 221
boja f 217
bok m 164
boks m 236
bokserki 33
bolec m 60
Boliwia 315
bom m 240
bombonierka f 113
bombowiec m 211
bongosy 257
Bośnia i Hercegowina 316
Botswana 317
boxercise 251
Boże Narodzenie 27
bób m 122, 131
ból głowy m 44
ból zęba m 50
ból żołądka m 44
brać (o rybie) 245
brać kąpiel 72
brać prysznic 72
brama f 85, 182, 247
bramka f 209, 221, 222, 223, 224, 225
bramka na schodach f 75
bramkarz m 222, 224
brandy f 145
bransoletka f 36
brat m 22
Brazylia 315
brąz m 235
brązowy 274
brew f 14, 51
broda f 14, 39
brokuł m 123
bronić 223
broń palna f 94
broszka f 36
broszura turystyczna f 212
bruk m 85
brukiew f 125
brukselka f 122
Brunei 319
bruzda f 183
bryczesy 242

brydż m 273
bryły 164
brzeg m 284
brzoskwinia f 126, 128
brzoza f 296
brzuch m 12
brzusek m 251
buciki 30
budka f 75
budka telefoniczna f 99
budować 186
budowniczy m 188
budrysówka f 31
budynek gospodarczy m 182
budynek klubowy m 232
budynek mieszkalny m 182
budynki 299
budzik m 70
bufet m 152
bufet śniadaniowy m 156
buk m 296
bukiet m 35, 111
bulion m 158
bulwa kolokazji f 124
bułeczka f 140
Bułgaria 316
bułka f 139, 143, 155
bułka tarta f 139
bułka z owocami f 139
bunkier m 232
burak m 125
Burkina Faso 317
Burundi 317
burza f 287
but m 220, 223
but do jazdy konnej m 242
but golfowy m 233
but na wysokim obcasie m 37
but narciarski m 246
but skórzany m 37
but sportowy m 37
but sznurowany m 37
but turystyczny m 37
butelka f 61, 75, 135, 311
butelka szklana f 166
butik m 115
butla ze sprężonym powietrzem f 239
buty 34, 37
buty skórzane 32
buty sportowe 31, 251
buty tenisowe 231
buty turystyczne 267
być obecnym 174
byk m 185
bystrza (rzeki) 240, 284

C
cal m 310
cały 129, 132
camembert m 142
Campari 145
capoeira f 237
cappuccino n 148
cążki do paznokci 41

cebula f 124
cedr m 296
cegła f 187
cela f 181
cela na posterunku policji f 94
cement m 186
cena f 152, 199
cena akcji f 97
cennik m 154
centrum handlowe n 104
centrum ogrodnicze n 115
centymetr m 276, 310
cera f 41
cerować 277
cesarskie cięcie n 52
cewka moczowa f 20
cewnik m 53
cheerleaderka f 220
chemia f 162
chemia gospodarcza f 107
Chile 315
chilli n 132
Chiny 318
chiropraktyka f 54
chirurg m 48
chirurgia f 49
chirurgia plastyczna f 49
chleb m 157
chleb biały m 139
chleb ciemny m 139
chleb krojony m 138
chleb na zakwasie m 139
chleb naan m 139
chleb pełnoziarnisty m 139
chleb pita m 139
chleb razowy m 139, 149
chleb sodowy m 139
chleb z mąki kukurydzianej m 139
chleb żytni m 139
chlew m 185
chłodnica f 202
chłodziarka f 67
chłopak m 24
chłopiec m 23
chłopiec do podawania piłek m 231
chmura f 287
chodnik m 262, 298
chomik m 290
chorągiewka f 221, 232
chorągiewka narożnikowa f 223
choroba f 44
choroba przenoszona drogą płciową f 20
Chorwacja 316
chrapać 71
chryzantema f 110
chrzan m 125
chrząstka f 17
chrząszcz m 295
chrzest m 26
chude mięso m 118
chudy 321
chusteczka antyseptyczna f 47

chusteczka do nosa f 36
chusteczka higieniczna f 108
chusteczki higieniczne 70
chustka f 36
chutney 134
chwasty 86
chwycić w polu gry 225
chwyt m 237
chwytać w polu gry 229
ciało n 12
ciasta 140
ciasta na specjalne okazje 141
ciastkarnia f 114
ciastko n 140, 149
ciastko z kremem n 141
ciastko z owocami n 140
ciastko z polewą karmelową f 141
ciasto n 138
ciasto czekoladowe n 140
ciasto filo n 140
ciasto francuskie n 140
ciasto ptysiowe n 140
ciąć 79, 277
ciąża f 52
ciążenie n 280
ciecierzyca f 131
cielę n 185
cielęcina f 118
ciemnia f 271
ciemny 41, 321
ciemny brąz 39
cienki 321
cień do powiek m 40
ciepły 296
ciężarek m 166
ciężarki 250
ciężki 321
cios m 237
cios pięścią m 237
ciotka f 22
ciśnienie krwi n 44
ciśnienie w oponach n 203
cofać 195
cola f 144
country 259
córka f 22
croissant m 156
cukierek miętowy m 113
cukierki 113
cukierki lukrecjowe 113
cukiernia f 113
cukinia f 124, 125
cukrzyca f 44
cumować 217
curling m 247
curry n 132, 158
cwał m 243
cybuch m 112
cydr m 145
cyfrowy 269
cygaro n 112
cykoria f 122
cyna f 289
cynamon m 133
cynk m 289
Cypr 316

cyrkiel m 165
cytryna f 126, 151
Czad 317
czajnik m 66
czapka f 36
czapka kucharska f 190
czarna dziura f 280
czarna herbata f 149
czarna oliwka f 143
czarna porzeczka f 127
czarny 39, 272, 274
czarny pas m 237
czas m 234, 304
czas wolny m 253
czasopisma 107
czasopismo n 112, 168
czaszka f 17
cząstka f 126
czcionka f 177
czek m 96
czek podróżny m 97
czekolada biała f 113
czekolada deserowa f 113
czekolada mleczna f 113
czekoladka f 113
czepek m 238
czerwiec m 306
czerwona kartka f 223
czerwona porzeczka f 127
czerwone mięso n 118
czerwone oko n 271
czerwony 145, 274
czesać (grzebieniem) 38
czesać (szczotką) 38
cześć 322
częstotliwość f 179
czipsy 113, 151
czoło n 14
czopek m 109
czosnek m 125, 132
czterdziesty 309
czterdzieści 308
czterdzieści minut 304
czternasty 309
czternaście 308
czteroodrzwiowy 300
cztery 308
czterysta 308
czubek m 122
czujnik dymu m 95
czułek m 295
czwartek m 306
czwarty 309
czynności 77, 162, 227, 229, 233, 237, 245
czynsz m 58
czyste ubrania 76
czyścić 77
czytać 162
czytelnia f 168
czytnik m 106

Ć
ćma f 295
ćwiczenia 251
ćwiczenia siłowe 251

polski

polski

ćwiczenia wolne 235
ćwiczenia rozciągające
n 251
cyfrowy 179, 268

D

dach m 58, 203
dachówka f 58, 187
daktyl m 129
daleko 320
dama f 273
dance 259
Dania 316
dania 153
dania dnia 152
dania gotowe 107
danie główne n 153
data f 306
data ważności f 109
data zwrotu f 168
dawkowanie n 109
dąb m 296
debel m 230
debet m 96
dekada f 307
dekiel m 202
dekoder 269
dekolt okrągły m 33
dekolt w szpic m 33
dekoracja f 141
dekoracje 254
delfin m 290
delikatesy 107, 142
Demokratyczna Republika
Konga 317
dentysta m 50, 189
dermatologia f 49
deser m 153
desery 140
deska f 241
deska do krojenia f 68
deska do nauki
pływania f 238
deska do prasowania f 76
deska rozdzielcza f 201
deska sedesowa f 61, 72
deska surfingowa f 241
deska z klipsem f 173
deskorolka f 249
deszcz m 287
detergent m 77
dezodorant m 73
dezodoranty 108
dętka f 207
diament m 288
didżej m 179
dioptria f 51
Diwali 27
dla 320
dłoń f 15
długi 32
długopis m 163
długość f 165, 310
długość fali f 179
długość geograficzna f
283
długowzroczność f 51

długoziarnisty 130
dłuto n 81, 275
do 320
do kolan 34
do kostek 34
do widzenia 322
dobranoc 322
dobry 321
dobry wieczór 322
dodatek m 155
dodatek do dania
głównego m 153
dodatki 36
dodawać 165
dogrywka f 223
doić 183
dojeżdżający (do pracy)
208
dojrzały 129
dok m 214, 216
doktorat m 169
dolina f 284
dolna warstwa f 141
dołek m 15, 232
dom m 58
dom jednorodzinny (w
zabudowie szeregowej)
m 58
dom parterowy m 58
dom towarowy m 105
dom wolno stojący m 58
domek dla lalek m 75
domek do zabawy m 75
Dominika 314
domino n 273
domofon m 59
doniczka f 89
dopasowany 35
doradca finansowy m 97
doręczanie n 98
dorosły m 23
dorsz m 120
dostać pracę 26
dostawa do domu f 154
dostawca usług m 177
dostroić radio 269
doświadczenie n 166
dowody 181
dozownik m 150
drabina f 82, 95, 186
drabinki 263
drapacz chmur m 299, 300
drążek m 235
drenaż m 91
dres m 31, 32
drewniany taras m 85
drewno n 79, 187, 275
drewno miękkie n 79
drewno twarde n 79
droga dojazdowa f 216
droga szybkiego ruchu
(dwujezdniowa) f 195
drogi 194
drożdże 138
drób m 107, 119
druciki do przywiązywania
roślin 89

druga 304
drugi 309
drugi balkon m 254
drugi pilot m 211
drugie piętro n 104
drukarka f 172, 176
druki wpłat 96
drukować 172
drut m 79, 277
drużyna f 220, 229
dryblować 223
drzazga f 46
drzewo n 86, 296
drzewo iglaste n 86
drzwi 196, 198, 209
drzwi główne 58
drzwi otwierane
automatycznie 196
drzwi prysznica 72
dumny 25
durszlak m 68
dusić się 47
duży 321
duży palec u nogi m 15
dwa 308
dwa tygodnie 307
dwa tysiące pierwszy 307
dwadzieścia 308
dwadzieścia dwa 308
dwadzieścia jeden 308
dwadzieścia minut 304
dwadzieścia tysięcy 309
dwanaście 308
dwieście 308
dworzec autobusowy m 197
dworzec kolejowy m 208
dwudrzwiowy 200
dwudziesty 309
dwudziesty drugi 309
dwudziesty pierwszy 309
dwudziesty trzeci 309
dwunastnica f 18
dwunasty 309
dwuogniskowy 51
dwupłat m 211
dwutysięczny 307
dym m 95
dynamo n 207
dynia piżmowa butternut
f 125
dynia zwyczajna f 125
dyplom m 169
dyrektor banku m 96
dyrektor naczelny m 175
dyrektor szkoły m 163
dyrygent m 256
dyscypliny 247
dystrybutor paliwa m 199
dysza rozpylająca f 89
dywan m 71
dywanik m 63
dywidendy 97
dzban m 151
dzbanek m 65
dzbanek do herbaty m 65
dzbanek z miarką m 69
dziadek m 22

dziadkowie 23
dział dziecięcy m 104
dział kadr m 175
dział księgowości m 175
dział marketingu m 175
dział obsługi klienta m 104,
175
dział obuwniczy m 104
dział prawny m 175
dział spożywczy m 105
dział sprzedaży m 175
dział z torbami
podróżnymi m 104
dziąsło n 50
dziczyzna f 119
dzieci 23
dziecko n 23, 31
dziedziniec m 84
dzielić 165
dzielnica podmiejska f 299
dzielone przez 165
dziennikarz m 190
dziennikarz
przeprowadzający wywiad
m 179
dzień m 305, 306
dzień dobry 322
dzień dobry (po południu)
322
dzień dobry (rano) 322
dzień pracy m 306
dziesiąty 309
dziesięć 308
dziesięć tysięcy 309
dziewczyna f 24
dziewczynka f 23
dziewiąty 309
dziewięć 308
dziewięćdziesiąt 308
dziewięćdziesiąty 309
dziewięćset 308
dziewiętnasty 309
dziewiętnaście 308
dzięcioł m 292
dziękuję 322
dziób m 210, 215,
240, 246, 293
dzisiaj 306
dziurka f 37
dziurka od guzika f 32
dziurkacz m 173
dzwonek m 197
dzwonek u drzwi m 59
dzwonki 297
dźwig m 187, 216
dźwigar m 186
dźwignia f 150
dźwignia zmiany biegów
f 201
dźwignia hamulca 207
Dżibuti 317
dżinsy 31, 33
dżoker m 273

druga 304

E

Egipt 317
egzamin m 163
egzema f 44
egzosfera f 286
ekierka f 165
ekler m 140
ekonomia f 169
ekran m 97, 176, 255, 269
eksponat m 261
ekspres do kawy m 148, 150
Ekwador 315
elektroda dodatnia f 167
elektroda ujemna f 167
elektroniczna niania f 75
elektryczna maszynka do
golenia f 73
elektryczność f 60
elektryczny aparat do
mierzenia ciśnienia 45
elektryk m 188
element grzejny m 61
elementy architektury
ogrodowej 84
elementy zewnętrzne 198
e-mail m 177
embrion m 52
emulsja f 83
emulsja do opalania f 265
encyklopedia f 163
endokrynologia f 49
endywia f 123
energia f 60
Erytrea 317
Estonia 316
estragon m 133
etapy rozwoju 23
Etiopia 317
etui n 51
etykiety 89
eukaliptus m 296
Europa 316

F

fabryka f 299
fagot m 257
fajka f 112
fala f 241, 264
falbana f 71
fale długie 179
fale krótkie 179
fale przyboju 241
fale średnie 179
Falklandy 315
fani 258
farba f 83
farba akrylowa f 274
farba do włosów f 40
farba plakatowa f 274
farbowany 39
farby 274
farby olejne 274
farmaceuta m 189
fartuch m 69
fartuch ochronny m 50
fartuszek m 30
fasola f 131

fasola adzuki f 131
fasola biała f 131
fasola czarne oczko f 131
fasola czerwona f 131
fasola flażoletka f 131
fasola limeńska f 131
fasola mung f 131
fasola pinto f 131
fasola wielokwiatowa f 122
fasola zwykła f 122
fast food 154
fastrygować 277
faul m 222, 226
Federacja Rosyjska 318
feijoa sellowiana (akka) f 128
feng shui 55
ferma drobiu f 183
Fidżi 319
figa f 129
figi 35
figury geometryczne 164
filar m 300
filatelistyka f 273
filet m 119, 121
filetowany 121
filety z halibuta 120
Filipiny 319
filiżanka do herbaty f 65
filiżanka do kawy f 65
film m 260, 261
film animowany m 255
film fabularny
    pełnometrażowy m 269
film przygodowy m 255
film rysunkowy m 178
film science fiction m 255
filozofia f 169
filtr m 270
filtr powietrza m 202, 204
finanse 97
Finlandia 316
fioletowy 274
firanka f 63
firma f 175
fitness 250
fizjoterapia f 49
fizyka f 162, 169
flaming m 292
flan karmelowy 140
flesz m 270
flet m 257
florentynka f 141
floret m 249
foka f 290
fontanna f 85
forhend m 231
forma do ciasta f 69
forma do placków/
    kruchych ciast f 69
forma do tarty f 69
formalny 34
fortepian m 256
fosa f 300
fotel m 63
fotel dentystyczny m 50
fotel kierowcy m 196
fotelik dziecięcy m 198, 207

fotograf m 191
fotografia f 271
fotografika f 270
fotografować 271
frachtowiec m 215
Francja 316
frezarka pionowa f 78
frezja f 110
fronton m 301
frytki 154
fryz m 301
fryzjer m 38, 115, 188
fryzjer męski m 39, 188
fryzury 39
fuga f 83
funkcjonariusz policji
    drogowej m 195
funt m 310
futbol amerykański m 220
futerał na aparat
    fotograficzny m 271

G

gabinet m 45, 63
Gabon 317
gady 293
gagat m 288
galaktyka f 280
Galapagos 315
galeria sztuki f 261
galon m 311
galop m 243
gałązka f 296
gałąź f 296
gałka f 149
gałka muszkatołowa f 132
gama f 256
Gambia 317
ganek m 58
garaż m 58, 199
garb m 291
gardło n 19
garncarstwo n 275
garnitur m 32
gaśnica f 95
gaz m 204
gaza f 47
gazeta f 112, 168
gazowana 144
gąbka f 73, 74, 83
gąsienica f 295
gejzer m 285
gem m 230
generator m 60
genitalia 12
geografia f 162
geometria f 165
gerbera f 110
gęś f 119, 293
Ghana 317
giełda papierów
    wartościowych f 97
gimnastyk m 235
gimnastyka f 235
gimnastyka artystyczna
    f 235
gin m 145

gin z tonikiem m 151
ginekolog m 52
ginekologia f 49
girlanda f 111
gitara basowa f 258
gitara elektryczna f 258
gitarzysta m 258
gleba f 85
glina f 85, 275
głębokość f 165
głodny 64
głośnik m 176, 258, 268
głośność f 179
głowa f 12, 19
głowica cylindra f 202
główka f 112, 230
gnejs m 288
gniazdko n 60
gniazdo nasienne n 127
godzina f 304
godzina szczytu f 209
godziny 261
godziny odwiedzin 48
gofry 157
gogle 247
golenie n 73
goleń m 12
golf m 232
golfista f 232
gołąb m 292
gong m 257
goniec m 272
gonitwa f 243
gonitwa z przeszkodami f 243
gorąca czekolada f 144, 156
gorący 286, 321
gorący napój mleczny z
    dodatkiem słodu m 144
gorączka f 44
gorset m 35
goryl m 291
gorzki 124
gospodarstwo mleczne n 183
gospodarstwo rolne n
    182, 183, 184
gospodarstwo rybne n 183
gospodarstwo
    sadownicze n 183
gospodarstwo
    uprawowe n 183
gospodarz m 64
gospodyni f 64
gość m 64, 100
gotować 67
gotować na parze 67
gotować na wolnym ogniu 67
gotować we wrzątku 67
gotowane mięso n 118
gotowanie n 67
gotowany na parze 159
gotyk m 301
goździk m 110
goździki 133
góra f 284
górna warstwa f 141
Góry Skaliste 312
gra f 273

gra w rzutki f 273
gra wideo f 269
grabić 90
grabie 88
grabie do trawy 88
gracz m 231, 273
gracz na bazie m 228
grać 229, 273
grad m 286
grafika f 275
grafit m 289
gram m 310
gramofon m 268
granat m 128, 288
granit m 288
Grecja 316
green m 232
grejpfrut m 126
Grenada 314
Grenlandia 314
grill m 267
groch m 122, 131
groch łuskany m 131
groszek zielony m 131
grot m 240
gruby 321
gruczoł m 19
grudzień m 306
grunt m 83
gruszka f 127
Gruzja 318
gry 272
gry planszowe 272
gryf m 250, 258
grypa f 44
grzanka francuska f 157
grzbiet stopy m 15
grzbietnica f 81
grzebień m 38
grzechotka f 74
grzejnik m 60
grzejnik konwektorowy
    m 60
grzyb m 125
grzywa f 242, 291
guajawa f 128
Gujana 315
Gujana Francuska 315
gulasz m 158
guma do żucia f 113
gumka f 173
gumka do ścierania f 163
gumka do włosów f 39
guzik m 32
Gwatemala 314
gwiazda f 280
gwiazdozbiór m 281
Gwinea 317
Gwinea Bissau 317
Gwinea Równikowa 317
gwóźdź m 80
gzyms m 63, 300

H

haczyk m 244
haft m 277
haft na kanwie m 277

haftka f 276
Haiti 314
hak m 187
hak rzeźnicki m 118
hala f 209
hala odlotów f 213
halka f 35
Halloween 27
halsować 241
hamak m 266
hamburger m 154
hamburger
    wegetariański m 155
hamburger z kurczaka
    m 155
hamować 207
hamulec m 200, 204, 206
hamulec
    bezpieczeństwa m 209
hamulec ręczny m 203
handicap 233
hantla f 251
harfa f 256
hatchback m 199
Hawaje 314
heavy metal m 259
helikopter m 211
hematyt m 289
herbata f 144, 149, 184
herbata liściasta luzem
    f 144
herbata mrożona f 149
herbata z cytryną f 149
herbata z miętą f 149
herbata z mlekiem f 149
herbata ziołowa f 149
herbatka rumiankowa
    f 149
herbatnik m 113
herbatniki 141
herbicyd m 183
higiena jamy ustnej f 72,
    108
Himalaje 313
hipnoterapia f 55
hipoalergiczny 41
hipopotam m 291
historia f 162
historia sztuki f 169
Hiszpania 316
hodowla owiec f 183
hodowla świń f 183
hokeista m 224
hokej m 224
hokej na lodzie m 224
hokej na trawie m 224
hol m 100, 255
Holandia 316
holownik m 215
homar m 121, 295
homeopatia f 55
homogenizowany 137
Honduras 314
hormon m 20
horror m 255
hot dog m 155
hotel m 100, 264

polski

I

huragan *m* 287
huśtawka *f* 263
huśtawka 263
hydrant *m* 95
hydraulik *m* 188
hydroplan *m* 211
hydroterapia *f* 55

identyfikator *m* 53, 173, 189
iglica *f* 300
igła *f* 109, 276
iguana *f* 293
ikona *f* 177
iluminator *m* 214
imadło *n* 78
imbir *m* 125, 133
impotent *m* 20
Indonezja 319
indygo 274
indyk *m* 119, 185, 293
infekcja *f* 44
informacja *f* 168
informacja telefoniczna *f* 99
informacje 261
inhalator *m* 44, 109
inkubator *m* 53
inspektor *m* 94
instalacja wodno-kanalizacyjna *f* 61
instalacje wewnętrzne 60
instalować 177
instant 130
instrumenty 256, 258
instrumenty dęte blaszane 256
instrumenty dęte drewniane 257
instrumenty perkusyjne 257
instrumenty strunowe 256
insulina *f* 109
internet *m* 177
inwentarz żywy *m* 183, 185
inwestycja *f* 97
inżynieria *f* 169
Irak 318
Iran 318
Irlandia 316
irys *m* 110
Islandia 316
iść spać 71
izolacja *f* 61
Izrael 318

J

jabłko *n* 126
jabłko Adama *n* 19
jacht *m* 215, 240
jadalnia *f* 64
jadeit *m* 288
jagnię *n* 185
jagnięcina *f* 118
jagoda *f* 127, 296
jaja 137

jajecznica *f* 157
jajko gotowane *n* 137, 157
jajko smażone *n* 157
jajnik *m* 20
jajo gęsie *n* 137
jajo kacze *n* 137
jajo kurze *n* 137
jajo przepiórcze *n* 137
jajowód *m* 20
Jamajka 314
jams (ignam, pochrzyn) 125
Japonia 318
jard *m* 310
jarmuż *m* 123
jaskier *m* 297
jaskinia *f* 284
jaskółka *f* 292
jasny 41, 321
jaszczurka *f* 293
jazda konna *f* 242, 263
jazda na deskorolce *f* 249, 263
jazda na łyżworolkach 249
jazda na rolkach *f* 263
jazda na rowerze *f* 263
jazda na sankach *f* 247
jazz *m* 259
jądro *n* 21, 129
jądro wewnętrzne *n* 282
jądro zewnętrzne *n* 282
jechać rowerem 207
jeden 308
jedenasty 309
jedenaście 308
jednorazowa maszynka do golenia *f* 73
jednorazowy 109
jedwab *m* 277
jedzenie *n* 75, 149, 323
jeleń *m* 291
jelito cienkie *n* 18
jelito grube *n* 18
Jemen 318
jesień *f* 31, 307
jeść 64
jezioro *n* 285
jeździć na łyżwach 224
jeździec *m* 242
jeż *m* 290
jeżyna *f* 127
jęczmień *m* 130, 184
jędrny 124
język *m* 19, 37
języki 162
joga *f* 54
jogging *m* 251, 263
jogurt *m* 137
jogurt mrożony *m* 137
jogurt owocowy *m* 157
jonosfera *f* 286
Jordania 318
Jowisz 280
jubiler *m* 114, 188
judo *n* 236
jutro 306

K

kabina *f* 95, 210
kabina maszynisty *f* 208
kabina pilota *f* 210
kabina plażowa *f* 264
Kabinda 317
kabriolet *m* 199
kaczę *n* 185
kaczka *f* 119, 185
kadłub *m* 210, 214, 240
kajak *m* 214, 241
kajakarstwo *n* 241
kajdanki 94
kajuta *f* 214
kakadu *f* 293
kakao w proszku *n* 148
kaktus *m* 87
kalafior *m* 124
kalarepa *f* 123
kalcyt *m* 289
kalendarz *m* 306
kalendarz terminarz *m* 173, 175
Kaliningrad 316
kalkulator *m* 165
kalmar *m* 121
kaloryfer *m* 60
kalosze 31, 89
kałamarnica *f* 295
Kambodża 318
kambuz (kuchnia) *m* 214
kamera *f* 178, 269
kamera wideo *f* 260
Kamerun 317
kamerzysta *m* 178
kamienie szlachetne 288
kamień *m* 36, 275
kamień księżycowy *m* 288
kamizelka *f* 33
kamizelka ratunkowa *f* 240
Kanada 314
kanał *m* 178
kanał dla orkiestry *m* 254
kanał płatny typu „płacisz i oglądasz" *m* 269
kanapa *f* 62
kanapka *f* 155
kanapka zapiekana *f* 149
kanarek *m* 292
kancelaria prawnicza *f* 180
kangur *m* 291
kantar *m* 243
kantor wymiany walut *m* 97
kapary 143
kapcie 31
kapelusz *m* 36
kapelusz od słońca *m* 30, 265
kapitał własny *m* 97
kapitan *m* 214
kapitan portu *m* 217
kapryfolium *m* 297
kapsułka *f* 109
kaptur *m* 31
kapturek maciczny *m* 21
kapusta *f* 123
karabin maszynowy *m* 189

karaluch *m* 295
karambola *f* 128
karate *n* 236
karczoch *m* 124
kardamon *m* 132
kardiologia *f* 49
karetka pogotowia ratunkowego *f* 94
karimata *f* 267
kark *m* 13
karmelek *m* 113
karmić 183
karmić piersią 53
karmienie piersią *n* 53
karnawał *m* 27
karo *n* 273
karoseria *f* 202
karp koi *m* 294
karta *f* 48
karta biblioteczna *f* 168
karta debetowa *f* 96
karta grzecznościowa *f* 173
karta kredytowa *f* 96
karta pamięci USB 176
karta pokładowa *f* 213
karta wędkarska *f* 245
kartka *f* 27
kartka pocztowa *f* 112
karton *m* 311
karton na mleko *m* 136
karty 273
karuzela *f* 74
kasa *f* 106, 150
kasa biletowa *f* 209, 216, 255
kaseta magnetofonowa *f* 269
kasjer *m* 96, 106
kask *m* 95, 204, 206, 220, 228
kask jeździecki *m* 242
kask ochronny *m* 186, 236
kasownik *m* 256
kasy 106
kasyno *n* 261
kasza manna *f* 130
kaszanka *f* 157
kaszel *m* 44
kasztan *m* 129
kasztanowy 39
katalog *m* 168, 177
katamaran *m* 215
Katar 318
katar sienny *m* 44
katarakta *f* 51
katedra *f* 300
kaucja 181
kawa *f* 144, 148, 153, 156, 184
kawa czarna *f* 148
kawa espresso *f* 148
kawa mielona *f* 144
kawa mrożona *f* 148
kawa z ekspresu *f* 148
kawa z mlekiem *f* 148
kawałek *m* 140
kawałek czekolady *m* 141
kawałki 119

kawałki kurczaka 155
kawiarnia *f* 148, 262
kawiarnia z tarasem *f* 148
kawiarnia ze stolikami na zewnątrz *f* 148
Kazachstan 318
kąpiel *f* 74
kąpielówki 238
kąt *m* 164
kątomierz *m* 165
kciuk *m* 15
kebab *m* 155, 158
keczup *m* 135
keks *m* 140
kelner *m* 148, 152
kelnerka *f* 191
kemping *m* 266
kempingować 266
kendo 236
Kenia 317
keyboard *m* 258
kichnięcie *n* 44
kick boxing *m* 236
kielich *m* 297
kieliszek *m* 152
kieliszek do jajek *m* 65, 137
kieliszek do wina *m* 65
kieliszki 150
kielnia *f* 187
kieł *m* 50, 291
kiełbasa chorizo *f* 143
kiełbaska *f* 155, 157
kiełbaski 118
kiełek fasoli *m* 122
kier *m* 273
kierowca *m* 196
kierowca autobusów *m* 190
kierowca samochodów ciężarowych *m* 190
kierowca wyścigowy *m* 249
kierownica *f* 201, 207
kierownik *m* 24, 174
kierunkowskaz *m* 198, 204
kieszeń *f* 32
kij *m* 228, 249
kij drewniany *m* 233
kij hokejowy *m* 224
kij krykietowy *m* 225
kij metalowy *m* 233
kij z główką klinowatą *m* 233
kijanka *f* 294
kije golfowe 233
kijek narciarski *m* 246
kil *m* 214
kilogram *m* 310
kilometr *m* 310
kinkiet *m* 62
kino *n* 255, 299
kiosk *m* 215
kiosk z gazetami *m* 112
Kirgistan 318
kiwi *n* 128
klakson *m* 201, 204
klamerka *f* 36
klamerka do bielizny *m* 76
klamka *f* 200

polski

klapa f 32
klapek m 37
klaps m 179
klarnet m 257
klarnet basowy m 257
klasa f 162, 103
klasa biznesowa f 211
klasa ekonomiczna f 211
klatka piersiowa f 12, 17
klawiatura f 97, 99, 176
klawisz m 176
klej m 275
klej do drewna m 78
klej do tapet m 82
klementynka f 126
kleszcze 53, 167
klient m 38, 96, 104, 106,
    152, 175, 180
klif m 285
klimatyzacja f 200
klips do papieru m 173
klocek m 277
klocek hamulcowy m 207
klon m 296
klopsiki 158
klucz m 59, 80, 81, 203,
    258
klucz basowy m 256
klucz do pokoju m 100
klucz imbusowy m 80
klucz maszynowy m 81
klucz nasadowy m 80
klucz nastawny m 80
klucz wiolinowy m 256
kluczyk m 207
kluski 158
kluski z podsmażonymi
    warzywami i/lub mięsem
    158
kłaść płytki 82
kłąb m 15
kłus m 243
kminek m 131, 132
knaga f 240
koala m 291
kobieta f 12, 20, 23
koc m 71, 74
koc elektryczny m 71
kociak m 290
kocioł m 257
kocioł grzewczy m 61
kod dostępu 99
kod paskowy m 106
kod pocztowy m 98
kogut m 185
kojec m 75
kok m 39
kokilka f 69
kokon m 295
kokos m 129
koktajl m 151
koktajl czekoladowy m 141
koktajl kawowy m 149
koktajl mleczny m 137
koktajl truskawkowy m 149
kolano n 12
kolaż m 275

kolba laboratoryjna f 166
kolce 233
kolczyk m 36
kolec jadowy m 295
kolega z pracy m 24
koloj jednotorowa f 208
kolejka górska f 262
kolendra f 133
koliber m 292
kolonia f 315
kolor m 273
kolory 39, 274
Kolumbia 315
kołatka f 59
kołczan m 249
kołdra f 71
kołeczek m 31
kołnierz ortopedyczny m 46
kołnierzyk m 32
koło n 198, 207
koło dmuchane n 265
koło garncarskie m 275
koło łańcuchowe n 207
koło podbiegunowe
    północne n 283
koło przednie
    (podwozia) n 210
koło ratunkowe n 240
koło środkowe n 222,
    224, 226
koło wznowień m 224
koło zamachowe m 276
koło zębate n 206
kołowrotek m 244, 245
komar m 295
kombajn m 182
kombi n 199
kombinerki 80
kombinezon m 82
kombinezon narciarski
    m 246
kombinezon zimowy m 30
komedia f 255
kometa f 280
komiks m 112
komin m 58, 214, 283
kominek m 63
komoda f 70
komora celna f 216
komora wulkaniczna f 283
Komory 317
komosa ryżowa f 130
komórka jajowa f 20
kompas m 312, 240
kompost m 88
kompozycje 111
komputer m 176
koncert m 255, 258
koncert rockowy m 258
konewka f 89
Kongo 317
koniczyna f 297
koniec m 321
konik morski m 294
konik polny m 295
konkurencje 243
konserwy 107

konsola f 269
kontener m 216
kontenerowiec m 215
konto e-mail n 177
kontrabas m 256
kontrafagot m 257
kontrola paszportowa f
    212, 213
kontroler m 269
kontroler biletów m 209
kontuar m 96, 98
konturówka do ust f 40
kontynent m 282, 315
koń m 185, 242, 272
koń wyścigowy m 243
koń z łękami m 235
końcówka ochronna f 80
końcówki wkrętakowe 80
koński ogon m 39
kopać 90, 221, 223
koparka mechaniczna f 187
koper m 133
koper włoski m 122, 133
koperta f 98, 173
kopiować 172
kopnięcie m 237
kopuła f 300
kopyto n 242, 291
kora f 296
korba stolarska f 78
Korea Południowa 318
Korea Północna 318
korek m 134, 166, 195
korektor m 40
korkociąg m 150
korona f 50
koronka f 35
koronkarstwo n 277
Korsyka 316
kort tenisowy m 230
koryntka f 129
koryto n 183
korzeń m 50, 124, 296
kosiarka do trawy f 88, 90
kosić 90
kosmetyki 41, 105, 107
Kostaryka 314
kostium m 255
kostium kąpielowy m
    238, 265
kostka f 13, 15, 272, 311
kostka lodu f 151
kostkarka do lodu f 67
kosz m 95, 177, 207,
    226, 245, 263
kosz do noszenia
    dziecka m 74
kosz na bieliznę m 76
kosz na brudną bieliznę
    m 76
kosz na przybory do
    szycia m 276
kosz na śmieci m 61, 67,
    172
kosz na zabawki m 75
kosz owoców m 126
koszula f 33, 54

koszula nocna f 31, 35
koszulka f 30, 33, 35
koszulka na ramiączkach
    f 35
koszyk m 88, 106
koszykarz m 226
koszykówka f 226
kościół m 298, 300
kość f 17, 119
kość łokciowa f 17
kość ogonowa f 17
kość piszczelowa f 17
kość ramienna f 17
kość strzałkowa f 17
kość śródręcza f 17
kość śródstopia f 17
kość udowa f 17
kot m 290
kotewka orzech wodny 124
kotlet m 119
kotum 37
kotwica f 214, 240
koza f 185
kozak 37
kozieradka f 132
kozioł m 235
koźlę m 185
kółka 235
kółko do serwetki m 65
krab m 121, 295
kraj m 315
krajalnica f 139
krajobraz m 284
kran m 61, 66
kran kamerowy m 178
kran z ciepłą wodą m 72
kran z zimną wodą m 72
krata ogrodowa f 84
krater m 283
kratka pod gorące
    naczynia f 69
kraul m 239
krawat m 32
krawcowa f 191
krawędź f 246
krawężnik m 298
krawiec m 191
krążek m 224
krążek maciczny m 21
kreda f 85, 162, 288
kreda krawiecka f 276
kredka f 163
kredka do brwi f 40
kredka do oczu f 40
kredyt hipoteczny m 96
krem m 109, 140
krem budyniowy m 140
krem czekoladowy do
    smarowania m 135
krem do ciast m 140
krem do twarzy m 73
krem na odparzenia m 74
krem nawilżający m 41
krem z filtrem
    przeciwsłonecznym
    m 108

krem z wysokim filtrem
    przeciwsłonecznym
    108, 265
krewetka królewska f 121
krewni 23
kręcone (włosy) 39
kręgi lędźwiowe 17
kręgi piersiowe 17
kręgi szyjne 17
kręgiel m 249
kręgle 249
kręgosłup m 17
kroić w plasterki 67
krokiew f 186
krokodyl m 293
kromka f 139
krople 109
kroplomierz m 109, 167
kroplówka f 53
krosno m 277
krowa f 185
król m 272, 273
królik m 118, 290
królowa f 272
krótka fryzura f 39
krótki 32
krótkowzroczność f 51
krótkoziarnisty 130
krtań f 19
kruchy 98, 127
krwawienie z nosa m 44
krwotok m 46
kryć 227
krykiecista m 225
krykiet m 225
krzemień m 288
krzesło n 64
krzesło obrotowe m 172
krzyczeć 25
krzywa f 165
krzyż m 13
krzyżyk m 256
książeczka czekowa f 96
książka f 168
księga gości f 100
księgarnia f 115
księgowy m 97, 190
księstwo n 315
Księżyc m 280
kształtować 91
Kuba 314
kubeczek m 75
kubek m 65
kucharz m 190
kuchenka mikrofalowa f 66
kuchenka turystyczna f 267
kuchnia f 66, 152
kucyki 39
kukurydza f 124, 130, 184
kukurydza cukrowa f 122
kula f 164
kula do kręgli f 249
kulisy 254
kultywator m 182
kumkwat m 126
kung-fu n 236
kupony loteryjne 112

polski

kura *f* 185
kuracja lekami *f* 109
kurcz *m* 239
kurczak *m* 119
kurczak smażony *m* 155
kurczę *n* 185
kurek *m* 50
kurek do nalewania piwa
  beczkowego *m* 150
kurek spustowy *m* 61
kurier *m* 99
kurkuma *f* 132
kurnik *m* 185
kurs walutowy *m* 97
kurtka narciarska 246
kurtyna *f* 254
kuskus *m* 130
Kuwejt 318
kuweta malarska *f* 83
kuzyn *m* 22
kwadrans *m* 304
kwadrat *m* 164
kwarc *m* 289
kwarta *f* 311
kwaśny 127
kwiaciarnia *f* 110
kwiaciarz *m* 188
kwiat *m* 297
kwiaton *m* 300
kwiaty 110
kwiecień *m* 306
kwietnik *m* 85, 90
kwitnący krzew *m* 87
kwota *f* 96

L

lacrosse 249
lać 67
lada *f* 142
lakier *m* 79, 83
lakier do paznokci *m* 41
lakier do włosów *m* 38
laktoza *f* 137
lalka *f* 75
lampa *f* 217
lampa błyskowa *f* 270
lampka *f* 62
lampka nocna *f* 70
landrynki 113
langusta *f* 121
Laos 318
laptop *m* 176
las *m* 285
las deszczowy *m* 285
laska do hokeja na
  trawie *f* 224
laski 133
latać 211
latarka *f* 267
latarnia morska *f* 217
latarnia uliczna *f* 298
lato *n* 31, 307
lawa *f* 283
lawina *f* 247
ląd *m* 282
lądować 211
lądownik księżycowy *m* 281

legginsy 31, 251
lejek *m* 166
lek *m* 109
lekarstwo na kaszel *n* 108
lekarz *m* 45, 189
lekarz specjalista *m* 49
lekcja *f* 163
leki ziołowe 108
lekki 321
lekki samolot
  dwuosobowy *m* 211
lekko uderzyć piłkę w
  stronę dołka 233
lekkoatleta *m* 234
lekkoatletyka *f* 234
lemoniada *f* 144
len *m* 184
Lesotho 317
lew *m* 291
lew morski *m* 290
lewe pole *n* 228
lewkonie 110
leżak *m* 265
Liban 318
Liberia 317
Libia 317
liczby 308
liczi chiński *n* 128
licznik *m* 165
licznik elektryczny *m* 60
licznik kilometrów *m* 201
licznik zdjęć *m* 270
liczyć 165
lider *m* 258
Liechtenstein 316
liga *f* 223
likier *m* 145
lilia *f* 110
limonka *f* 126
limuzyna *f* 199
linia *f* 225
linia autowa *f* 221
linia boczna *f* 220, 226,
  230
linia bramkowa *f* 223, 224
linia gry *f* 223
linia końcowa *f* 225, 226
linia końcowa główna *f*
  230
linia piłki martwej *f* 221
linia punktowa *f* 220
linia rzutów wolnych *f* 226
linia rzutów za trzy
  punkty *f* 226
linia serwisowa *f* 230
linia startu *f* 234
linia środkowa *f* 226
linie 165
linijka *f* 163, 165
linka *f* 207
linka namiotowa *f* 266
lipa *f* 296
lipiec *m* 306
lis *m* 290
list *m* 98
lista lektur *f* 168
lista płac *f* 175

lista sklepów *f* 104
lista win *f* 152
listonosz *m* 98, 190
listopad *m* 306
(drzewo) liściaste 86
liście 110
liść *m* 122, 296
liść laurowy *m* 133
literatura *f* 162, 169
literować 162
litoterapia *f* 55
litr *m* 311
Litwa 316
lizak *m* 113
lob *m* 230
lodowiec *m* 284
lodowisko do hokeja *n*
  224
lodówka z zamrażarką *f* 67
lody 137, 149
logo *n* 31
lokomotywa *f* 208
lokówka *f* 38
lornetka *f* 281
lot krajowy *m* 212
lot międzynarodowy *m*
  212
lotka *f* 210, 231
lotnia *f* 248
lotniarstwo *n* 248
lotnisko *n* 212
lotniskowiec *m* 215
loża *f* 254
lód *m* 120, 151, 287
lucerna *f* 184
ludzie 12, 16
luk bagażowy *m* 196
luk towarowy *m* 215
lukier *m* 141
Luksemburg 316
lunch *m* 64
lunch służbowy *m* 175
lusterko *n* 40, 167
lusterko boczne *n* 198
lusterko wsteczne *n* 198
lustro *n* 71
lut *m* 79, 80
lutować 79
lutownica *f* 81
luty *m* 306

Ł

łabędź *m* 293
ładunek *m* 216
łańcuch *m* 59, 206
łańcuch górski *m* 282
łańcuszek *m* 36
łapa laboratoryjna *f* 166
łapacz *m* 225, 229
łapać 227, 229, 245
łata *f* 207
łatwy 321
ława przysięgłych *f* 180
ławka *f* 162, 262
ławka piknikowa *f* 266
ławka rezerwowych *f* 229
ławka treningowa *f* 250

łazienka *f* 72
łączność *f* 98
łączyć 177
łąka *f* 285
łeb *m* 80
łechtaczka *f* 20
łęk *m* 242
łodyga *f* 111, 122
łokieć *m* 13
łopata *f* 88
łopatka *f* 17, 60, 68, 265
łopatka do ryb *f* 68
łopatka śmigła *f* 211
łosoś *m* 120
Łotwa 316
łowić w sieć 245
łowienie ryb z plaży *n* 245
łożysko *n* 52
łódź motorowa *f* 214
łódź ratunkowa *f* 214
łódź rybacka *f* 217
łódź wiosłowa *f* 214
łóżeczko dziecinne *n* 74
łóżko *n* 70
łóżko do opalania *n* 41
łóżko podwójne *n* 71
łóżko pojedyncze *n* 71
łóżko polowe *n* 266
łubiny 297
łucznictwo *n* 249
łuk *m* 85, 164, 249, 301
łupacz *m* 120
łupek *m* 288
łupież *m* 39
łupina *f* 129
łuska *f* 121, 130, 294
łuskany 129
łydka *f* 13, 16
łysy 39
łyżeczka *m* 110
łyżeczka *f* 65
łyżeczka do kawy *f* 153
łyżka *f* 65
łyżka do nakładania
  potraw *f* 68
łyżka do opon *f* 207
łyżka do porcjowania *f* 68
łyżka do zupy *f* 65
łyżka drewniana *f* 68
łyżka durszlakowa *f* 68
łyżka wazowa *f* 68
łyżwa *f* 224, 247
łyżwiarstwo *n* 247
łyżwiarstwo figurowe *n*
  247
łyżwiarstwo szybkie *n* 247
łza *f* 51

M

Macedonia 316
macica *f* 20, 52
macis 132
macocha *f* 23
Madagaskar 317
magazyn *m* 216
magisterium *n* 169
magma *f* 283

magmowe 288
magnes *m* 167
magnetofon kasetowy
  m 269
magnez *m* 109
maj *m* 306
majeranek *m* 133
majonez *m* 135
majtki ceratowe 30
mak *m* 138, 297
makaron *m* 158
makieta *f* 190
makijaż *m* 40
makler giełdowy *m* 97
makrama *f* 277
makrela *f* 120
malachit *m* 288
malarstwo *n* 274
malarz *m* 191
Malawi 317
Malediwy 318
Malezja 318
Mali 317
malina *f* 127
malinojeżyna *f* 127
malować 83
Malta 316
małe dziecko *n* 30
małpa *f* 291
mały 321
mały palec *m* 15
mały palec u nogi *m* 15
małż *m* 121, 295
mandarynka *f* 126
manekin krawiecki *m* 276
manetka przerzutki *f* 207
mango *n* 128
mangostan *m* 128
manierka *f* 267
manikiur *m* 41
mankiet *m* 32
mapa *f* 261
mapa świata *f* 312
marakasy 257
marakuja *f* 128
maraton *m* 234
marcepan *m* 141
marchew *f* 124
margaryna *f* 137
margerytka *f* 110, 297
marina *f* 217
markiza *f* 148
marmur *m* 288
Maroko 317
Mars 280
martini 151
marynarka *f* 32, 33
marynarka sportowa *f* 33
marynarz *m* 189
marynowany 143, 159
marzec *m* 306
masa szpachlowa *f* 83
masa urodzeniowa *f* 53
masaż *m* 54
maseczka *f* 41
maska *f* 198, 228,
  236, 239, 249

polski

maska ochronna f 189, 225
masło n 137, 156
masło orzechowe n 135
maszt m 240
maszt namiotu m 266
maszyna do szycia f 276
maszynownia f 214
maszyny 187
maść f 47, 109
maślanka f 137
mata f 54, 235
mata do przewijania f 74
mata łazienkowa f 72
mata wodoodporna f 267
matematyka f 162, 164
materac m 70, 74
materac
  nadmuchiwany m 267
materiał m 276
materiały 79, 187
materiały biurowe 173
matka f 22
matowy 83, 271
Mauretania 317
Mauritius 317
mączka kostna f 88
mąka f 138
mąka biała f 138
mąka brązowa f 138
mąka chlebowa f 139
mąka razowa f 138
mąka z dodatkiem
  proszku do pieczenia
  f 139
mąka zwykła f 139
mątwa f 121
mąż m 22
mdłości 44
mechanik m 188, 203
mechanika f 202
mecz m 230
meczet m 300
medale 235
media 178
meduza f 295
medycyna f 169
medytacja f 54
Meksyk 314
melodia f 259
melon m 127
menu n 148, 152, 153,
  154
menu wieczorne n 152
Merkury 280
meta f 234
metal m 79
metale 289
metamorficzne 288
meteor m 280
metody 159
metr m 310
metr kwadratowy m 310
metro n 209
metryka urodzenia f 26
mewa f 292
mezosfera f 286
mężczyzna m 12, 21, 23

mgła f 287
mgławica f 280
mianownik m 165
miarka f 109, 150, 151
miarka do cieczy f 311
miarka kuchenna f 311
miary 165
miasteczko n 299
miasteczko
  uniwersyteckie n 168
miasto n 298, 299
miąższ m 124, 127, 129
miechunka
  peruwiańska f 128
miecznik m 120, 294
mieczyk m 110
mieć dziecko 26
miednica f 17
miedź f 289
miejsca 254
miejsce n 166, 209, 254
miejsce cumowania n 217
miejsce parkingowe dla
  niepełnosprawnych
  n 195
mielony 132
mierzyć 310
miesiąc m 306
miesiąc miodowy m 26
miesiączka f 20
(co)miesięczny 307
mieszać 67, 138
mieszadło n 150
mieszanka do wyboru
  f 113
mieszanka ziół f 132
mieszkanie n 59
miękka bułka f 139
miękki 129, 321
mięsień czołowy m 16
mięsień czworoboczny
  m 16
mięsień czworogłowy
  m 16
mięsień dwugłowy m 16
mięsień
  międzyżebrowy m 16
mięsień najszerszy
  grzbietu m 16
mięsień naramienny m 16
mięsień piersiowy m 16
mięsień trójgłowy m 16
mięso n 107, 119
mięso mielone n 119
mięso na pieczeń n 119
mięśnie 16
mięśnie brzuszne 16
mięta f 133
migdał m 129
migdały 151
migrena f 44
mika f 289
mikrobus m 197
mikrofon m 179, 258
mikroskop m 167
mikser m 66
mila f 310

miliard m 309
miligram m 310
mililitr m 311
milimetr m 310
milion m 309
minerały 289
minibar m 101
minivan m 199
minus 165
minuta f 304
miotacz m 229
miód płynny m 134
miód stały m 134
miseczka f 65
miska f 66, 69
miś m 75
mlecz m 123, 297
mleko n 136, 156
mleko kozie n 136
mleko krowie n 136
mleko odtłuszczone n 136
mleko owcze n 137
mleko pełne n 136
mleko półtłuste n 136
mleko skondensowane
  n 136
mleko w proszku n 137
młoda cebulka f 125
młoda kapusta f 123
młode n 290
młodszy kucharz m 152
młody ziemniak m 124
młot dwuręczny m 187
młot pneumatyczny m 187
młotek m 80
młyn m 221
młyn spontaniczny m 221
mnożyć 165
mocny 321
moczowód m 21
moczyć 130
moda f 277
model m 169
modelarstwo n 275
modliszka f 295
modrzew m 296
mokasyn m 37
mokry 286, 321
molo n 217
Mołdawia 316
Monako 316
moneta f 97
Mongolia 318
monitor m 53, 172
monopol m 272
monsun m 287
mop m 77
morela f 126
morlesz m 120
mors m 290
morze n 264, 282
Morze Arabskie 313
Morze Arktyczne 312
Morze Bałtyckie 313
Morze Czarne 313
Morze Czerwone 313
Morze Karaibskie 312

Morze Kaspijskie 313
Morze Północne 312
Morze Śródziemne 313
moskitiera f 267
most m 300
mostek m 17, 258
mostek kapitański m 214
moszna f 21
motek m 277
motocross 249
motocykl m 204
motocykl terenowy m 205
motocykl turystyczny m
  205
motocykl wyścigowy m
  205
motolotnia 211
motyka f 88
motyl m 295
motylek m 239
mowa obrończa f 180
Mozambik 317
moździerz m 68, 167
może 322
mówca m 174
mózg m 19
mrożonki 107
mrożony 121, 124
mrówka f 295
mróz m 287
mucha f 244, 295
multiwitaminy 109
muł m 85
mundur m 94, 189
mur m 222
mus m 141
musical m 255
muszka f 36
muszla f 265
muszla klozetowa f 61
musztarda f 155
musztarda angielska f 135
musztarda francuska f 135
musztarda ziarnista f 135
muzeum n 261
muzyk m 191
muzyka f 162
muzyka folk f 259
muzyka klasyczna f 255,
  259
Myanmar (Birma) 318
myć 77
mydelniczka f 73
mydło n 73
myjnia samochodowa f 198
mysz f 176, 290
myśliwiec m 211

N

na 320
na czas 305
na dole 320
na górze 320
na miejscu 154
na wynos 154
na zewnątrz 320
na żywo 178

nabrzeże n 216
nachrapnik m 242
naciąg m 230
nacięcie krocza n 52
naczółek m 242
naczynia 64, 65
naczynie ceramiczne n 69
naczynie do opiekania
  n 69
naczynie do sufletów n 69
naczynie do zapiekania
  n 69
naczynie żaroodporne
  n 69
nad 320
nadawać 178
nadgarstek m 13, 15
nadproże n 186
nadwyżka bagażu f 212
nadzienie n 140, 155
nadziewana oliwka f 143
nadziewany 159
nagłośnia f 19
nagły wzdłużek m 46
nagrany wcześniej 178
nagrywanie n 269
najedzony 64
najemca m 58
najgłębsza część
  basenu f 239
nakaz m 180
nakaz sądowy m 180
naklejać 82
nakłuwać 90
nakolannik m 205
nakrętka f 80
nakrętki koła 203
nakrycie n 65
nakrywać do stołu 64
naleśniki 155, 157
Namibia 317
namiot m 267
naparstek m 276
naparstnica f 297
napastnik m 222
napaść f 94
napięcie n 60
napinać 251
napiwek m 152
napletek m 21
napoje 107, 144, 156
napoje alkoholowe 145
napoje gorące 144
napowietrzać 91
napój bezalkoholowy m
  154
napój w puszce m 154
naprzeciw 320
narciarstwo n 246
narciarstwo alpejskie n
  247
narciarstwo biegowe n
  247
narciarstwo wodne n 241
narciarstwo zjazdowe
  n 247
narciarz m 246

narciarz wodny *m* 241
narodziny 52
naród *m* 315
narta *f* 241, 246
narządy rozrodcze 20
narzeczeni 24
narzeczona *f* 24
narzeczony *m* 24
narzędzia 187
narzędzia ogrodnicze 88
narzędzie do ceramiki *m* 275
narzuta *f* 70
nasadka *f* 80
nasieniowód *m* 21
nasiona 88, 130
nasiona kopru 133
nastawiać 179
nastawić budzik 71
nastolatek *m* 23
naszyjnik *m* 36
naświetlenie *n* 271
naturopatia *f* 55
nauczyciel *f* 162, 191
nauka *f* 161
naukowiec *f* 190
nawiew powietrza 211
nawigacja satelitarna *f* 195, 201
nawilżana chusteczka odświeżająca *f* 75, 108
nawlekać 277
nawozić 91
nawozić na powierzchni 90
nawóz *m* 91
negatoskop *m* 45
negatyw *m* 271
nektarynka *f* 126
neoklasyczny 301
Nepal 318
Neptun 280
nerka *f* 18, 119
nerw *m* 19, 50
nerw wzrokowy *m* 51
net 231
neurologia *f* 49
nić *f* 276
nić dentystyczna *f* 50, 72
nie 322
nie zginać 98
niebezpieczeństwo *n* 195
niebieski 274
niedoświetlony 271
niedziela *f* 306
niedźwiedź *m* 291
niedźwiedź polarny *m* 291
niegazowana 144
Niemcy 316
niemowlę *n* 23, 30
nieostry 271
niepasteryzowany 137
nieprzytomny 47
nieprzywierający 69
niesolony 137
nieśmiały 25
nietoperz *m* 290

nieudane odbicie przez pałkarza *n* 228
niewinny 181
Niger 317
Nigeria 317
Nikaragua 314
nikiel *m* 289
niski 321
niszczarka 172
noc *f* 305
nocnik *m* 74
noga *f* 12
nokaut *m* 237
nominał *m* 97
norma *f* 233
normalny 39
Norwegia 316
nos *m* 14
nosek (przy pedale) *m* 207
nosidełko *n* 75
nosidełko-gondola 75
nosorożec *m* 291
nosze 94
notacja *f* 256
notatki 191
notes *m* 172, 173
Nowa Zelandia 319
noworodek *m* 53
nowy 321
Nowy Rok *m* 27
nozdrze *n* 14, 290
nożyce 82, 89, 276
nożyce na długich rączkach 88
nożyczki 38, 47
nożyczki do paznokci 41
nożyk do obierania warzyw i owoców *m* 68
nów księżyca *m* 280
nóż *m* 65, 80
nóż do chleba *m* 68
nóż kuchenny *m* 68
nóżka *f* 119
nugat *m* 113
numer *m* 226
numer lotu *m* 213
numer peronu *m* 208
numer pokoju *m* 100
numer rachunku *m* 96
numer trasy *m* 196
numer wyjścia *m* 213
nurkowanie z akwalungiem *n* 239
nuta *f* 256
nylon *m* 277

O

obca waluta 97
obcas *m* 37
obciążenie *n* 244
obcinak do rur *m* 81
obiad *m* 64, 158
obiektyw *m* 167, 270
obierać 67
objazd *m* 195
objętość *f* 165, 311
obojczyk *m* 17

obok 320
obój *m* 257
obraz *m* 62, 261, 274
obręcz *f* 206, 226
obręcze do przywiązywania roślin 89
obrona *f* 181, 220
obrońca *m* 223
obrotomierz *m* 201
obrót *m* 238
obrus *m* 64
obrywać zwiędnięte kwiaty 91
obsada *f* 254
obserwowanie ptaków *n* 263
obsługa nie wliczona 152
obsługa pokoi *f* 101
obsługa wliczona 152
obsydian *m* 288
obszar tee *m* 232
obszary 299
obudzić się 71
obwód *m* 164
ocean *m* 282
Ocean Atlantycki 312
Ocean Indyjski 312
Ocean Południowy 313
Ocean Spokojny 312
ocet *m* 135, 142
ocet balsamiczny *m* 135
ocet słodowy *m* 135
ocet winny *m* 135
ocet winny jabłkowy *m* 135
ochraniacz *m* 74, 224
ochraniacz na nogę *m* 225
ochraniacz szczęki *m* 237
ochraniacze 220
ociekacz *m* 67
ocynkowany 79
oczko *n* 244, 276
oczyszczone krewetki 120
oczyszczony 121
od 320
odbicie piłki poza linie boczne *n* 228
odbierać 177
odbijać 225, 227, 229
odbiór bagażu *m* 213
odbitka *f* 271
odbytnica *f* 21
odcień *m* 41
odcinek *m* 96
odcisk palca *m* 94
oddychanie *n* 47
oddział *m* 175
oddział położniczy *m* 48, 49
oddział dziecięcy *m* 48
oddział intensywnej opieki medycznej *m* 48
oddział pomocy w nagłych wypadkach *m* 48
oddziały 49

oddzielny pokój *m* 48
odebrać (telefon) 99
odejmować 165
odejście wód płodowych *n* 52
odgrzać 154
odholować 195
odkurzacz *m* 77, 188
odległość *f* 310
odloty 213
odnawianie wnętrz *n* 82
odnowa nawierzchni *f* 187
odnóżka *f* 91
odpady organiczne 61
odpływ *m* 61
odpowiadać 163
odpowiedź *f* 163
odprawa celna *f* 212
odra *f* 44
odrosty 39
odtwarzacz CD *m* 268
odtwarzacz DVD *m* 268
odzież *f* 205
odzież damska *f* 34, 105
odzież dziecięca *f* 30
odzież męska *f* 32, 105
odzież nieprzemakalna *f* 267
odzież termoaktywna *f* 267
odznaka *f* 94
odżywka *f* 38
oferty specjalne 106
oficer z wydziału dochodzeniowo-śledczego *m* 94
oglądać telewizję 269
ognisko *n* 266
ogniwo *m* 36
ogon *m* 121, 210, 242, 290, 294
ogonek *m* 297
ogórek *m* 125
ograniczenie prędkości *m* 195
ogrodniczki 30
ogrodnik *m* 188
ogrodzenie *n* 85, 182
ogród *m* 84
ogród francuski *m* 84, 262
ogród na dachu *m* 84
ogród w stylu wiejskim *m* 84
ogród warzywny *m* 85
ogród wodny *m* 84
ogród ziołowy *m* 84
ogródek skalny *m* 84
ogródek warzywny *m* 182
ojciec *m* 22
ojczym *m* 23
okap *m* 58
okienko *n* 96, 98
okiennica *f* 58
oklaskiwać 255
okładzinka *f* 121
okno *n* 58, 177, 186, 197, 209, 210
okno mansardowe *n* 58
oko *n* 14, 51
okra *f* 122
okrąg *m* 164

okręt podwodny *m* 215
okryć mierzwą 91
okrywa roślinna *f* 87
okular *m* 167
okulary 51
okulary ochronne 81, 167
okulary pływackie 238
okulary przeciwsłoneczne 51, 265
okulistyka *f* 49
olej *m* 142, 199
olej arachidowy *m* 135
olej aromatyzowany *m* 134
olej kukurydziany *m* 135
olej migdałowy *m* 134
olej napędowy *m* 199
olej roślinny *m* 135
olej rzepakowy *m* 135
olej sezamowy *m* 134
olej słonecznikowy *m* 134
olej tłoczony na zimno *m* 135
olej z orzecha włoskiego *m* 134
olej z orzechów laskowych *m* 134
olej z pestek winogron *m* 134
oleje 134
olejki eteryczne 55
oliwa z oliwek *f* 134
oliwki 151
ołowiowy 199
ołówek *m* 163, 275
Oman 318
omawiać 163
omlet *m* 158
onkologia *f* 49
onyks *m* 289
opakowanie *n* 111
opal *m* 288
opalać się 264
opalenizna *f* 41
oparcie dla nóg *n* 71
oparcie siedzenia *n* 210
oparzenie *n* 46
oparzenie słoneczne *n* 46
opaska elastyczna na kolano *f* 227
opaska na nadgarstek *f* 230
opaska na włosy *f* 38
opatrunek *m* 47
opera *f* 255
operacja *f* 48
operator *m* 99
opłata manipulacyjna *f* 96
opłata pocztowa *f* 98
opłata za przejazd *f* 197, 209
opłata za wstęp *f* 260
opona *f* 198, 205, 206
opóźnienie *n* 209
oprawka *f* 51
oprogramowanie *n* 176
optyk *m* 51, 189
orać 183
oranżada *f* 144
orbita *f* 280
orchidea *f* 111
oregano *n* 133
organiczny 91, 118, 122

origami *n* 275
orkiestra *f* 254, 256
ortopedia *f* 49
orzech brazylijski *m* 129
orzech laskowy *m* 129
orzech makadamii *m* 129
orzech nerkowca *m* 129
orzech włoski *m* 129
orzech ziemny *m* 129
orzechy 129
orzechy nerkowca 151
orzeł *m* 292
orzeszek piniowy *m* 129
orzeszek pistacjowy *m* 129
orzeszki 151
orzeszki ziemne 151
osa *f* 295
osadowe 288
osełka *f* 81
oset *m* 297
osiem 308
osiemdziesiąt 308
osiemdziesiąty 309
osiemnasty 309
osiemnaście 308
osiemset 308
osioł *m* 185
oskard *m* 187
oskarżenie *n* 94, 180
oskarżony *m* 180, 181
oskarżyciel *m* 180
oskrobany 121
osłona *f* 88
osłona obiektywu *f* 270
osłona oczu *f* 205
osłona okularu *f* 269
osobna łazienka *f* 100
ospa wietrzna *f* 44
osteopatia *f* 54
ostrokrzew *m* 296
ostrosłup *m* 164
ostry (pikantny) 124
ostryga *f* 121
ostrzałka do noży *f* 68, 118
ostrze *n* 66, 78, 89
oszczędności 96
oś *f* 205
ość *f* 121
ośmiokąt *m* 164
ośmiornica *f* 121, 295
ośrodek zdrowia *m* 168
oświetlenie ganku *n* 58
otolaryngologia *f* 49
otręby 130
otwarty 260, 321
otwieracz do butelek *m*
    68, 150
otwieracz do konserw *m* 68
otwór na kartę *m* 97
otwór odpływowy *m* 72
otwór
    odpowietrzający *m* 210
owal *m* 164
owca *f* 185
owies *m* 130
owoc drzewa
    chlebowego *m* 124

owoc opuncji *m* 128
owoce 107, 126, 128
owoce cytrusowe 126
owoce egzotyczne 128
owoce kandyzowane 129
owoce konserwowane 134
owoce morza 121
owoce pestkowe 126
owoce suszone 129
owsianka *f* 156
owulacja *f* 20, 52
ozór *m* 118

Ó
ósmy 309

P
pacha *f* 13
pachołek *m* 187
pachołek cumowy *m* 214
pachwina *f* 12
pacjent *m* 45
pacjent leczony
    ambulatoryjnie *m* 48
paczka *f* 99, 311
paczka papierosów *f* 112
padaczka *f* 44
padok *m* 242
pajacyk *m* 30
pająk *m* 295
pak-choi (kapusta chińska)
    123
Pakistan 318
palcat *m* 242
palczatka cytrynowa *f* 133
palec serdeczny *m* 15
palec środkowy *m* 15
palec u nogi *m* 15
palec wskazujący *m* 15
palenie *n* 112
paleta *f* 186, 274
palik *m* 90, 91
palik (bramki) *m* 225
paliki 89
palma *f* 86, 296
palnik *m* 67
palnik Bunsena *m* 166
palnik gazowy *m* 61
paluch *m* 139
pałeczka *f* 235
pałka *f* 94
pałkarz *m* 228
pamiątki 260
pamięć *f* 176
pamięć RAM *f* 176
pan *m* 23
Panama 314
pancernik *m* 215
panda *f* 291
pani (zamężna) *f* 23
panna *f* 23
państwo *n* 315
Państwo Watykańskie 316
papaja *f* 128
papier firmowy *m* 173
papier ścierny *m* 81, 83
papier toaletowy *m* 72

papier-mâché 275
papierosy 112
papierowa serwetka *f* 154
paproć *f* 86
papryczka chilli *f* 124, 143
papryka *f* 124, 132
Papua-Nowa Gwinea 319
papuga *f* 293
para *f* 24
parada *f* 27
paragon *m* 152
Paragwaj 315
paralotniarstwo *n* 248
parasol *m* 36
parasol plażowy *m* 264
parawan plażowy *m* 265
parecznik *m* 295
park *m* 262
park narodowy *m* 261
park safari *m* 262
parking *m* 298
parkomat *m* 195
parkować 195
parmezan *m* 142
parter *m* 104, 254
partner *m* 23
partner biznesowy *m* 24
partytura *f* 255, 256
pas *m* 12, 236
pas (w spodniach,
    spódnicy) *m* 35
pas bezpieczeństwa *m*
    198, 211
pas dzielący *m* 194
pas narzędziowy *m* 186
pas startowy *m* 212
pas środkowy *m* 194
pas wewnętrzny *m* 194
pas zewnętrzny *m* 194
pasażer *m* 216
Pascha 27
pasek *m* 32, 36, 37
pasek (przy pedale) *m* 207
pasek klinowy *m* 203
pasek menu *m* 177
pasek narzędzi *m* 177
pasek odblaskowy *m* 205
pasek przewijania *m* 177
pasek rozrządu *m* 203
pasmanteria *f* 105
pasmanteria *f* 105
pasta *f* 77
pasta cytrynowa *f* 134
pasta do zębów *f* 72
pastele 274
pasternak *m* 125
pasteryzowany 137
pastować 77
pastwisko *n* 182
pastylka od bólu gardła
    f 109
paszport *m* 213
paszteciki 143
pasztet *m* 142, 156

patchwork *m* 277
patelnia *f* 69
patio *n* 85
patologia *f* 49
pauza *f* 256, 269
paw *m* 293
paznokieć *m* 15
paznokieć u nogi *m* 15
pazur *m* 291
paź *m* 39
październik *m* 306
pączek *m* 111
pąk *m* 297
pchnięcie kulą *n* 234
pedał *m* 61, 206
pedał gazu *m* 200
pedał hamulca *m* 205
pedał nożny 257
pekan *m* 129
peklowany 118, 159, 143
peleryna fryzjerska *f* 38
pelikan *m* 292
pełnia księżyca *f* 280
pełnoziarnisty 131
pełny 266, 321
penis *m* 21
pensja *f* 175
pensjonat *m* 101
peonia *f* 111
pepperoni *m* 142
perfumeria *f* 105
perfumy 41
pergola *f* 84
perkusista *m* 258
perkusja *f* 258
peron *m* 208
personel *m* 175
persymona *f* 128
Peru 315
peruka *f* 39
pestka *f* 127, 128
pestka dyni *f* 131
pestka słonecznika *f* 131
pestycyd *m* 89, 183
pewny siebie 25
pęcherz *m* 20, 46
pęcherzyk jajnikowy *m* 20
pęcherzyk nasienny *m* 21
pędzel *m* 40, 83, 274
pędzel do nakładania
    kleju *m* 82
pędzel tapetowy *m* 82
pędzelek do smarowania
    ciasta *m* 69
pędzelek do ust *m* 40
pępek *m* 12
pępowina *f* 52
piana *f* 148
pianka *f* 113
pianka do golenia *f* 73
piasek *m* 85, 264
piaskowiec *m* 288
piaskownica *f* 263

piasta *f* 206
piątek *m* 306
piąty 309
pidżama *f* 33
piec 67, 138
piec (mięso, ziemniaki) 67
piec na grillu 67
pieczątka *f* 173
pieczenie ciast *n* 69
pieczeń *f* 158
pieczony 159
pieczywo *n* 107, 138, 157
pieczywo chrupkie *n* 139,
    156
pieczywo z dodatkiem
    ziaren *n* 139
pieg *m* 15
piekarnia *f* 114, 138
piekarnik *m* 66
piekarz *m* 139
pielęgnacja niemowlęcia
    f 74
pielęgniarka *f* 45, 48
pielęgniarz *m* 189
pielucha *f* 75
pielucha frotte *f* 30
pielucha jednorazowa *f* 30
pieniądze 97
pień *m* 296
pieprz *m* 64, 152
pieprzyk *m* 14
pieróg *m* 158
pierś *f* 12, 119
pierścionek *m* 36
pierwiosnek *m* 297
pierwsza pomoc *f* 47
pierwsze piętro *n* 104
pierwszy 309
pies *m* 290
piesze wędrówki 263
pietruszka *f* 133
pięciokąt *m* 164
pięciolinia *f* 256
pięć 308
pięćdziesiąt 308
pięćdziesiąt pięć tysięcy
    pięćset 309
pięćdziesiąt tysięcy 309
pięćdziesiąty 309
pięćset 308
pięć *f* 15, 237
pięta *f* 13, 15
piętnasty 309
piętnaście 308
pigułka antykoncepcyjna
    f 21
pigwa *f* 128
pik *m* 273
pikantna kiełbasa *f* 142
piknik *m* 263
pikolo *n* 257
pikowanie *n* 277
pilnik *m* 81
pilnik do paznokci *m* 41
pilot *m* 190, 211, 269
piła do metalu *f* 81

polski

piła ręczna f 80, 89
piła tarczowa f 78
piłka f 75, 221, 224, 226, 228, 230
piłka do krykieta f 225
piłka futbolowa f 220, 222
piłka golfowa f 233
piłka nożna f 222
piłka plażowa f 265
piłka ścięta f 230
piłka wodna f 239
piłkarz m 222
piłować 79
PIN 96
pinceta f 40, 47, 167
pinezka f 173
pingwin m 292
pion m 82
pionek m 272
piosenka f 259
piosenkarz m 191
piórnik m 163
pióro n 293
pipeta f 167
pisać 162
pistolet do klejenia m 78
pistolet natryskowy m 89
pitch (centralna część boiska) 225
piwo n 145, 151
piwo ciemne n 145
piwo gorzkie n 145
pizza f 154
pizzeria f 154
plac m 299
plac budowy m 186
plac zabaw m 263
plakat m 255
plan m 178
plan filmowy m 179
plan metra m 209
plan piętra m 261
planeta f 280, 282
plaster m 47, 119
plaster miodu m 135
plasterek m 119
plastyka f 162
platyna f 289
plaża f 264
plecak m 31, 37, 267
plecy 13
pleć 91
plemnik m 20
plik m 177
plus 165
pluszowa zabawka f 75
Pluton 280
płachta malarska f 83
płacić 153
płakać 25
płaskowyż m 284
płaszcz m 32
płaszcz przeciwdeszczowy m 31, 32
płaszcz ziemski m 282
płaszczka f 120, 294
płatek m 297

płatki śniadaniowe 107, 156
płazy 294
płetwa f 239, 290
płetwa grzbietowa f 294
płetwa piersiowa f 294
płetwy płaszczki 120
płotki 235
płód m 52
płótno n 274
płótno lniane n 277
płuco n 18
płukać 76
płyn m 77
płyn chłodnicowy m 199
płyn do czyszczenia m 51
płyn do kąpieli m 73
płyn do płukania tkanin m 76
płyn do płukania ust m 72
płyn do spryskiwacza m 199
płyn owodniowy m 52
płyn po goleniu m 73
płyta f 283
płyta chroniąca ścianę przed zachlapaniem f 66
płyta DVD f 269
płyta grzejna f 67
płyta grzejna ceramiczna f 66
płyta igłowa f 276
płyta kompaktowa f 269
płyta lotniska f 212
płyta MDF f 79
płyta pilśniowa twarda f 79
płyta wiórowa f 79
płyta wyrzutni rakietowej f 281
płytka f 272
płytka część basenu f 239
płytka nażębna f 50
płytka Petriego f 166
pływać 238
pływać w miejscu 239
pływak m 61, 238
pływanie n 238
pływanie łodzią motorową n 241
pływanie skuterem wodnym n 241
pływanie synchroniczne n 239
pnącze n 87
po 320
pobić rekord 234
pobierać 177
pobijak m 275
pochmurny 286
pochwa f 20
pociąg m 208
pociąg elektryczny m 208
pociąg InterCity m 209
pociąg szybkobieżny m 208
pociąg towarowy m 208
pociąg z lokomotywą parową m 208
pociąg z lokomotywą spalinowo-elektryczną m 208

pocisk m 211
począć 20
początek m 321
poczekalnia f 45
poczta f 98
pocztą lotniczą 98
pod 320
podajnik papieru m 172
podajnik taśmy klejącej m 173
podanie n 226
podatek m 96
podawać 64, 220, 223
podbicie n 15
podbić 227
podbierak m 244
podciągać 251
podejrzany 94, 181
podekscytowany 25
podeprzeć palikiem 91
podeszwa f 15, 37
podgłebie n 91
podium n 235, 256
podjazd m 199
podkaszarka f 88
podkład m 40, 83
podkładka f 80, 233
podkładka pod nakrycie f 64
podkładka pod szklankę f 150
podkoszulek m 33
podkowa f 242
podkręcenie n 230
podlewać 90, 183
podlewanie n 89
podłączony do sieci 177
podłoga f 58, 62, 71
podłokietnik m 200, 210
podniebienie n 19
podnośnik samochodowy m 203
podpałka f 266
podpaska f 108
podpis m 96, 98
podpłomyk m 139
podpora f 187
podpórka f 88, 205, 207
podręcznik m 163
podręczny zestaw narzędzi m 207
podroby 118
podróż służbowa f 175
podstawa f 164
podstawa pod głośnik f 268
podszewka f 32
poduszeczka do szpilek f 276
poduszka f 62, 70
poduszka (na ramieniu) f 35
poduszka do tuszu f 173
poduszka powietrzna f 201
poduszkowiec m 215
podwiązka f 35
podwiązki 35
podwozie n 203, 210
podwójny 151
podwórze n 58, 182
podyplomowy 169
pogoda f 286
pogotowie ratunkowe n 94

pogrzeb m 26
pojazd obsługi lotniska m 212
pojedynczy 151
pojemnik m 311
pojemnik na odpady do recyklingu m 61
pojemnik na owoce i warzywa m 67
pojemnik na soczewki m 51
pojemność f 311
pojutrze 307
pokarm dla zwierząt m 107
poker m 273
pokład m 214
pokład rufowy m 214
pokoje 100
pokolenie n 23
pokój m 58
pokój dwuosobowy m 100
pokój dziecięcy m 74
pokój jednoosobowy m 100
pokrywa bagażnika f 198
pokrywać darnią 90
pokrywka f 61, 66
pokrzywa f 297
pole n 165, 182, 272
pole bramkowe n 223
pole golfowe n 232
pole karne n 223
pole kempingowe n 266
pole wewnętrzne n 228
polecenie zapłaty n 96
polewać polewą 139
polędwica f 121
policja f 94
policjant m 94, 189
policzek m 14
poliester m 277
polityka f 169
polo 243
Polska 316
połączenie n 212
położna f 53
położnik m 52
połów kuszą m 245
południe n 305, 312
Południowy Sudan 317
pomadka f 40
pomarańcza f 126
pomarańczowy 274
pomidor m 125, 157
pomidorek koktajlowy m 124
pomieszczenie do przewijania niemowląt n 104
pomieszczenie gospodarcze n 76
pomiędzy 320
pomnik m 261
pomoc w nagłych wypadkach f 94
pomocnik noszący kije za graczem m 233
pompka f 207, 251

(po)nad 320
poniedziałek m 306
poniżej normy 233
ponton m 215
pończocha 35
pop 259
popcorn 255
popielniczka f 150
popiół m 283
popołudnie n 305
popręg m 242
poprzeczka f 222, 235
por m 15, 125
porada prawna f 180
poradnia f 48
poranek m 305
porażenie prądem n 46
porcelana f 105
porcja f 64
porcja dla dziecka f 153
poręcz f 59, 196
poręcze 235
poręcze asymetryczne 235
poronienie n 52
poroże n 291
poród m 52, 53
poród pośladkowy m 52
poród wspomagany m 53
port m 176, 214, 216
port docelowy m 213
port pasażerski m 216
port rybacki m 217
portfel m 37, 97
portmonetka f 37
porto 145
Portoryko 314
portret m 271
portret pamięciowy m 181
Portugalia 316
pory roku 306
posadzić w doniczce 91
posiłek m 64
posłać łóżko 71
posterunek policji m 94
posterunek straży pożarnej m 95
postój taksówek m 213
poszewka na poduszkę f 71
pościel f 71, 74
pośladek m 13, 16
pośrednik w handlu nieruchomościami m 189
pot-pourri 111
powalenie przeciwnika n 237
powieka f 51
powierzchnia f 310
powiększać 172
powiększenie n 271
powłoka nawierzchniowa f 83
(po)wolny 321
powódź f 287
powyżej normy 233
poza 320
poza boiskiem 226

polski

poza wyznaczonymi trasami 247
poziomnica murarska f 80, 187
pozycja f 232
pozycja jogi 54
pożar m 95
pożyczka f 96
pójść do szkoły 26
pół godziny 304
pół kwarty 311
pół litra 311
półka f 67, 106
półka bagażowa f 209
półki 66
półkula południowa f 283
półkula północna f 283
północ f 305, 312
półpiętro n 59
półpokład m 240
półwysep m 282
później 304
późno 305
praca f 172
praca domowa f 163
praca dyplomowa f 169
praca magisterska/doktorska f 169
praca w ogrodzie f 90
prace 183
pracodawca m 24
pracownia f 166
pracownik f 24
pracownik biura podróży m 190
pracownik budowlany m 186
pracownik poczty m 98
pracownik szczebla kierowniczego m 174
pralka f 76
pralka z suszarką f 76
pralnia chemiczna f 115
pralnia samoobsługowa f 115
pranie n 76
prasa f 178
prasować 76
prawe pole n 229
prawnik m 180, 190
prawo n 169, 180
prażony 129
prąd stały m 60
prąd zmienny m 60
premiera f 254
preparat do demakijażu m 41
prezbiterium n 301
prezent m 27
prezentacja f 174
prezenter m 178
prezenter wiadomości f 179, 191
prezerwatywa f 21
pręcik m 297
prędkościomierz m 201, 204
prętowy wskaźnik poziomu oleju m 202

problemy 271
probówka f 166
procent m 165
procesor m 176
producent m 254
produkty mleczne 107, 136
program m 176, 179, 254, 269
program dnia/zebrania m 174
program dokumentalny m 178
projektant m 191, 277
projektor cyfrowy m 163
prom m 215, 216
prom kosmiczny m 281
promenada f 265
promienie ultrafioletowe 286
promień m 164
propozycja f 174
prosię n 185
proso n 130
prospekt m 254
prosta f 165
prostata f 21
proste (włosy) 39
prosto 260
prostokąt m 164
prostopadła f 165
prostować 39
prostownica do włosów 38
proszek m 77
proszę 322
proteza f 50
protokół m 174
prowadnik nici m 276
prowadzić 195
prowincja f 315
prowizja f 97
próchnica f 50
próg m 258
próżnociąg m 53
pruć 277
prysznic m 72
prysznice 266
prywatny odrzutowiec m 211
pryzma kompostowa f 85
przebicie (opony) n 203, 207
przeciwnik m 236
przeciwprostokątna f 164
przeciwzmarszczkowy 41
przed 320
przedłużacz m 78
przedłużać termin zwrotu 168
przedmioty ścisłe 162, 166
przednia szyba f 198
przednie koło n 196
przedpokój m 59
przedramię n 12
przedwczesny 52
przedwczoraj 307
przedział m 209
przedział sypialny m 209
przegląd m 50
przeglądać 177

przeglądarka f 177
przegrany m 273
przegródka f 100
przegrywać 273
przegrzebek m 121
przejazd dołem m 194
przejście n 106, 168, 210, 254
przejście dla pieszych n 195
przejść na emeryturę 26
przekaz pocztowy m 98
przekąski barowe 151
przekątna f 164
przekładka f 173
przekrój m 282
przelew bankowy m 96
przelotny deszcz m 286
przełomowe wydarzenia 26
przełyk m 19
przepiórka f 119
przepona f 19
przepraszam 322
przepychacz m 81
przerwa f 220, 223
przerwa w dostawie energii elektrycznej f 60
przerzut bokiem m 235
przerzutka f 206
przesiadać się 209
przesiewać 91, 138
przestępca m 181
przestępstwo n 94
przestraszony 25
przestrzeń kosmiczna f 280
przesyłanie strumieniowe 269
przesyłka polecona f 98
przeszkoda f 243
przeszkoda wodna f 232
przeszukiwać 177
prześcieradło n 71, 74
prześwietlenie zęba n 50
prześwietlony 271
przetwornik m 258
przewaga f 230
przewijanie do przodu n 269
przewijanie do tyłu n 269
przewodniczyć 174
przewodnik m 260
przewody 60
przewód fazowy 60
przewód neutralny 60
przewód wytryskowy m 21
przewód zasilający m 176
przez 320
przeziębienie n 44
przybić do portu 217
przybory 38, 165
przybory toaletowe 41
przybudówka f 58
przyciąć 39
przycinać 90, 91
przycisk „stop" m 197
przycisk przywoławczy m 48

przyczepa do przewozu bagażu f 212
przyczepa kempingowa f 266
przyjaciel m 24
przyjaciel korespondencyjny m 24
przyjęcie urodzinowe n 27
przyjęty 48
przyloty 213
przyłożenie n 221
przymierzalnie 104
przynęta f 244
przypora f 301
przyprawiony 159
przyprawy 132
przyprawy ziołowe 133
przysiad m 251
przystanek autobusowy m 197, 299
przystań f 217
przystawka f 153
psie zaprzęgi 247
pstrąg m 120
pstrąg tęczowy m 120
psychiatria f 49
psychoterapia f 55
pszczoła f 295
pszenica f 130, 184
ptaki 292
publiczność f 254
pudding ryżowy m 140
pudełko n 311
pudełko archiwizacyjne n 173
pudełko na sprzęt wędkarski n 244
puder m 40, 109
puderniczka f 40
pulpit m 177
pumeks m 73, 288
punkt m 228, 273
punkt pobierania opłat m 194
punkt wydawania leków m 108
punktualnie 305
purée n 159
pusty 321
pustynia f 285
puszek do pudru m 40
puszka f 145, 311
puszka z farbą f 83
putter m 233
puzon m 257
puzzle f 273
pysk m 293
pytać 163
pytanie n 163

R
rabarbar m 127
rabata obsadzona roślinami wieloletnimi f 85
raca f 240
rachunek m 152

przyczepa do przewozu bagażu f 212
rachunek bieżący m 96
rachunek oszczędnościowy m 97
racquetball 231
radar m 214, 281
radicchio (cykoria sałatowa) 123
radio n 179, 268
radio z budzikiem n 70
radiologia f 49
rafa koralowa f 285
rafting m 241
raja f 294
rajdy samochodowe 249
rajstopy 35
rakieta f 230
rakieta nośna f 281
rakietka f 231
rama f 62, 206
ramadan m 26
ramiączko m 35
ramię n 13
ramka na zdjęcie f 271
ramówka f 178
rampers m 30
rana f 46
rap m 259
raport m 174
ratownik m 239, 265
ratownik medyczny m 94
ratusz m 299
razy 165
rąbek m 34
rączka f 36
rdzenie palmowe 122
reanimacja f 47
recepcja f 100
recepcjonista m 100, 190
recepta f 45
redaktor m 191
refleksologia f 54
reflektor m 50, 198, 205, 259
regał na książki m 63, 168
reggae n 259
region m 315
regulacja ogrzewania f 201
regulator m 239
regulator głosu m 269
regulator przysłony m 270
reiki 55
rejestr karny m 181
rejon m 315
rekin m 294
reklama f 269
rekord m 234
rekord własny m 234
relaks m 55
remis m 223
renesans m 301
reporter m 179
Republika Czeska 316
Republika Dominikańska 314
Republika Południowej Afryki 317

Republika
  Środkowoafrykańska 317
restauracja f 101, 152
return 231
rezerwować 168
rezerwowy 223
reżyser m 254
ręcznik do rąk m 73
ręcznik kąpielowy m 73
ręcznik plażowy m 265
ręczniki 73
ręczny 200
ręka f 13, 15
rękaw m 34, 45
rękaw lotniczy m 212
rękawek do pływania m 238
rękawica f 224, 228, 236, 246
rękawica kuchenna f 69
rękawice bokserskie 237
rękawice ogrodnicze 89
rękawiczka f 233
rękawiczki 30, 36
ring bokserski m 237
robak m 295
robić notatki 163
robić peeling 41
robić rozgrzewkę 251
robienie na drutach n 277
robot kuchenny m 66
roboty drogowe 187, 195
rocznica f 26
(co)roczny 307
rodeo n 243
rodzaje aparatów
  fotograficznych 270
rodzaje autobusów 196
rodzaje gospodarstw
  rolnych 183
rodzaje wędkarstwa 245
rodzice 23
rodzina f 22
rodzynek m 129
rogówka f 51
rok m 306
rokoko n 301
roleta f 63
rolka f 311
rolnik m 182, 189
romans m 255
romb m 164
rondel m 69
rondo n 195
ropucha f 294
rosnąć 139
roślina alpejska f 87
roślina cebulkowa f 86
roślina cieniolubna f 87
roślina doniczkowa f 110
roślina dwuletnia f 86
roślina gruboszowata f 87
roślina jednoroczna f 86
roślina kwitnąca f 297
roślina ozdobna f 187
roślina płożąca f 87
roślina w doniczce f 87
roślina wiecznie zielona f 86

roślina wieloletnia f 86
roślina wodna f 86
rośliny 86, 296
rośliny formowane 87
rośliny ogrodowe 86
rośliny strączkowe 130
rośliny uprawne 184
rośliny zbożowe 130
rough 232
rower m 206
rower górski m 206
rower szosowy m 206
rower treningowy m 250
rower turystyczny m 206
rower wyścigowy m 206
rozbić namiot 266
rozdawać 273
rozdrabniacz odpadków
  m 61
rozdwojone końce 39
rozdzielacz m 203
rozgwiazda f 295
rozkład jazdy m 197, 209, 261
rozkładana kanapa f 63
rozkruszony 132
rozłączony 99
rozmaryn m 133
rozmnażać 91
rozmnażanie n 20
rozmowa na koszt
  odbiorcy f 99
rozmrozić 67
rozpalić ogień 266
rozpuszczalnik m 83
rozpuszczalny 109
rozpylacz m 311
rozrywka domowa f 268
roztwór dezynfekujący
  m 51
rozwarcie n 52
rozwiertak m 80
rozwód m 26
rożek angielski m 257
róg m 291
róg ulicy m 298
równa się 165
równanie n 165
równik m 283
równina f 285
równoległa f 165
równoległobok m 164
równowaga f 230
równoważnia f 235
róż m 40
róża f 110
różowy 145, 274
różyczka f 122
rtęć f 289
rubin m 288
ruch m 239, 273
ruch jednokierunkowy
  m 298
ruch uliczny m 194
rudy 39
rufa f 240
rugby n 221

rukiew wodna f 123
rukola f 123
rum m 145
rum z colą m 151
rumpel m 240
rumsztyk m 119
Rumunia 316
runda f 228, 237
rura f 202
rura doprowadzająca f 61
rura górna ramy f 207
rura odprowadzająca f 61
rura przelewowa f 61
rura ściekowa f 61
rura wychodowa f 203, 204
rurka f 239
rusztowanie n 186
Rwanda 317
ryba wędzona f 143
ryba z frytkami f 155
rybak m 189
ryby 107, 120, 294
rycina f 275
rydel ogrodniczy m 89
rynek m 115
rynna f 58
rynsztok m 299
rysować 162
rysunek m 275
rytm m 259
ryż m 130, 158, 184
ryż biały m 130
ryż brązowy
  (niełuskany) m 130
ryż dziki m 130
ryż okrągłoziarnisty m 130
rząd m 210, 254
rzeczy do prania 76
rzeka f 284
rzemiosło artystyczne n
  274, 276
rzepa f 124
rzepak m 184
rzepka f 17
rzeźbiarstwo n 275
rzeźbiarz m 191
rzeźbić 79
rzeźnik m 118, 188
rzęsa f 14, 51
rzodkiewka f 124
rzucać 221, 225, 227, 229
rzucić kotwicę 217
rzut m 237
rzut dyskiem m 234
rzut karny f 222
rzut na łopatki
  m 237
rzut oszczepem m 234
rzut rożny m 223
rzut sędziowski m 226
rzut wolny m 222

S

sadzić 183
Sahara 313
Sahara Zachodnia 317

Saint Kitts i Nevis 314
Saint Lucia 314
Saint Vincent i Grenadyny
  314
saksofon m 257
sala f 48
sala kinowa f 255
sala konferencyjna f 174
sala operacyjna f 48
sala sądowa f 180
salamandra f 294
salami n 142
salon m 62
salto n 235
Salwador 314
sałata f 123
sałatka f 149, 158
samochodowy zestaw
  audio m 201
samochód m 198, 200, 202
samochód ciężarowy m
  194
samochód elektryczny 199
samochód policyjny m 94
samochód sportowy m
  198
samochód z częścią
  mieszkalną m 266
samochód z kierownicą po
  lewej stronie m 201
samochód z kierownicą po
  prawej stronie m 201
samochód z napędem na
  cztery koła m 199
samochód z wózkiem
  holowniczym m 203
samolot m 210
samolot lekki m 211
samolot pasażerski m
  210, 212
samoobrona f 237
samoopalacz m 41
San Marino 316
sandał m 37
sandały 31
sandwicz klubowy m 155
saneczkarstwo n 247
Sardynia 316
sardynka f 120
sarnina f 118
satelita m 281
Saturn 280
sauna f 250
sąd przysięgłych m 180
sąsiad m 24
scena f 254
scenariusz m 254
schody 59
schody ruchome 104
schodzenie po linie 248
schowek bagażowy m
  210
scrabble m 272
secesja f 301
sedan m 199
sedes m 72

segment (w zabudowie
  szeregowej) m 58
segregator z
  mechanizmem m 173
sekator m 89
sekunda f 304
sekundnik m 304
selektor ściegów m 276
seler m 122
seler korzeniowy m 124
Senegal 317
ser m 136, 156
ser brie m 142
ser cheddar m 142
ser edam m 142
ser kozi m 142
ser manchego m 142
ser miękki m 136
ser mozzarella m 142
ser niebieski m 136
ser półmiękki m 136
ser półtwardy m 136
ser twardy m 136
Serbia 316
serce n 18, 119
sercówka f 121
serek śmietankowy m 136
serial telewizyjny m 178
serw m 231
serwer m 176
serwetka f 65
serwować 231
set m 230
setny 309
sezonowy 129
sędzia m 180, 222, 225, 226 229, 230
sędzia liniowy m 220, 223, 230
shaker m 150
sherry 145
siać 90, 183
siano n 184
siarka f 289
siatka f 222, 236, 227, 231
siatka do przetrzymywania
  ryb f 244
siatkówka f 51, 227
siatsu 54
sieć f 176, 217
sieć kolejowa f 209
siedem 308
siedemdziesiąt 308
siedemdziesiąty 309
siedemnasty 309
siedemnaście 308
siedemset 308
siedzenie n 210
siedziba główna f 175
siedzisko n 242
siekacz m 50
sierp księżyca m 280
sierpień m 306
Sierra Leone 317
silnik m 88, 202, 204, 210
silnik przyczepny m 215
silnik sterujący m 281

silos m 183
siłownia f 101
Singapur 319
singel m 230
siniak m 46
siodełko n 204, 206
siodło n 242
siodło damskie n 242
siostra f 22
siostrzenica f 23
siostrzeniec m 23
siódmy 309
sitko n 68, 89
sito n 89
sitowie n 86
siwy 39
skafander kosmiczny m 281
skakać 227
skakać do wody 238
skakanie przez skakankę n 251
skaleczenie n 46
skalpel m 81, 167
skały 284, 288
skaner m 176
skarga f 94
skarpetki 33
skierowanie n 49
sklejka f 79
sklep m 298
sklep fotograficzny m 115
sklep meblowy m 115
sklep mięsny m 114
sklep monopolowy m 115
sklep obuwniczy m 114
sklep owocowo-
warzywny m 114
sklep rybny m 114, 120
sklep spożywczy m 114
sklep wolnocłowy m 213
sklep z antykami m 114
sklep z artykułami
plastycznymi m 115
sklep z płytami m 115
sklep z rzeczami
używanymi m 115
sklep z upominkami m 114
sklep ze słodyczami m 113
sklep ze zdrową
żywnością m 115
sklep zoologiczny m 115
sklep żelazny m 114
sklepienie n 300
sklepienie stopy n 15
sklepy 114
skoczek m 238
skok m 235, 237, 243
skok do wody m 239
skok do wody z
trampoliny m 239
skok narciarski m 247
skok o tyczce m 234
skok startowy m 239
skok w dal m 235
skok wzwyż m 235
skoki na bungee 248

skoki przez przeszkody 243
skończyć studia 26
skorpion m 295
skorupa f 293
skorupa ziemska f 282
skorupka f 137
skóra f 14, 119, 205
skóra barania m 74
skóra głowy f 39
skórka f 15, 119, 126, 127,
128, 136, 139, 142
skręcenie m 46
skrobać 77
skroń f 14
skrzele n 294
skrzydełko n 119
skrzydło n 210, 293
skrzynia biegów f 202, 204
skrzynia przekładniowa
f 202
skrzynka bezpiecznikowa f
60, 203
skrzynka do wysiewu
nasion f 89
skrzynka na listy f 58, 99
skrzynka odbiorcza f 177
skrzynka pocztowa f 99
skrzynka uciosowa f 81
skrzynka z narzędziami f 80
skrzypce 256
skrzyżowanie n 194, 298
skurcz m 52
skurcze 44
skuter m 205
skuter śnieżny m 247
skutki uboczne 109
slalom m 247
slalom gigant m 247
slipy 33
słaby 321
słodka bułka f 157
słodki 124, 127, 155
słodkie produkty do
smarowania 134
słodycze 107, 113
słoik m 134, 311
słoik szczelnie
zamknięty m 135
słomka f 144, 154
słonecznik m 184, 297
słonecznik bulwiasty m 125
słoneczny 286
słony 155
słoń m 291
Słońce n 280
słońce n 286
Słowacja 316
Słowenia 316
słownik m 163
słuchawka f 99
słuchawka prysznicowa f 72
słuchawki 268
słupek m 298
słupek bramki m 220, 222
słynne ruiny 261
smartfon 99, 176
smażony 159

smażony na patelni 159
smażony w głębokim
tłuszczu 159
smażyć 67
smażyć w małej ilości
tłuszczu 67
smecz m 231
smoczek m 75
SMS 99
smutny 25
snooker m 249
snowboarding m 247
sobota f 306
soczewica brązowa f 131
soczewica czerwona f 131
soczewka f 51
soczewki kontaktowe 51
soczysty 127
soja f 131
sok ananasowy m 149
sok jabłkowy m 149
sok owocowy m 127, 156
sok pomarańczowy m 148
sok pomidorowy m 144,
149
sok winogronowy m 144
sok i koktajle mleczne 149
sokół m 292
sola dover f 120
sola lemon (złocica) f 120
solony 121, 129, 137, 143
Somalia 317
sonata f 256
sonda f 50
sopel m 287
sorbet m 141
sortownik m 61
sos m 134, 143, 155, 158
sos pomidorowy m 154
sosna f 296
sowa f 292
sól f 64, 152
spadochron m 248
spadochroniarstwo n 248
spalony 223
spanie n 74
sparing m 237
spinacz m 173
spinka do mankietu f 36
spisać testament 26
spławik m 244
spłuczka f 61
spłukać 38
spodnie 32, 34
sportowiec m 191
sporty 236, 248
sporty rakietowe 231
sporty walki 236
sporty wodne 241
sporty zimowe 247
sposób użycia m 109
spódnica f 30, 34
sprawa sądowa f 180
sprawiony kurczak m 119
spray m 109
sprężyna łóżkowa f 71
sprinter m 234

spryskiwać 91
sprzątacz m 188
sprzątanie pokoi n 101
sprzedawca m 104, 188
sprzedawca ryb m 188
sprzedawca warzyw i
owoców m 188
sprzęgło n 200, 204
sprzęt m 233, 238
sprzęt do sprzątania m 77
sprzęt komputerowy m
176
sprzęt kuchenny m 68,
105
sprzęt oświetleniowy m
105
sprzęt wędkarski m 245
squash m 231
srebro n 235, 289
Sri Lanka 318
ssaki 290
stabilizatory 207
stacja benzynowa f 199
stacja kosmiczna f 281
stacja radiowa f 179
stadion m 223
stado n 183
stajenny m 243
stajnia f 185, 243
stal nierdzewna f 79
stalówka f 163
stanowisko odprawy n
213
stanowisko pitchera m 228
Stany Zjednoczone
Ameryki 314
start m 269
startować 211
stary 321
stary model m 199
statecznik pionowy m 210
statecznik poziomy m 210
statek m 214
statki 215
statuetka f 260
statyw m 270, 281
statyw laboratoryjny m
166
staw m 17, 85
stek m 121
stelaż m 267
stempel pocztowy m 98
stenograf m 181
step m 285
stepper m 250
ster m 210, 241
stereo n 269
sterować 240
sterylny 47
stetoskop m 45
steward m 210
stewardesa f 190, 210
stęp m 243
sto 308
sto dziesięć 308
sto tysięcy 309
stocznia f 217

stodoła f 182
stoisko uliczne n 154
stojak m 166
stojak do tablicy 174
stojak na rowery m 207
stok m 284
stok narciarski m 246
stolarstwo n 275
stolarz m 188
stolica f 315
stolik m 62, 148, 210, 268
stolik nocny m 70
stolik przedmiotowy m
167
stolik śniadaniowy m 156
stołek barowy m 150
stołówka f 168
stop 269
stopa f 12, 15, 310
stopa kwadratowa f 310
stopa procentowa f 308
stoper m 166, 234
stopień m 163
stopień naukowy m 169
stopka f 276
stosunek płciowy m 20
stożek m 164
stół m 64
stół do nakładania
kleju m 82
stół mikserski m 179
stół warsztatowy m 78
strach na wróble m 184
stratosfera f 286
straż pożarna f 95
straż przybrzeżna f 217
strażacy 95
strażak m 189
strażnik m 189
strażnik więzienny m 181
strąk m 122
strefa f 315
strefa ataku f 224
strefa końcowa f 220,
221
strefa neutralna f 224
strefa obrony f 224
strefa piesza f 299
strefa przemysłowa f 299
strefy 283
stres 55
strona internetowa f 177
strug m 81
strugać 79
strumień m 285
strumień wody m 95
struna f 258
struny głosowe 19
struś m 292
strych m 58
strzała f 249
strzelać 223, 227
strzelectwo n 249
strzelić gola 223
strzemię n 242
strzępiel m 120
strzykawka f 109, 167

student *m* 169
studio nagraniowe *n* 179
studio telewizyjne *n* 178
studzienka *f* 299
studzienka włazowa *f* 299
styczeń *m* 306
styl grzbietowy *m* 239
style 239, 301
style muzyczne 259
style ogrodów 84
stypendium *n* 169
Suazi 317
suche kwiaty 111
suchy 39, 41, 130, 286, 321
suchy dok *m* 217
Sudan 317
sufit *m* 62
suflet *m* 158
sukienka *f* 31, 34
suknia ślubna *f* 35
suknia wieczorowa *f* 34
sułtanka *f* 129
sumo *n* 237
supermarket *m* 106
suplement *m* 55
surfing *m* 241
surfingowiec *m* 241
Surinam 315
surowe mięso *n* 142
surowy 124, 129
surówka *f* 158
suszarka bębnowa *f* 76
suszarka do włosów *f* 38
suszona śliwka *f* 129
suszone owoce 156
suszony 129
suszyć 76
sutek *m* 12
suterena *f* 58
sweter *m* 33
sweter rozpinany *m* 32
swobodny *m* 33, 34
Syberia 313
Sycylia 316
sygnał *m* 209
symfonia *f* 256
syn *m* 22
synagoga *f* 300
synowa *f* 22
syntetyczny 31
sypialnia *f* 70
syrena *f* 94
Syria 318
syrop *m* 109
syrop klonowy *m* 134
system *m* 176
szabla *m* 236, 241
szablon *m* 83
szachownica *f* 272
szachy 272
szafa *f* 70
szafir *m* 288
szafka *f* 66
szafka na dokumenty *f* 172
szafki 239
szafran *m* 132

szalik *m* 31
szalka *f* 310
szalotka *f* 125
szałwia *f* 133
szampan *m* 145
szampon *m* 38
szary 274
szczaw *m* 123
szczebelki 74
szczenię *n* 290
szczepić 91
szczepienie *n* 45
szczęka *f* 14, 17
szczęśliwy 25
szczotkować *f* 50
szczoteczka do brwi *f* 40
szczoteczka do zębów *f* 72
szczotka *f* 38, 77
szczotka do mycia pleców *f* 73
szczotka do WC *f* 72
szczur *m* 290
szczypce 150, 167
szczypce długie 80
szczypce do cięcia drutu 80
szczypce do ściągania izolacji 81
szczypiorek *m* 133
szczyt *m* 300
szef kuchni *m* 152
szermierka *f* 249
szeroki 321
szerokość *f* 165
szerokość geograficzna *f* 283
szesnasty 309
szesnaście 308
sześcian *m* 164
sześciokąt *m* 164
sześć 308
sześćdziesiąt 308
sześćdziesiąty 309
sześćset 308
szew *m* 34
szkatułka na biżuterię *f* 36
szkic *m* 275
szkicownik *m* 275
szkielet *m* 17
szkiełko *n* 167
szklanka *f* 65
szklanki 150
szklarnia *f* 85
szkliwo *n* 50
szkła 51
szkło *n* 64, 69
szkocka z wodą *f* 151
szkoła *f* 162, 299
szkoła muzyczna *f* 169
szkoła tańca *f* 169
szkoły 169
szlafrok *m* 31, 32, 35, 73
szlifierka *f* 78
szlifować (papierem ściernym) 82
szmaragd *m* 288

sznur do bielizny *m* 76
sznur pereł *m* 36
sznurówka *f* 37
szop pracz *m* 290
szopa *f* 84
szorować 77
szorty 30, 33
szot *m* 241
szósty 309
szpachla *f* 82
szpagat *m* 89
szparagi 124
szpatułka *f* 167
szpic *m* 36
szpikulec *m* 68
szpilka *f* 276
szpilka do krawata *f* 36
szpilka do włosów *f* 38
szpinak *m* 123
szpital *m* 48
szpon *m* 293
szprycha *f* 207
szpulka *f* 276
szpulka nici *f* 276
szpulka z filmem *f* 271
szron *m* 287
sztaluga *f* 274
sztanga *f* 251
sztućce 64, 65
sztuka *f* 254
sztuki 275
sztuki walki 237
sztyca podsiodłowa *f* 206
szufelka *f* 77
szufla *f* 187
szuflada *f* 66, 70, 172
szukaj 177
szwagier *m* 23
szwagierka *f* 23
Szwajcaria 316
Szwecja 316
szwy 52
szyba ochronna *f* 205
szyberdach *m* 202
szybki 321
szybowiec *m* 211, 248
szybownictwo *n* 248
szyć 277
szydełko *n* 277
szydełkowanie *n* 277
szyja *f* 12
szyjka macicy *f* 20, 52
szyna *f* 47, 208
szynka *f* 119, 143, 156
szynka prosciutto *f* 143

Ś

ściana *f* 58, 186
ściąć 38
ścieg *m* 277
ścierać kurz 77
ścierka do kurzu *f* 77
ścieżka *f* 58, 85
ścieżka do jazdy konnej *f* 263

ścieżka dźwiękowa *f* 255
ścieżka rowerowa *f* 206
ścięgno *n* 17
ścięgno Achillesa *n* 16
ścięgno podkolanowe *n* 16
śledzie wędzone 157
śledziona *f* 18
śledztwo *n* 94
ślimak *m* 295
ślimak nagi *m* 295
śliniaczek *m* 30
śliwka *f* 126
ślub *m* 26, 35
śmiać się 25
śmietana *f* 137, 157
śmietana kremowa *f* 137
śmietana kwaśna *f* 137
śmietnik *m* 266
śmigło *n* 211
śniadanie *n* 64, 156
śniadanie angielskie *n* 157
śnieg *m* 287
śnieg z deszczem *m* 286
śpioszki 30
śpiwór *m* 267
średnica *f* 164
środa *f* 306
środek *m* 122, 164
środek antyseptyczny *m* 47
środek chwastobójczy *m* 91
środek konserwujący *m* 83
środek odstraszający owady *m* 108, 267
środek przeciwbólowy *m* 109
środek przeciwzapalny *m* 109
środek przeczyszczający *m* 109
środek tarczy *m* 273
środek uspokajający *m* 109
środek wybielający *m* 77
środki do pielęgnacji skóry 108
środki przeciwbólowe 47
środkowe pole *n* 228
środowisko *n* 280
śruba *f* 80
śruba napędowa *f* 214
śruba ogniskowania *f* 167
śrubokręt krzyżowy *m* 80
śruta pszenna *f* 130
świadek *m* 180
światła 94
światła awaryjne 201
światło *n* 178, 207
światło do czytania *n* 210
światło odblaskowe *n* 204, 207
światło sygnalizatora *n* 194
światło tylne *n* 204, 207
światłomierz *m* 270

świątynia *f* 300
świeca zapłonowa *f* 203
świeczki urodzinowe 141
świerszcz *m* 295
świeże owoce 157
świeży 121, 127, 130
świeży ser *m* 136
święta 27
Święto Dziękczynienia 27
świnia *f* 185
świnka *f* 44
świt *m* 305

T

tablet 176
tabletka *f* 109
tabletka na sen *f* 109
tabletki przeciw chorobie lokomocyjnej 109
tablica *f* 226
tablica flipchart *f* 174
tablica lotów *f* 213
tablica narzędziowa *f* 78
tablica ogłoszeń *f* 173
tablica rejestracyjna *f* 198
tablica wynikowa *f* 225
tabliczka czekolady *f* 113
taca *f* 152, 154
taca ze śniadaniem *f* 101
tacka na korespondencję przychodzącą *f* 172
tacka na korespondencję wychodzącą *f* 172
taczka *f* 88
Tadżykistan 318
taekwondo 236
tai chi 236
Tajlandia 318
Tajwan 319
tak 322
takielunek *m* 215, 240
taksówkarz *m* 190
takt *m* 256
talerz *m* 65
talerz głęboki *m* 65
talerz płytki *m* 65
talerze 257
talerzyk *m* 65
talia kart *f* 273
talk *m* 73
tamburyn *m* 257
tampon *m* 108
tancerz *m* 191
tandem *m* 206
tangelo 126
tankowiec *m* 215
Tanzania 317
tapeciarz *m* 82
tapeta *f* 82, 177
tapeta do malowania *f* 83
tapeta wytłaczana *f* 83
tapetować 82
tapioka *f* 124
tarcza *f* 293
tarcza do gry w rzutki *f* 273
tarcze rogowe 293

polski

tarczyca f 18
tarka f 68
tarta f 142
tarty ser m 136
tasak m 68
Tasmania 319
tasować 273
taśma f 106
taśma izolacyjna f 81
taśma klejąca f 47, 173
taśma maskująca f 83
taśma miernicza f 80
taśmociąg bagażowy m 212
tatuaż m 41
tą stroną do góry 98
tchawica f 18
teatr m 254, 299
technik dźwięku m 179
techniki 79
teczka f 37
teczka harmonijkowa f 173
teczka szkolna f 162
teczka zawieszana f 173
tekst m 259
tektura f 275
telefon m 99
telefon alarmowy m 195
telefon bezprzewodowy m 99
telefon komórkowy m 99
telefon z aparatem 270
telegram m 98
telenowela f 178
teleobiektyw m 270
teleprompter m 179
teleskop m 281
teleturniej m 178
telewizja kablowa f 269
telewizor
    płaskoekranowany 269
tematyczny park
    rozrywki m 262
temblak m 46
temperatura f 286
temperówka f 163
tenis m 230
tenisówka 37
tenis stołowy m 231
tequila f 145
terapeuta m 55
terapia grupowa f 55
terapia
    niekonwencjonalna f 54
teraz 304
termin stawienia się w
    sądzie m 180
terminal m 212
terminal kontenerowy m 216
terminal promowy m 216
terminarz m 175
termit m 295
termofor m 70
termometr m 45, 167

termos m 267
termosfera f 286
termostat m 61
terpentyna f 83
terytorium n 315
test ciążowy m 52
teściowa f 23
teść m 23
tęcza f 287
tęczówka f 51
tętnica f 19
tętno n 47
thriller m 255
tie-break 230
Timor Wschodni 319
tkactwo n 277
tkanina f 277
tłuczek m 68, 167
tłuczek do mięsa m 68
tłuczek do ziemniaków m 68
tłumik m 203, 204
tłusty 39, 41
tłuszcz m 119
toaleta f 61
toaletka f 71
toalety 104, 266
toczyć 79
toffi n 113
toga f 169
Togo 317
ton m 256
tona (metryczna) f 310
tonąć 239
tonik m 41, 144
topaz m 288
topola f 296
topór m 95
tor m 209, 234, 238
tor gry m 232
tor wyścigowy m 243
torba f 291
torba golfowa f 233
torba na listy f 98, 190
torba na zakupy f 106
torba plażowa f 264
torba podróżna f 37
torba z przyborami do
    przewijania f 75
torby 37
torebka f 37
torebka herbaty
    ekspresowej f 144
torebka na ramię f 37
torebki 37
tornado n 287
tort urodzinowy m 141
tort weselny m 141
tortilla f 155
tost m 157
toster m 66
traktor m 182
trampolina f 235, 238
tramwaj m 196, 208
transakcja handlowa f 175
transatlantyk m 215
transformator m 60

transport m 194
trap m 214
trapez m 164
trasa f 260
trasa narciarska f 246
tratwa ratunkowa f 240
trawa f 86, 262
trawnik m 85, 90
trąbka f 291
trąbka f 257
trefl m 273
trekking m 243
tren m 35
trenażer eliptyczny m 250
trener osobisty m 250
trening kondycyjny m 251
trenować 251
trochę, kilka 320
trolejbus m 196
tropik m 266
troposfera f 286
trójkąt m 164, 257
trójnóg m 166
trudny 321
trufla f 113, 125
truskawka f 127
trwała f 39
tryktrak m 272
trymestr m 52
Trynidad i Tobago 314
trzcina cukrowa f 184
trzeci 309
trzeć 67
trzepaczka f 68
trzęsienie
    ziemi n 283
trzonek m 187
trzustka f 18
trzy 308
trzydrzwiowy 200
trzydziesty 309
trzydzieści 308
trzynasty 309
trzynaście 308
trzysta 308
tuba f 257
tubka f 311
tulipan m 111
Tunezja 317
tuńczyk m 120
turbosprężarka f 203
Turcja 316
Turkmenistan 318
turkus m 289
turmalin m 288
turniej m 230, 233
turysta m 260
tusz m 275
tusz do rzęs m 40
tutu 191
twardy 129, 321
twarożek m 136
twarz f 14
tydzień m 306
tygiel m 166

(co)tygodniowy 307
tygrys m 291
tylne koło n 197
tylne siedzenie n 200
tylne siodełko n 204
tymianek m 133
tynk m 83
tynkować 82
typy 199, 205
typy pociągów 208
typy roślin 86
tysiąc 309
tysiąc dziewięćset dziesiąty 307
tysiąc dziewięćset pierwszy 307
tysiąc dziewięćsetny 307
tysiąclecie n 307
tytoń m 112, 184
tytuł m 168
tytuły grzecznościowe 23

U

ubezpieczenie n 203
ubijać 67
ubranie
    nieprzemakalne n 245
ucho n 14
uchwyt m 78, 88, 106, 230
uchwyt na stopę m 241
uczelnia wyższa f 168
uczennica f 162
uczeń m 162
uczucia 25
uczyć się 163
udar m 44
uderzenia 231
uderzenie n 233, 237
uderzenie nogami n 239
uderzenie z boku n 230
uderzyć 224
uderzyć piłkę na greenie 233
uderzyć piłkę z obszaru tee 233
uderzyć piłkę z podkładki 233
udko n 119
udo n 12
udziały 97
Uganda 317
uginanie przedramion n 251
ugryzienie n 46
ujeżdżanie n 243
ujście rzeki n 285
układ hormonalny n 19
układ krążenia m 19
układ limfatyczny m 19
układ moczowy m 19
układ nerwowy m 19
układ oddechowy m 19
układ pokarmowy m 19
układ rozrodczy m 19
Układ Słoneczny m 280
układ sterowania m 201, 204

układy narządów 19
Ukraina 316
ulica f 298
uliczka f 298
ulotki
    informacyjne 96
ułamek m 165
ulica jednokierunkowa 194
ułożyć 38
umówione spotkanie n 175
umrzeć 26
umyć 38
umywalka f 38, 50, 72
uncja f 310
uniewinniony 181
uniwersytet m 299
uprawa f 183
uprawiać 91
Uran 280
uraz głowy m 46
uraz kręgosłupa
    szyjnego spowodowany
    szarpnięciem m 46
urazy 46
urlop m 212
uroczystości 27
uroczystość f 140
uroczystość wręczenia
    dyplomów f 169
uroda f 40
urodzić się 26
urodziny 27
urologia f 49
Urugwaj 315
urządzenia 66
urządzenia nagłaśniające 209
urządzić (ogród) 91
urzędnik sądowy m 180
USG 48, 52
usługi pralnicze 101
usta 14
ustawiać ostrość 271
ustawienie zapłonu n 203
usunięcie n 50
usunięcie z boiska n 223
usuwanie odpadów n 61
uszczelka f 61
uszczelniacz m 83
uśmiech m 25
utwardzone pobocze n 194
uwertura f 256
Uzbekistan 318
uzda f 242
uziemienie n 60
użądlenie n 46

V

Vanuatu 319

W

w 320
w ciąży 52
w kierunku 320
w koszulce (jajko) 159

w lewo 260
w oleju 143
w prawo 260
w przyszłym tygodniu 306
w sosie 159
w syropie 159
w środku 320
w tym tygodniu 307
w zalewie solnej 143
w zeszłym tygodniu 307
waciki 41
waga f 45, 69, 98, 118, 166, 310
waga sprężynowa f 166
wagon m 208
wagon restauracyjny m 209
wagonik kolejki linowej m 246
walec m 164, 187
walet m 273
walka f 237
waltornia f 257
wał napędowy m 202
wałek m 69, 83
wałkować 67
wanilia f 132
wanna f 72
wapień m 288
wapń m 109
warcaby 272
warga f 14
wargi sromowe 20
warkocz m 39, 280
warstwa górna/uprawna f 85
warstwa ozonowa f 286
warsztat m 78
warzywa 107, 122, 124
wazon m 63, 111
ważka f 295
ważyć 310
wąski 321
wąsy 39, 290
wątroba f 18
wątróbka f 118
wąwóz m 284
wąż m 293
wąż ogrodowy m 89
wąż ssący m 77
wąż strażacki m 95
wbicie piłki do dołka za jednym uderzeniem n 233
wbijać 79
wbudowana szafa f 71
wchodzić na pokład 217
wciągać 245
wcześnie 305, 320
wczoraj 306
weekend m 306
wejście n 59
wek 135
welon m 35
wełna f 277
wełna stalowa f 81
Wenezuela 315
wentyl m 207
wentylator m 60, 202

Wenus 280
werbel m 257
werdykt m 181
wesele n 26
wesołe miasteczko n 262
westchnąć 25
western m 255
weterynarz m 189
wewnątrz 320
wezgłowie n 70
wezwanie do sądu n 180
wędka f 244
wędkarstwo n 244, 245
wędkarstwo dalekomorskie n 245
wędkarstwo morskie n 245
wędkarstwo muchowe n 245
wędkarstwo słodkowodne n 245
wędkarstwo sportowe n 245
wędkarz m 244
wędliny 143
wędzidło n 242
wędzisko n 245
wędzony 118, 121, 143, 159
węgiel m 275, 288
węgiel drzewny m 266
węgorz m 294
Węgry 316
whisky 145
wiaderko n 77, 265
wiaderko z lodem n 150
wiadomości 100, 178
wiadomość głosowa f 99
wiadro n 82
wiadukt m 194
wiata na przystanku autobusowym f 197
wiatr m 241, 286
wiąz m 296
wiązadło n 17
wibrafon m 257
wichura f 286
widelec m 65, 153, 207
widelec do mięsa m 68
widełki ogrodnicze 89
wideofon m 99
widły 88
widzowie 233
wieczór m 305
wiek m 307
wielbłąd m 291
Wielka Brytania 316
Wielkanoc 27
wieloryb m 290
wieniec m 111
wieprzowina f 118
wiercić 79
wiertarka akumulatorowa f 78
wiertarka elektryczna f 78
wiertarka ręczna f 81
wiertła 80

wiertła do drewna 80
wiertło n 50, 78
wiertło do betonu n 80
wiertło do drewna piórowe n 80
wiertło do metalu n 80
wierzba f 296
wierzchołek m 165
wieszak m 70
wieszak na ręczniki m 72
Wietnam 318
wietrzny 286
wiewiórka f 290
wieża f 272, 300
wieża kontroli lotów f 212
wieża ratownika f 265
wieżyczka f 300
więzienie n 181
wi-fi 269
wilgotny 286
wilk m 290
winda f 59, 100, 104
winda kotwiczna f 214
windsurfing m 241
winnica f 183
winny 181
wino n 145, 151
winogrona 127
winorośl f 183
wiolonczela f 256
wiosło n 241
wiosłować 241
wiosna f 307
wioślarz m 241
wioślarz treningowy m 250
wiórki 132
wióry 78
wirować 76
wirówka f 76
wirus m 44
wisiorek m 36
wiszący kosz kwiatów m 84
wiśnia f 126
witaminy 108
witlinek m 120
wiza f 213
wizjer m 271
wizyta f 45
wjazd m 194
wjazd dla wózków inwalidzkich m 197
wkładka domaciczna f 21
wkładka higieniczna f 108
wkładki 53
wkrętak m 80
wlot m 61
włamanie m 94
właściciel wynajmowanej nieruchomości m 58
właz m 281
włącznik m 60
włącznik świateł m 201
włączyć telewizor 269
Włochy 316
włosy 14, 38
włożyć (brudną bieliznę do pralki) 76

włókno naturalne n 31
wnętrze n 200
wnuczka f 22
wnuk m 22
wnuki 23
woda f 144, 238
woda mineralna f 144
woda sodowa f 144
woda toaletowa f 41
woda w butelce f 144
woda z kranu f 144
wodery 244
wodolot m 215
wodospad m 285
wodze 242
wok m 69
wokół 320
wolej 231
wolne miejsca 266
wolny 321
wołowina f 118
woreczek do dekorowania m 69
worek m 311
worek foliowy m 122
worek na ściętą trawę m 88
worek treningowy m 237
wosk m 41
woźny sądowy m 180
wódka f 145, 150
wódka z sokiem pomarańczowym 151
wóz strażacki m 95
wózek m 48, 100, 106, 208, 213
wózek dziecięcy m 75
wózek golfowy m 232, 233
wózek inwalidzki m 48
wózek spacerowy m 75
wózek widłowy m 186, 216
wózek z deserami m 152
wpłacać 96
wrażliwy 41
wrona f 292
wróbel m 292
wrzesień m 306
wrzos m 297
wrzut m 226
wrzut z autu 223
wschód m 312
wschód słońca m 305
wskazówka godzinowa f 304
wskazówka minutowa f 304
wskazówki 260
wskaźnik paliwa m 201
wskaźnik temperatury m 201
wspinaczka lodowa f 247
wspinaczka skalna f 248
wstać 71
wstążka f 27, 39, 111, 141, 235

wstrząs m 47, 283
wstrząs mózgu m 46
wstrząśnięty 25
wszechświat m 280
wtorek m 306
wtyczka f 60
wujek m 22
wulkan m 283
wybieranie poczty n 98
wybrać (numer) 99
wybrzeże m 285
Wybrzeże Kości Słoniowej 317
wybuchnąć 283
wychowanie fizyczne n 162
wyciąg m 66
wyciąg krzesełkowy m 246
wyciągać 251
wycieraczka f 59, 198
wycierać 77
wyciskacz do czosnku m 68
wyciskanie na klatkę piersiową f 251
wyciskanie nogami m 251
wyczyścić zęby nicią dentystyczną 50
wydra f 290
wydrążacz do jabłek m 68
wydział m 169
wyeliminować z gry 229
wygląd m 30
wygrywać 273
wyjście n 210
wyjście awaryjne n 210
wyjście ewakuacyjne n 95
wyjście z domu n 75
wykładowca m 169
wykonać wsad 227
wykonać wślizg 229
wykonać zamach 232
wykrój m 276
wyłączyć telewizor 269
wymiana f 230
wymiary 165
wymiotować 44
wynająć 58
wynajem samochodów m 213
wynik m 49, 220, 273
wypad m 251
wypadek m 46
wypadek samochodowy m 203
wypełniać 82
wypełnienie n 50
wypiek chleba m 138
wypisany 48
wypłynąć w morze 217
wyposażenie biura n 172
wyposażenie mieszkań n 105
wypożyczać 168
wypożyczenie n 168
wypracowanie n 163
wyprzedzać 195
wypuszczać 245

wypuszczenie piłki n 220
wyrok m 181
wyrostek robaczkowy
m 18
wyrób biżuterii m 275
wyrzynarka f 78, 81
wysadzać 91
wysepka dzieląca jezdnię
f 194
wysiadać 217
wysięgnik m 95
wysoka rozdzielczość 269
wysoki 321
wysokie krzesełko n 75
wysokość f 165
wysokość (nad poziomem
morza) f 211
wyspa f 282
Wyspy Salomona 319
Wyspy Świętego Tomasza
i Książęca 317
wystawa f 261
wystrzelenie n 281
wysuszyć szczarką 38
wysyłać 177
wysypka f 44
wyścig m 234
wyścig płaski m 243
wyścig powozów m 243
wyścig zaprzęgów m 243
wyścigi motocyklowe 249
wyścigi samochodowe
249
wyślij mi SMS-a! 99
wytrawny 145
wywołać poród 53
wywoływać 271
wywrotka f 187
wywrócić się do góry
dnem 241
wyzwalacz migawki m
270
wzdłuż 320
wzgórze n 284
wziąć ślub 26
wzmacniacz m 268
wzrok m 51

Z
z 320
z fiszbinami 35
z grilla 159
z hodowli naturalnej 118
z karty 152
z otwartym dachem 260
z polewą czekoladową 140
z połyskiem 83
z wody 159
za 320
zabawa f 75
zabawka f 75
zabawki 105
zabieg kosmetyczny
twarzy m 41
zabiegi kosmetyczne 41
zabytkowy budynek m
261

zachód m 312
zachód słońca m 305
zacisk m 78
zacisk nosa m 238
zacisk szczękowy m 167
zaćmienie n 280
zadrapanie n 46
zadzior m 244
zagłówek m 200
zagniatać 138
zagrać główką 222
zagroda f 185
zajęcia 263
zajęcia na świeżym
powietrzu 262
zajęty 99, 321
zajmować się (ogrodem) 91
zakaz skrętu w prawo m 195
zakaz wjazdu m 195
zakaz zatrzymywania
się m 195
zakład m 273
zakład krawiecki m 115
zakładać przynętę 245
zakłopotany 25
zakochać się 26
zakupy 104
zakwaterowanie z niepełnym
wyżywieniem n 101
zakwaterowanie z pełnym
wyżywieniem n 101
zalogować się 177
załącznik m 177
załoga f 241
zamach m 233
zamach próbny m 233
zamawiać 153
Zambia 317
zamek m 59, 300
zamek błyskawiczny m 277
zamek drzwiowy m 200
zamek rowerowy m 207
zamek z piaskiem 265
zamiatać 77
zamknięcie
zabezpieczające n 75
zamknięty 260, 321
zamrażarka f 67
zamrozić 67
zapalniczka f 112
zaparzacz do kawy m 65
zapasowa opona f 203
zapasy 236
zapięcie n 36, 37
zapis wideo finiszu m 234
zapisz 177
zapłata f 96
zapłodnienie n 20, 52
zapłon m 200
zapole n 229
zapora f 300
zaprawa murarska f 187
zaprzyjaźnić się 26
zarezerwować lot 212
zarzucać 245
zasilanie sieciowe n 60
zaskoczony 25

zasłabnąć 44
zasłona f 63
zasłona prysznicowa f 72
zastrzyk m 48
zasuwka f 59
zatoka f 19
zatrucie n 46
zatrzask m 30
zatyczka f 72
zawieszenie n 203, 205
zawodnik m 221
zawodnik drużyny
futbolowej m 220
zawodnik odbijający m
225
zawodnik serwujący m
225
zawody 188, 190
zawór bezpieczeństwa
m 61
zawór zamykający m 61
ząb m 50
ząb przedtrzonowy m 50
ząb trzonowy m 50
ząbek m 125
zbierać 91
zbierać plony 183
zbiornik m 61
zbiornik na płyn do
chłodnicy m 202
zbiornik na płyn do
spryskiwacza m 202
zbiornik na płyn
hamulcowy m 202
zbiornik oleju m 204
zbiornik paliwa m 203, 204
zbiornik wody m 61
zboża przetworzone 130
zboże n 130
zdenerwowany 25
zderzak m 198
zdezorientowany 25
zdjęcie rentgenowskie n
48, 50
zdmuchnąć 141
zdobycie bazy n 228
zdrowie n 44
zdzierać 82
zebra f 291
zebranie n 174
zegarek m 36
zemdleć 25
zero 230, 308
zestaw hi-fi m 268
zestaw z
hamburgerem m 154
zeszyt m 163
zewnętrzny dysk twardy
176
zeznanie n 180
zgłosić się do odprawy 212
zgniły 127
ziarna 131, 144
ziarnko n 122
ziarnko pieprzu n 132
ziarno n 122, 130
ziarno gorczycy n 131

ziarno sezamowe n 131
ziele angielskie n 132
zielona herbata f 149
zielona oliwka f 143
zielony 129, 274
Ziemia f 280, 282
ziemia uprawna f 182
ziemniak m 124
ziewnąć 25
zięć m 22
zima f 31, 307
Zimbabwe 317
zimne napoje
bezalkoholowe 144
zimny 286, 321
zioła 134
zioła i przyprawy 132
zioło n 55, 86
ziołolecznictwo n 55
zjazd m 194
Zjednoczone Emiraty
Arabskie 318
zjeżdżalnia f 263
zlecenie wypłaty m 96
zlepieniec m 288
zlewka f 167
zlewozmywak m 61, 66
złamanie n 46
złapać 220
złota rybka f 294
złoto n 235, 289
zły 25, 321
zmarszczenie brwi n 25
zmarszczka f 15
zmartwiony 25
zmiana f 223
zmieniać koło 203
zmieniać przełożenie 207
zmienić kanał 269
zmierzch m 305
zmiotka f 77
zmniejszać 172
zmywacz do paznokci
m 41
zmywarka do naczyń
f 66
znaczek m 98
znaczki 112
znajomy m 24
znak m 104
znak drogowy m 298
znak wolnej burty m 214
znaki drogowe 195
znaki drogowe poziome
194
znieczulenie
zewnątrzoponowe n 52
znudzony 25
zoo n 262
zoologia f 169
zorza f 286
zraszacz m 89
zrealizować (czek) 97
zszywacz m 173
zszywki 173
zupa f 153, 158
związki 24

zwiedzanie n 260
zwiedzanie z
przewodnikiem n 260
zwierzęta 290, 292, 294
zwolnienie warunkowe
n 181
zwolnienie za kaucją/
poręczeniem n 181
zwrot monet m 99
Zwrotnik Koziorożca 283
Zwrotnik Raka 283
zwrotniki 283
zwycięzca m 273

Ź
źrebię n 185
źrenica f 51

Ż
żaba f 294
żabka f 239
żabnica f 120
żagiel m 241
żagiel przedni m 240
żaglówka f 215
żakiet m 34
żaluzja f 63
żarnik m 60
żaroodporny 69
żarówka energooszczędna
f 60
żeberka 155
żeberko n 119
żebro n 17
żeglarstwo n 240
żeglarz deskowy m 241
żel m 38, 109
żel pod prysznic m 73
żelazko n 76
żelazo n 109, 289
żelek m 113
żelka owocowa f 113
żołądek m 18
żołnierz m 189
żona f 22
żonkil m 111
żółta kartka f 223
żółtko n 137, 157
żółty 274
żółw lądowy m 293
żółw wodny m 293
żuraw m 292
żuraw mikrofonowy m
179
żurawina f 127
żwir m 88
żyletka f 73
żyła f 19
żyłka f 244
żyrafa f 291
żywność f 117
żywność w butelkach i
słoikach f 134
żywopłot m 85, 90, 182

Indeks angielski • **English index**

A

à la carte 152
abdomen 12
abdominals 16
above 320
acacia 110
accelerator 200
access road 216
accessories 36, 38
accident 46
account number 96
accountant 97, 190
accounting department 175
accused 180
ace 230, 273
Achilles tendon 16
acorn squash 125
acquaintance 24
acquitted 181
across 320
acrylic paints 274
actions 237, 229, 227, 233, 183
activities 263, 245, 162, 77
actor 254, 191
actors 179
actress 254
acupressure 55
acupuncture 55
Adam's apple 19
add v 165
addition 58
address 98
adhesive bandage 47
adhesive tape 47
adjustable wrench 80
admissions office 168
admitted 48
adult 23
advantage 230
adventure movie 255
advertisement 269
adzuki beans 131
aerate v 91
Afghanistan 318
Africa 317
after 320
afternoon 305
aftershave 73
aftersun lotion 108
agate 289
agenda 174
aikido 236
aileron 210
air bag 201
air-conditioning 200
air cylinder 239

air filter 202, 204
air letter 98
air mattress 267
air vent 210
aircraft 210
aircraft carrier 215
airliner 210, 212
airport 212
aisle 106, 168, 210, 254
alarm clock 70
Alaska 314
Albania 316
alcoholic drinks 145
alfalfa 184
Algeria 317
all meals included 101
all-purpose flour 139
Allen wrench 80
allergy 44
alley 298
alligator 293
alligator clip 167
allspice 132
almond 129
almond oil 134
almonds 151
along 320
alpine 87
alpine skiing 247
alternating current 60
alternative therapy 54
alternator 203
altitude 211
aluminium 289
Amazonia 312
ambulance 94
amethyst 288
amniocentesis 52
amniotic fluid 52
amount 96
amp 60
amphibians 294
amplifier 268
analog 179
anchor 179, 191, 214, 240
Andes 312
Andorra 316
anesthetist 48
angle 164
angler 244
Angola 317
angry 25
animals 292, 294
animated movie 255
ankle 13, 15
ankle length 34
anniversary 26
annual 86, 307

answer 163
answer v 99, 163
answering machine 99
ant 295
antenna 295
antifreeze 199, 203
anti-inflammatory 109
antique store 114
antiseptic 47
antiseptic wipe 47
antiwrinkle 41
antler 291
apartment 59
apartment building 59, 298
apéritif 153
aperture dial 270
apex 165
app 99
appeal 181
appearance 30
appendix 18
appetizer 153
applaud v 255
apple 126
apple corer 68
apple juice 149
appliances 66
application 176
appointment 45, 175
apricot 126
April 306
apron 30, 50, 69, 212
aquamarine 288
Arabian Sea 313
arbor 84
arborio rice 130
arc 164
arch 15, 85, 301
archery 249
architect 190
architecture 300
architrave 301
Arctic Circle 283
Arctic Ocean 312
area 165, 310
areas 299
arena 243
Argentina 315
arithmetic 165
arm 13
armchair 63
Armenia 318
armpit 13
armrest 200, 210
aromatherapy 55
around 320

arrangements 111
arrest 94
arrivals 213
arrow 249
art 162
art college 169
Art Deco 301
art gallery 261
art history 169
Art Nouveau 301
art supply store 115
artery 19
artichoke 124
artist 274
arts and crafts 274, 276
arugula 123
ash 283
ashtray 150
Asia 318
asparagus 124
asphalt 187
assault 94
assistant 24
assisted delivery 53
asteroid 280
asthma 44
astigmatism 51
astronaut 281
astronomy 281
asymmetric bars 235
at 320
athlete 234
athletic shoes 31
Atlantic Ocean 312
ATM 97
atmosphere 282, 286
atrium 104
attachment 177
attack 220
attack zone 224
attend v 174
attic 58
attractions 261
auburn 39
audience 254
August 306
aunt 22
aurora 286
Australasia 319
Australia 319
Austria 316
auto racing 249
automatic 200
automatic door 196
automatic payment 96
avalanche 247
avenue 299
avocado 128

awning 148
ax 95
axle 205
ayurveda 55
Azerbaijan 318

B

baby 23, 30
baby bath 74
baby care 74
baby carriage 75
baby changing room 104
baby monitor 75
baby products 107
baby sling 75
back 13
back brush 73
backboard 226
backdrop 254
backgammon 272
backhand 231
backpack 31, 37, 267
backseat 200
backsplash 66
backstroke 239
backswing 233
bacon 118, 157
bacon strip 119
bad 321
badge 94, 189
badminton 231
bag 311
bag cart 233
bagel 139
baggage carousel 212
baggage claim 213
baggage trailer 212
bags 37
baguette 138
Bahamas 314
bail 181
bailiff 180
bait 244
bait v 245
bake v 67, 138
baked 159
baker 139
bakery 107, 114, 138
baking 69
balance wheel 276
balcony 59
balcony seats 254
bald 39
bale 184
Balearic Islands 316
ball 15, 75, 221, 224, 226, 228, 230
ball boy 231

ballet 255
balsamic vinegar 135
Baltic Sea 313
bamboo 86,122
banana 128
Bangladesh 318
banister 59
bank 96, 284
bank charge 96
bank transfer 96
bar 150, 152, 250,
    256, 311
bar code 106
bar counter 150
bar mitzvah 26
bar snacks 151
bar stool 150
barb 244
Barbados 314
barbecue grill 267
barber 39, 188
bark 296
barley 130, 184
barn 182
Baroque 301
barrier 298
bars 74
bartender 150, 191
basalt 288
base 164, 229
base station 99
baseball 228
baseline 230
baseman 228
basement 58
basil 133
basket 95, 106, 207, 226
basket of fruit 126
basketball 226
basketball player 226
bass clarinet 257
bass clef 256
bass guitar 258
bassinet 74
bassoon 257
bat 225, 228, 290
bat v 225, 229
bath mat 72
bath towel 73
bathrobe 73
bathroom 72
bathtub 72
baton 235, 256
batsman 225
batter 228
batteries 260
battery 167, 202
battery pack 78
battleship 215
bay leaf 133
be born v 26
beach 264
beach bag 264
beach ball 265

beach hut 264
beach towel 265
beach umbrella 264
beak 293
beaker 167
beam 186, 235
bean sprout 122
beans 131, 144
bear 291
beard 39
beat 259
beauty 40
beauty treatments 41
bed 70
bed and breakfast 101
bed linen 71
bedding 74
bedroom 70
bedside lamp 70
bedspread 70
bedspring 71
bee 295
beech 296
beef 118
beer 145,151
beer tap 150
beet 125
beetle 295
before 320
beginning 321
behind 320
Belarus 316
Belgium 316
Belize 314
bell 197
below 320
belt 32, 36, 236
bench 250, 262
Benin 317
berry 296
beside 320
bet 273
between 320
beyond 320
Bhutan 318
biathlon 247
bib 30
bicep curl 251
biceps 16
bicycle 206
bidet 72
biennial 86
bifocal 51
big toe 15
bike lane 207
bike rack 207
bikini 264
bill 97, 152
binder 173
binoculars 281
biology 162
biplane 211
birch 296
bird-watching 263

birds 292
birth 52
birth certificate 26
birth weight 53
birthday 27
birthday cake 141
birthday candles 141
birthday party 27
bishop 272
bit 242
bit brace 78
bite 46
bite v 245
bitter 124, 145
black 39, 272, 274
black belt 237
black coffee 148
black currant 127
black-eyed peas 131
black hole 280
black olive 143
black pudding 157
Black Sea 313
black tea 149
blackberry 127
bladder 20
blade 60, 66, 78, 89
blanket 71, 74
blazer 33
bleach 77
blender 66
blister 46
block 237
block v 227
blonde 39
blood pressure 44
blood test 48
blouse 34
blow-dry v 38
blow-dryer 38
blow out v 141
blowhole 290
blue 274
blue cheese 136
bluebells 297
blueberry 127
blues 259
blush 40
board 241
board v 217
board games 272
boarding pass 213
boardwalk 265
bob 39
bobbin 276
bobby pins 38
bobsled 247
body 12
body lotion 73
body systems 19
bodysuit 30
bodywork 202
boil v 67
bok choy 123

Bolivia 315
bolt 59
bomber 211
bone 17, 119, 121
bone meal 88
boned 121
bongos 257
book 168
bookshelf 63, 168
bookstore 115
boom 95, 240
booster 281
boot 37
booties 30
bored 25
borrow v 168
Bosnia and
    Herzegovina 316
Botswana 317
bottle 61, 75, 135, 311
bottle opener 68, 150
bottled foods 134
bottled water 144
bottom tier 141
boundary line 225
bouquet 35, 111
bouquet garni 132
bout 237
boutique 115
bow 240, 249
bow tie 36
bowl 61, 65, 112
bowl v 225
bowler 225
bowling 249
bowling ball 249
box 254
box file 173
box of chocolates 113
box of tissues 70
box office 255
boxer shorts 33
boxercise 251
boxing 236
boxing gloves 237
boxing ring 237
boy 23
boyfriend 24
bra 35
bracelet 36
braces 50
braid 39
brain 19
brake 200, 204, 206
brake v 207
brake block 207
brake fluid reservoir 202
brake lever 207
brake pedal 205
bran 130
branch 296
branch manager 96
brandy 145
brass 256

Brazil 315
brazil nut 129
bread 157
bread flour 139
bread knife 68
bread roll 143
breadcrumbs 139
breadfruit 124
breads 138
break a record v 234
break water v 52
breakdown 203
breakfast 64, 156
breakfast buffet 156
breakfast cereals 107
breakfast table 156
breakfast tray 101
breast 12, 119
breastbone 17
breast pump 53
breastfeed v 53
breaststroke 239
breathing 47
breech birth 52
brick 187
bridge 15, 214, 258,
    273, 300
bridle 242
bridle path 263
Brie 142
briefcase 37
briefs 33, 35
brioche 157
broadcast 179
broadcast v 178
broccoli 123
brochures 96
broil v 67
bronze 235
brooch 36
broom 77
broth 158
brother 22
brother-in-law 23
browband 242
brown 274
brown bread 139
brown flour 138
brown lentils 131
brown rice 130
browse v 177
browser 177
bruise 46
Brunei 319
brunette 39
brush 38, 40, 77, 83, 274
brush v 38, 50
brussels sprout 123
bubble bath 73
bucket 77, 82
buckle 36
bud 111, 297
buffet 152
build v 186

english

buildings 299
bulb 86
Bulgaria 316
bull 185
bull-nose pliers 80
bulldog clip 173
bullet train 209
bulletin board 173
bullseye 273
bumper 74, 198
bun 39, 139, 140, 155
bunch 111
bungalow 58
bungee jumping 248
bunker 232
bunsen burner 166
buoy 217
burger 154
burger bar 154
burger meal 154
burglar alarm 58
burglary 94
Burkina Faso 317
burn 46
burner 61, 67
Burundi 317
bus 196
bus driver 190
bus shelter 196
bus station 197
bus stop 197, 299
bus ticket 197
buses 196
business 175
business class 211
business deal 175
business lunch 175
business partner 24
business suit 32
business trip 175
businessman 175
businesswoman 175
bustier 35
busy 99
butcher 118, 188
butcher shop 114
butter 137, 156
butter beans 131
buttercup 297
butterfly 239, 295
buttermilk 137
butternut squash 125
buttock 13, 16
button 32
buttonhole 32
buttress 301
by 320
by airmail 98
bytes 176

C

cab 95
cabbage 123
cabin 210, 214
Cabinda 317
cabinet 66
cable 79, 207
cable car 246
cable television 269
cactus 87
caddy 233
caesarean section 52
café 148, 262
cafeteria 168
cake pan 69
cakes 140
calcite 289
calcium 109
calculator 165
calendar 306
calf 13, 16, 185
call button 48
calyx 297
cam belt 203
Cambodia 318
camcorder 260, 269
camel 291
Camembert 142
camera 178, 260, 270
camera case 271
camera crane 178
camera phone 270
camera store 115
cameraman 178
Cameroon 317
camisole 35
camp v 266
camp bed 266
Campari 145
camper 266
camper van 266
campfire 266
campground 266
camping 266
camping stove 267
campus 168
can 145, 311
can opener 68
Canada 314
canary 292
candied fruit 129
candies 113
candy 107, 113
candy store 113
cane 91
canes 89
canine 50
canned drink 154
canned food 107
canning jar 135
canoe 214
canola oil 135
canter 243

canvas 274
cap 36
capacity 311
Cape gooseberry 128
capers 143
capital 315
capoeira 237
cappuccino 148
capsize v 241
capsule 109
captain 94, 214
car 198, 200
car accident 203
car rental 213
car seat 198, 207
car stereo 201
car wash 198
caramel 113
caraway 131
card 27
card reader 97
cardamom 132
cardboard 275
cardigan 32
cardiology 49
cardiovascular 19
cards 273
cargo 216
Caribbean Sea 312
carnation 110
carnival 27
carpenter 188
carpentry bits 80
carpet 71
carriage 208
carriage race 243
carrier 75, 204
carrot 124
carry-on luggage 211, 213
cart 100, 208, 213
cartilage 17
carton 311
cartoon 178
cartwheel 235
carve v 79
carving fork 68
case 51
cash v 97
cash register 106, 150
cashew 129
cashews 151
casino 261
Caspian Sea 313
cassava 124
casserole dish 69
cassette player 269
cassette tape 269
cast 254
cast v 245
castle 300
casual 34
casual wear 33, 34

cat 290
catamaran 215
cataract 51
catch v 220, 227, 229, 245
catcher 229
caterpillar 295
cathedral 300
catheter 53
cattail 86
cauliflower 124
cave 284
CD 269
CD player 268
CEO 175
cedar 296
ceiling 62
celebration 140
celebration cakes 141
celebrations 27
celeriac 124
celery 122
cell 94, 181
cell phone 99
cello 256
cement 186
cement mixer 186
center 164
center circle 222, 224, 226
center field 228
centerboard 241
centerline 226
centimeter 310
centipede 295
Central African Republic 317
century 307
ceramic stovetop 66
cereal 130, 156
cervical cap 21
cervical vertebrae 17
cervix 20, 52
Chad 317
chain 36, 206
chair 64
chair v 174
chairlift 246
chalk 85, 162, 288
chamber 283
chamomile tea 149
champagne 145
championship 230
change a tire v 203
change channel v 269
change gears v 207
change purse 37
changing mat 74
channel 178
charcoal 266, 275
charge 94, 180
chart 48
chassis 203

check 96, 152
checkbook 96
checker 106
checkers 272
check-in v 212
check-in desk 213
checking account 96
checkout 106
checkup 50
cheddar 142
cheek 14
cheerleader 220
cheese 136, 156
chef 152, 190
chef's hat 190
chemistry 162
cherry 126
cherry tomato 124
chess 272
chessboard 272
chest 12
chest of drawers 70
chest press 251
chestnut 129
chewing gum 113
chick 185
chicken 119, 185
chicken burger 155
chicken coop 185
chicken nuggets 155
chicken pox 44
chickpeas 131
chicory 122
child 23, 31
child lock 75
child's meal 153
childbirth 53
children 23
children's clothing 30
children's department 104
children's ward 48
Chile 315
chili pepper 124, 143
chili powder 132
chill 44
chimney 58
chin 14
China 318
china 105
chip v 233
chiropractic 54
chisel 81, 275
chives 133
chocolate 113
chocolate bar 113
chocolate cake 140
chocolate chip 141
chocolate-covered 140
chocolate milkshake 149
chocolate spread 135
choir 301

english

english

choke v 47
chop 119, 237
chorizo 143
choux pastry 140
christening 26
Christmas 27
chrysanthemum 110
chuck 78
church 298, 300
chutney 134
cider vinegar 135
cigar 112
cigarettes 112
cilantro 133
cinder block 187
cinnamon 133
circle 165
circuit training 251
circular saw 78
circulation desk 168
circumference 164
citrus fruit 126
city 298, 299
clam 121
clamp 78, 166
clapper board 179
clarinet 257
clasp 36
classical music 255, 259
classroom 162
claw 291
clay 85, 275
clean v 77
clean clothes 76
cleaned 121
cleaner 188
cleaning equipment 77
cleaning fluid 51
cleanser 41
clear honey 134
cleat 220, 223, 240
cleaver 68
clementine 126
client 38, 175, 180
cliff 285
climber 87
climbing frame 263
clinic 48
clipboard 173
clitoris 20
clock radio 70
closed 260, 321
closet 71
cloth diaper 30
clothesline 76
clothespin 76
clothing 205
cloud 287
cloudy 286
clove 125
clover 297
cloves 133
club 273

club sandwich 155
clubhouse 232
clutch 200, 204
coal 288
coast 285
coast guard 217
coaster 150
coat 32
coat hanger 70
cockatoo 293
cockle 121
cockpit 210
cockroach 295
cocktail 151
cocktail shaker 150
cocoa powder 148
coconut 129
cocoon 295
cod 120
coffee 144, 148, 153,
  156, 184
coffee cup 65
coffee machine 148,
  150
coffee milkshake 149
coffee table 62
coffee with milk 148
cog 206
coin 97
coin return 99
cola 144
colander 68
cold 44, 286, 321
cold faucet 72
cold-pressed oil 135
collage 275
collar 32
collarbone 17
colleague 24
collect call 99
college 168
Colombia 315
colony 315
coloring pencil 163
colors 39, 274
comb 38
comb v 38
combat sports 236
combine 182
comedy 255
comet 280
comforter 71
comic book 112
commission 97
communications 98
commuter 208
Comoros 317
compact 40
company 175
compartment 209
compass 165, 312,
  240
complaint 94

complexion 41
compliments slip 173
composite sketch 181
compost 88
compost pile 85
computer 176
concealer 40
conceive v 20
conception 52
concert 255, 258
concourse 209
concussion 46
condensed milk 136
conditioner 38
condom 21
conductor 256
cone 164, 187
confectioner 113
confident 25
confused 25
conglomerate 288
Congo 317
conifer 86
connect v 177
connection 212
conning tower 215
console 269
constellation 281
construction 186
construction site 186
construction worker
  186, 188
consultation 45
contact lenses 51
container 216, 311
container port 216
container ship 215
continent 282, 315
contraception 21, 52
contraction 52
control tower 212
controller 269
controls 201, 204
convector heater 60
convertible 199
conveyer belt 106
cooked meat 118, 143
cookie sheet 69
cookies 113, 141
cooking 67
coolant reservoir 202
cooling rack 69
copilot 211
copper 289
copy v 172
coral reef 285
cordless drill 78
cordless phone 99
core 127
cork 134
corkscrew 150
corn 122, 130, 184

corn bread 139
corn oil 135
cornea 51
corner 223
corner flag 223
cornice 300
corset 35
Corsica 316
cosmetics 105
Costa Rica 314
costume 255
cottage cheese 136
cottage garden 84
cotton 184, 277
cotton balls 41
cough 44
cough medicine 108
counselor 55
count v 165
counter 96, 98, 100,
  142, 272
countertop 66
country 259, 315
couple 24
courier 99
courses 153
court 226
court case 180
court clerk 180
court date 180
courtroom 180
courtyard 58, 84
couscous 130
cousin 22
coveralls 82
cow 185
cow's milk 136
crab 121, 295
cracked wheat 130
craft knife 81
crafts 275
cramp 239
cramps 44
cranberry 127
crane 187, 216, 292
crater 283
crayfish 121
cream 109, 137, 140
cream cheese 136
cream pie 141
crease 225
credit card 96
creel 245
creeper 87
crème caramel 141
crème pâtissière 140
crepes 155, 157
crescent moon 280
crew 241
crew hatch 281
crew neck 33
crib 74
cricket 225, 295

cricket ball 225
cricket player 225
crime 94
criminal 181
criminal record 181
crisp 127
crispbread 139, 156
crisper 67
Croatia 316
crochet 277
crochet hook 277
crockery 64
crockery 65
crocodile 293
croissant 156
crop 39, 183
crop farm 183
crops 184
cross-country skiing
  247
crossbar 207, 222,
  235
crosswalk 195
crow 292
crown 50
crucible 166
crushed 132
crust 139, 282
cry v 25
crystal healing 55
Cuba 314
cube 164
cucumber 125
cuff 32, 45
cuff links 36
cultivate v 91
cultivator 182
cumin 132
curb 298
cured 118, 159, 143
curling 247
curling iron 38
curly 39
currant 129
currency exchange
  97
curry 158
curry powder 132
curtain 63, 254
curved 165
custard 140
customer 96, 104,
  106, 152
customer service
  department 175
customer services
  104
customs 212
customs house 216
cut 46
cut v 38, 79, 277
cuticle 15
cutlery 65
cuts 119

cutting 91
cutting board 68
cuttlefish 121
cycle v 207
cycling 263
cylinder 164
cylinder head 202
cymbals 257
Cyprus 318
Czech Republic 316

D

daffodil 111
dairy 107
dairy farm 183
dairy products 136
daisy 110, 297
dam 300
dance 259
dance academy 169
dancer 191
dandelion 123, 297
dandruff 39
dark 41, 321
dark chocolate 113
darkroom 271
darn v 277
dartboard 273
darts 273
dashboard 201
date 129, 306
daughter 22
daughter-in-law 22
dawn 305
day 305, 306
day planner 175
dead ball line 221
deadhead v 91
deal v 273
debit card 96
decade 307
decay 50
December 306
deciduous 86
decimal 165
deck 85, 214
deck chair 265
deck of cards 273
decorating 82
decoration 141
decorator 82
deep end 239
deep-fried 159
deep sea fishing 245
deer 291
defense 181, 220
defendant 181
defender 223
defending zone 224
defrost v 67
degree 169
delay 209
deli 107

delicatessen 142
delivery 52, 98
deltoid 16
Democratic Republic
  of the Congo 317
Denmark 316
denomination 97
denominator 165
dental care 108
dental floss 50, 72
dental hygiene 72
dental X-ray 50
dentist 50, 189
dentist's chair 50
dentures 50
deodorant 73
deodorants 108
department 169
department store 105
departments 49
departure lounge 213
departures 213
deposit v 96
deposit slips 96
depth 165
dermatology 49
desert 285
desiccated 129
designer 191, 277
desk 162, 172
desktop 177
desktop organizer
  172
dessert 140, 153
dessert cart 152
destination 213
detective 94
detergent 77
detour 195
deuce 230
develop v 271
diabetes 44
diagonal 164
dial v 99
diameter 164
diamond 273, 288
diaper 75
diaper bag 75
diaphragm 19, 21
diarrhea 44, 109
dice 272
dictionary 163
die v 26
diesel 199
diesel train 208
difficult 321
dig v 90, 227
digestive 19
digital 179, 269
digital camera 270
digital projector 163
digital radio 268
dilation 52

dill 133
dimensions 165
dimple 15
dining car 209
dining room 64
dinner 64, 158
dinner menu 152
dinner plate 65
diopter 51
diploma 169
dipstick 202
direct current 60
directions 260
director 254
directory assistance 99
dirt bike 205
dirty laundry 76
disabled parking 195
discharged 48
disconnected 99
discus 251
discuss v 163
disembark v 217
dishwasher 66
disinfectant solution 51
dispenser 150
disposable 109
disposable camera 270
disposable diaper 30
disposable razor 73
dissertation 169
distance 310
distributor 203
district 315
dive 239
dive v 238
diver 238
divide v 165
divided by 165
divided highway 195
dividends 97
divider 173, 194
diving board 238
divorce 26
Diwali 27
DJ 179
Djibouti 317
do not bend v 98
do not enter 195
dock 214, 216
dock v 217
doctor 45, 189
doctor's office 45
doctorate 169
documentary 178
dog 290
dogsledding 247
doll 75
dollhouse 75
dolphin 290
dome 300
domestic flight 212
Dominica 314

Dominican Republic 314
dominoes 273
donkey 185
door 196, 198, 209
door chain 59
door knob 59
door knocker 59
door lock 200
doorbell 59
doormat 59
dormer 58
dorsal fin 294
dosage 109
double 151
double bass 256
double bassoon 257
double-decker
  bus 196
double room 100
doubles 230
dough 138
Dover sole 120
down 320
downhill skiing 247
download v 177
dragonfly 295
drain 61, 72, 299
drain valve 61
drainage 91
draining board 67
draw v 162
drawer 66, 70, 172
drawing 275
dress 31, 34
dress shoe 37
dressage 243
dressed 159
dressed chicken 119
dressing 47, 158
dressing table 71
dribble v 223, 227
dried flowers 111
dried fruit 156
drill 50
drill v 79
drill bit 78, 80
drinking cup 75
drinking fountain 262
drinks 107, 144, 156
drip 53
drive v 195, 233
driver 196
driver's seat 196
driveshaft 202
drop anchor v 217
drop cloth 83
dropper 109, 167
drops 109
dropshot 230
drown v 239
drugstore 108
drum 258
drum kit 258

drummer 258
dry 39, 41, 130,
  145, 286, 321
dry v 76
dry cleaner 115
dry dock 217
DTV converter 269
duck 119, 185
duck egg 137
duckling 185
due date 168
duffel bag 37
duffel coat 31
dugout 229
dumbbell 251
dump truck 187
dunk v 227
duodenum 18
duplex 58
dusk 305
dust v 77
dust cloth 77
dust ruffle 71
dustpan 77
duty-free shop 213
DVD 269
DVD player 268
dyed 39
dynamo 207

E

eagle 292
ear 14
early 305, 320
earrings 36
Earth 280, 282
earthenware dish 69
earthquake 283
easel 174, 274
east 312
East Timor 319
Easter 27
easy 321
eat v 64
eat-in 154
eating 75
eau de toilette 41
eaves 58
éclair 140
eclipse 280
economics 169
economy class 211
Ecuador 315
eczema 44
Edam 142
edge 246
editor 191
eel 294
egg 20
egg white 137
eggcup 65, 137
eggplant 125
eggs 137

Egypt 317
eight 308
eight hundred 308
eighteen 308
eighteenth 309
eighth 309
eightieth 309
eighty 308
ejaculatory duct 21
El Salvador 314
elbow 13
electric blanket 71
electric blood pressure
    monitor 45
electric car 199
electric drill 78
electric guitar 258
electric kettle 66
electric meter 60
electric razor 73
electric shock 46
electric train 208
electrical goods 107
electrical tape 81
electrician 188
electricity 60
electronics 105
elephant 291
elevator 59, 100, 104
eleven 308
eleventh 309
elliptical trainer 250
elm 296
email 98, 177
email account 177
email address 177
embarrassed 25
embossed paper 83
embroidery 277
embryo 52
emerald 288
emergency 46
emergency exit 210
emergency lever 209
emergency phone 195
emergency room 48
emergency
    services 94
emigrate v 26
emotions 25
employee 24
employer 24
empty 321
enamel 50
encore 255
encyclopedia 163
end 321
end zone 220
endive 123
endline 226
endocrine 19
endocrinology 49
energy-saving bulb 60

engaged couple 24
engine 202, 204,
    208, 210
engine room 214
engineer's cab 208
engineering 169
English breakfast 157
English horn 257
English mustard 135
engraving 275
enlarge v 172
enlargement 271
ENT 49
entrance 59
entrance fee 260
entrée 153
envelope 98, 173
environment 280
epidural 52
epiglottis 19
epilepsy 44
episiotomy 52
equals 165
equation 165
equator 283
equipment 165, 233,
    238
Equitorial Guinea 317
equity 97
eraser 163
Eritrea 317
erupt v 283
escalator 104
esophagus 19
espresso 148
essay 163
essential oils 55
Estonia 316
estuary 285
Ethiopia 317
eucalyptus 296
Europe 316
evening 305
evening dress 34
events 243, 247
evergreen 86
evidence 181
excavator 187
excess baggage 212
exchange rate 97
excited 25
excuse me 322
executive 174
exercise bike 250
exercises 251
exfoliate v 41
exhaust pipe 203, 204
exhibit v 261
exhibition 261
exit 210
exosphere 286
expanding file 173
expecting 52

experiment 166
expiration date 109
exposure 271
express train 209
extend v 251
extension cord 78
exterior 198
external hard drive 176
extra time 223
extraction 50
eye 14, 51, 244, 276
eye shadow 40
eye test 51
eyebrow 14, 51
eyebrow brush 40
eyebrow pencil 40
eyecup 269
eyelash 14, 51
eyelet 37
eyelid 51
eyeliner 40
eyepiece 167

F
fabric 277
fabric conditioner 76
face 14
face cream 73
face mask 41, 225
face-off circle 224
face powder 40
facial 41
factory 299
faint v 25, 44
fair 41
fairground 262
fairway 232
falcon 292
Falkland Islands 315
fall 237
fall (autumn) 31, 307
fall in love v 26
fallopian tube 20
family 22
famous ruin 261
fan 60, 202
fan belt 203
fans 258
far 320
fare 197, 209
farm 182, 183, 184
farmer 182, 189
farmhouse 182
farmland 182
farmyard 182
farsighted 51
fashion 277
fast 321
fast food 154
fast-forward 269
fat 119, 321
fat-free 137
father 22

father-in-law 23
faucet 61, 66
fault 230
fava bean 122, 131
feather 293
feature film 269
February 306
feed v 183
feijoa 128
female 12, 20
feminine hygiene 108
femur 17
fence 85, 182, 243
fencing 249
feng shui 55
fennel 122, 133
fennel seeds 133
fenugreek 132
fern 86
ferry 215, 216
ferry terminal 216
fertilize v 91
fertilization 20
fertilizer 91
festivals 27
fetus 52
fever 44
fiancé 24
fiancée 24
fiber 127
fibula 17
field 182, 222,
    228, 234
field v 225, 229
field hockey 224
fifteen 308
fifteenth 309
fifth 309
fiftieth 309
fifty 308
fifty five thousand,
    five hundred 309
fifty thousand 309
fig 129
fighter plane 211
figure skating 247
Fiji 319
file 81, 177
filing cabinet 172
fill v 82
filler 83
fillet 119, 121
filleted 121
filling 50, 140, 155
film 260, 271
film roll 271
filter 270
filter coffee 148
filter paper 167
fin 210, 239
finance 97
financial advisor 97
fingerprint 94

finial 300
finishing line 234
Finland 316
fire 95
fire alarm 95
fire department 95
fire engine 95
fire escape 95
fire extinguisher 95
fire station 95
firefighters 95, 189
firelighter 266
fireplace 63
firm 124
first 309
first-aid 47
first-aid kit 47
fish 107, 120, 294
fish and chips 155
fish counter 114, 120
fish farm 183
fish seller 120, 188
fisherman 189
fishhook 244
fishing 244, 245
fishing boat 217
fishing license 245
fishing port 217
fishing rod 244
fist 15, 237
fitness 250
fitting rooms 104
five 308
five hundred 308
flag 221, 232
flageolet beans 131
flakes 132
flamingo 292
flare 240
flash 270
flash gun 270
flashlight 267
flask 166
flat 256
flat bread 139
flat race 243
flat tyre 203, 207
flat wood bit 80
flatscreen TV 269
flavored oil 134
flax 184
fleece 74
flesh 124, 127, 129
flex v 251
flight attendant 190,
    210
flight number 213
flint 288
flip chart 174
flip-flop 37
flipper 290
float ball 61
flock 183
flood 287

english

floor 58, 62, 71
floor exercises 235
floor plan 261
Florentine 141
floret 122
florist 110, 188
floss v 50
flours 138
flower 110, 297
flowerbed 85, 90
flowering plant 297
flowering shrub 87
flu 44
flute 139, 257
fly 244, 295
fly v 211
fly fishing 245
flysheet 266
foal 185
focus v 271
focusing knob 167
fog 287
foil 249
folder 177
foliage 110
folk music 259
follicle 20
font 177
food 118, 130, 149
food processor 66
foot 12, 15, 310
foot pedal 257
football 220, 222
football player 220
footboard 71
footpath 262
footstrap 241
for 320
forceps 53, 167
forearm 12
forecourt 199
forehand 231
forehead 14
foreign currency 97
foreskin 21
forest 285
fork 65, 88, 207
forklift 186, 216
formal 34
formal garden 84, 262
fortieth 309
forty 308
forty minutes 304
forward 222
foul 222, 226
foul ball 228
foul line 229
foundation 40
fountain 85
four 308
four-door 200
four hundred 308
four-wheel drive 199
fourteen 308

fourteenth 309
fourth 309
fox 290
foxglove 297
foyer 59
fraction 165
fracture 46
fragile 98
fragranced 130
frame 51, 62, 206, 267
frame counter 270
France 316
freckle 15
free 321
free kick 222
free range 118
free-throw line 226
free weights 250
freesia 110
freeway 194
freeze 287
freeze v 67
freezer 67
freight train 208
freighter 215
French bean 122
French fries 154
French Guiana 315
French horn 257
French mustard 135
French press 65
French toast 157
French twist 39
frequency 179
fresh 121, 127, 130
fresh cheese 136
fresh fruit 157
freshwater fishing 245
fret 258
fretsaw 81
Friday 306
fried 159
fried chicken 155
fried egg 157
friend 24
frieze 301
frog 294
from 320
front crawl 239
front door 58
front wheel 196
frontal 16
frost 287
frosting 141
froth 148
frown 25
frozen 121, 124
frozen food 107
frozen yogurt 137
fruit 107, 126, 128
fruit bread 139
fruit farm 183
fruit juice 127, 156
fruit tart 140

fruit yogurt 157
fruitcake 140
fry v 67
frying pan 69
fuel gauge 201
fuel tank 204
full 64, 266, 321
full bed 71
full moon 280
fumble 220
funeral 26
funnel 166, 214
furniture store 115
furrow 183
fuse 60
fuse box 60, 203
fuselage 210

G

gable 300
Gabon 317
Galápagos Islands
  315
galaxy 280
gale 286
galley 214
gallon 311
gallop 243
galvanized 79
Gambia 317
game 119, 230, 273
game show 178
games 272
gangway 214
garage 58, 199
garbage can 67
garden 84, 261
garden center 115
garden features 84
garden plants 86
garden styles 84
garden tools 88
gardener 188
gardening 90
gardening basket 88
gardening gloves 89
garland 111
garlic 125, 132
garlic press 68
garnet 288
garter 35
garter straps 35
gas pump 199
gas station 199
gas tank 203
gasket 61
gasoline 199
gate 85, 182, 247
gate number 213
gauze 47, 167
gear lever 207
gearbox 202, 204
gears 206
gearshift 201

gel 38, 109
gems 288
generation 23
generator 60
genitals 12
geography 162
geometry 165
Georgia 318
gerbera 110
Germany 316
get a job v 26
get married v 26
get up v 71
geyser 285
Ghana 317
giant slalom 247
gifts shop 114
gill 294
gin 145
gin and tonic 151
ginger 125, 133
giraffe 291
girder 186
girl 23
girlfriend 24
girth 242
glacier 284
gladiolus 110
gland 19
glass 69, 152
glass bottle 166
glass rod 167
glasses 51, 150
glassware 64
glaze v 139
glider 211, 248
gliding 248
gloss 83, 271
glove 36, 224, 228,
  233, 236, 246
glue 275
glue gun 78
gneiss 288
go to bed v 71
go to sleep v 71
goal 221, 223, 224
goal area 223
goal line 220, 223,
  224
goalkeeper 222, 224
goalpost 220, 222
goat 185
goat cheese 142
goat's milk 136
goggles 238, 247
going out 75
gold 235, 289
goldfish 294
golf 232
golf bag 233
golf ball 233
golf cart 232
golf clubs 233
golf course 232

golf shoe 233
golf trolley 233
golfer 232
gong 257
good 321
good afternoon 322
good evening 322
good morning 322
good night 322
goodbye 322
goose 119, 293
goose egg 137
gooseberry 127
gorge 284
gorilla 291
Gothic 301
gown 169
grade 163
graduate 169
graduate v 26
graduation ceremony
  169
graft v 91
grains 130
gram 310
grandchildren 23
granddaughter 22
grandfather 22
grandmother 22
grandparents 23
grandson 22
granite 288
grape juice 144
grapefruit 126
grapeseed oil 134
graphite 289
grass 86, 262
grass bag 88
grasshopper 295
grassland 285
grate v 67
grated cheese 136
grater 68
gratin dish 69
gravel 88
gravity 280
graze 46
greasy 39
Greece 316
green 129, 232, 274
green olive 143
green peas 131
green salad 158
green tea 149
greenhouse 85
Greenland 314
Grenada 314
gray 39, 274
grill pan 69
grilled 159
groceries 106
grocery cart 106
grocery store 114
groin 12

english

groom 243
ground 60, 132
ground coffee 144
ground cover 87
ground floor 104
ground meat 119
ground sheet 267
group therapy 55
grout 83
guard 236
guardrail 195
Guatemala 314
guava 128
guest 64, 100
guidebook 260
guided tour 260
guilty 181
Guinea 317
Guinea-Bissau 317
guitarist 258
gull 292
gum 50
gumdrop 113
gun 94
gurney 48
gutter 58, 299
guy rope 266
Guyana 315
gym 101, 250
gym machine 250
gymnast 235
gymnastics 235
gynecologist 52
gynecology 49
gypsophila 110

H

hacksaw 81
haddock 120
hemorrhage 46
hail 286
hair 14, 38
hair dye 40
hair straightener 38
hairdresser 38, 188
hairspray 38
Haiti 314
half an hour 304
half-and-half 137
half-liter 311
halftime 223
halibut fillets 120
Halloween 27
halter 243
halter neck 35
ham 119, 143, 156
hammer 80
hammer v 79
hammock 266
hamper 263
hamster 290
hamstring 16
hand 13, 15
hand drill 81

hand fork 89
hand rail 59, 196
hand towel 73
handbag 37
handcuffs 94
handicap 233
handkerchief 36
handle 36, 88, 106,
  187, 200, 230
handlebar 207
handles 37
handsaw 81, 89
handset 99
hang v 82
hang-glider 248
hang-gliding 248
hanging basket 84
hanging file 173
happy 25
harbor 217
harbor master 217
hard 129, 321
hard candy 113
hard cheese 136
hard cider 145
hard hat 186
hardboard 79
hardware 176
hardware store 114
hardwood 79
haricot beans 131
harness race 243
harp 256
harvest v 91, 183
hat 36
hatchback 199, 200
have a baby v 26
Hawaii 314
hay 184
hay fever 44
hazard 195
hazard lights 201
hazelnut 129
hazelnut oil 134
head 12, 19, 81, 230
head v 222
head injury 46
head office 175
headache 44
headband 39
headboard 70
headlight 198, 205,
  207
headphones 268
headrest 200
headsail 240
health 44
health center 168
health food store 115
heart 18, 119, 122, 273
heart attack 44
heater controls 201
heather 297
heating element 61

heavy 321
heavy cream 137
heavy metal 259
hedge 85, 90, 182
hedgehog 290
heel 13, 15, 37
height 165
helicopter 211
hello 322
helmet 95, 204, 206,
  220, 224, 228
help desk 168
hem 34
hematite 289
hen's egg 137
herb 55, 86
herb garden 84
herbaceous border 85
herbal remedies 108
herbal tea 149
herbalism 55
herbicide 183
herbs 133, 134
herbs and spices 132
herd 183
hexagon 164
high 321
high chair 75
high definition 269
high dive 239
high-heeled shoe 37
high jump 235
high speed train 208
highlights 39
hiking 263
hiking boot 37, 267
hill 284
Himalayas 313
hip 12
hippopotamus 291
historic building 261
history 162
hit v 224
hob 67
hockey 224
hockey stick 224
hoe 88
hold 215, 237
hole 232
hole in one 233
hole punch 173
holly 296
home 58
home delivery 154
home entertainment
  268
home furnishings 105
home plate 228
homeopathy 55
homework 163
homogenized 137
Honduras 314
honeycomb 135
honeymoon 26

honeysuckle 297
hood 31, 75, 198
hoof 242, 291
hook 187, 276
hoop 226, 277
horizontal bar 235
hormone 20
horn 201, 204, 291
horror movie 255
horse 185, 235, 242
horse race 243
horseback riding 242,
  263
horseradish 125
horseshoe 242
hose 89, 95
hose reel 89
hosepipe 89
hospital 48
host 64, 178
hostess 64
hot 124, 286, 321
hot-air balloon 211
hot chocolate 144,
  156
hot dog 155
hot drinks 144
hot faucet 72
hot-water bottle 70
hotel 100, 264
hour 304
hour hand 304
house 58
household current 60
household
  products 107
hovercraft 215
hub 206
hubcap 202
hull 214, 240
human resources
  department 175
humerus 17
humid 286
hummingbird 292
hump 291
hundred 308
hundred and ten 308
hundred thousand
  308
hundredth 309
Hungary 316
hungry 64
hurdles 235
hurricane 287
husband 22
husk 130
hydrant 95
hydrofoil 215
hydrotherapy 55
hypnotherapy 55
hypoallergenic 41
hypotenuse 164

I

ice 120, 287
ice and lemon 151
ice bucket 150
ice climbing 247
ice cream 137, 149
ice-cream scoop 68
ice cube 151
ice hockey 224
ice hockey player 224
ice hockey rink 224
ice maker 67
ice skate 224
ice-skating 247
iced coffee 148
iced tea 149
Iceland 316
icicle 287
icon 177
identity tag 53
igneous 288
ignition 200
iguana 293
illness 44
immigration 212
impotent 20
in 320
in brine 143
in front of 320
in-goal area 221
in oil 143
in sauce 159
in syrup 159
inbox 177
inch 310
incisor 50
incubator 53
index finger 15
India 318
Indian Ocean 312
indigo 274
Indonesia 319
induce labour v 53
industrial park 299
infection 44
infertile 20
infield 228
inflatable dinghy 215
inflatable ring 265
information 261
information screen
  213
inhaler 44, 109
injection 48
injury 46
ink 275
ink pad 173
inlet 61
inline skating 249
inner core 282
inner tube 207
inning 228
innocent 181

english

insect repellent 108, 267
inside 320
insomnia 71
install v 177
instep 15
instructions 109
instruments 256, 258
insulation 61
insulin 109
insurance 203
intensive care unit 48
interchange 194
intercom 59
intercostal 16
intercourse 20
interest rate 96
interior 200
intermission 254
internal systems 60
international flight 212
internet 177
intersection 298
interviewer 179
into 320
in-tray 172
invertebrates 295
investigation 94
investment 97
ionosphere 286
Iran 318
Iraq 318
Ireland 316
iris 51, 110
iron 76, 109, 233, 289
iron v 76
ironing board 76
island 282
Israel 318
Italy 316
itinerary 260
IUD 21
Ivory Coast 317

jack 203, 273
jacket 32, 34
jackhammer 187
jade 288
jam 134, 156
Jamaica 314
January 306
Japan 318
jar 134, 311
javelin 234
jaw 14, 17
jazz 259
jeans 31, 33
jelly bean 113
jellyfish 295
Jerusalem
    artichoke 125

jet 288
jet skiing 241
jetty 217
jetway 212
jeweler 114, 188
jewelry 36
jewelry box 36
jewelry-making 275
jewelry store 114
jigsaw 78
jigsaw puzzle 273
jodhpurs 242
jog in place 251
jogging 251, 263
jogging suit 31
joint 17, 119
joker 273
Jordan 318
journal 168
journalist 190
judge 180
judo 236
juices and
    milkshakes 149
juicy 127
July 306
jump 237, 243
jump v 227
jump ball 226
jumping rope 251
June 306
Jupiter 280
jury 180
jury box 180

kale 123
Kaliningrad 316
kangaroo 291
karate 236
kayak 241
kayaking 241
Kazakhstan 318
kebab 155, 158
keel 214
keep net 244
kendo 236
Kenya 317
kernel 122, 129, 130
ketchup 135, 154
kettle 66
kettledrum 257
key 59, 176, 207
keyboard 176, 258
keypad 97, 99
kick 237, 239
kick v 221, 223
kickboard 238
kickboxing 236
kickstand 207
kid 185
kidney 18, 119
kilogram 310

kilometer 310
kimono 35
king 272, 273
king shrimp 121
kippers 157
kitchen 66, 152
kitchen knife 68
kitchenware 68, 105
kitten 290
kiwifruit 128
knead v 138
knee 12
knee length 34
knee pad 205
knee support 227
kneecap 17
knife 65
knife sharpener
    68, 118
knight 272
knitting 277
knockout 237
knuckle 15
koala 291
kohlrabi 123
koi carp 294
Kosovo 316
kumquat 126
kung fu 236
Kuwait 318
Kyrgyzstan 318

labels 89
labia 20
laboratory 166
lace 35, 37
lace bobbin 277
lace making 277
lace-up 37
lacrosse 249
lactose 137
ladder 95, 186
ladle 68
ladybug 295
ladyfinger 141
lake 285
lamb 118, 185
lamp 62, 217
land 282
land v 211
landing 59
landing gear 210
landing net 244
landlord 58
landscape 271, 284
landscape v 91
lane 234, 238
languages 162
Laos 318
lapel 32
laptop 172, 176
larch 296

large 321
large intestine 18
larynx 19
last week 307
late 16, 305
later 304
latex paint 83
latitude 283
Latvia 316
laugh v 25
launch 281
launch pad 281
laundromat 115
laundry 76
laundry service 101
lava 283
law 169, 180
lawn 85, 90
lawn rake 88
lawnmower 88, 90
lawyer 180, 190
lawyer's office 180
laxative 109
lead singer 258
leaded 199
leaf 122, 296
league 223
lean meat 118
learn v 163
leather shoes 32
leathers 205
Lebanon 318
lecture hall 169
leek 125
left 260
left field 228
left-hand drive 201
left lane 194
leg 12, 119
leg pad 225
leg press 251
legal advice 180
legal department 175
leggings 31
legumes 130
leisure 258, 254, 264
lemon 126
lemon curd 134
lemon grass 133
lemon sole 120
lemonade 144
length 165, 310
lens (camera) 270
lens (eye) 51
lens (glasses) 51
lens cap 270
lens case 51
Lesotho 317
lesson 163
let! 231
letter 98
letter slot 58, 99
letterhead 173
lettuce 123

level 80, 187
lever 61, 150
Liberia 317
librarian 168, 190
library 168, 299
library card 168
Libya 317
license plate 198
licorice 113
liquor store 115
lid 61, 66
Liechtenstein 316
life buoy 240
life events 26
life jacket 240
life raft 240
lifeboat 214
lifeguard 239, 265
lifeguard tower 265
ligament 17
light 178, 321
light a fire v 266
light aircraft 211
light meter 270
light switch 201
lighter 112
lighthouse 217
lighting 105
lightning 287
lights 94
lily 110
lime 126, 296
limestone 288
limousine 199
line 244
line of play 233
linen 105, 277
lines 165
linesman 223, 230
lingerie 35, 105
lining 32
lining paper 83
link 36
lintel 186
lion 291
lip 14
lip brush 40
lip gloss 40
lip liner 40
lipstick 40
liqueur 145
liquid 77
liquid measure 311
literature 162, 169
Lithuania 316
liter 311
little finger 15
little toe 15
live 60, 178
live rail 209
liver 18, 118
livestock 183, 185
living room 62
lizard 293

load v 76
loaf 139
loan 96, 168
lob 230
lobby 100, 255
lobster 121, 295
lock 59, 207
lockers 239
log on v 177
loganberry 127
logo 31
loin 121
lollipop 113
long 32
long-distance bus 196
long-grain 130
long-handled shears 88
long jump 235
long wave 179
longitude 283
loom 277
loose-leaf tea 144
lose v 273
loser 273
love 230
low 321
lug nuts 203
luge 247
luggage 100, 198, 213
luggage department 104
luggage hold 196
luggage rack 209
lumbar vertebrae 17
lumber 187
lunar module 281
lunch 64
lung 18
lunge 251
lupines 297
lure 244
Luxembourg 316
lychee 128
lymphatic 19
lyrics 259

M
macadamia 129
mace 132
Macedonia 316
machine gun 189
machinery 187
mackerel 120
macramé 277
Madagascar 317
magazine 107, 112
magma 283
magnesium 109
magnet 167
maid service 101

mail carrier 98, 190
mailbag 98, 190
mailbox 58, 99
mainsail 240
make a will v 26
make friends v 26
make the bed v 71
makeup 40
making bread 138
malachite 288
Malawi 317
Malaysia 318
Maldives 318
male 12, 21
Mali 317
mallet 78, 275
Malta 316
malt vinegar 135
malted drink 144
mammals 290
man 23
manager 24, 174
Manchego 142
mane 242, 291
mango 128
manhole 299
manicure 41
mantle 282
manual 200
map 261
maple 296
maple syrup 134
maracas 257
marathon 234
marble 288
March 306
margarine 137
marina 217
marinated 143, 159
marine fishing 245
marjoram 133
mark v 227
market 115
marketing department 175
marmalade 134, 156
marrow squash 124
Mars 280
marshmallow 113
martial arts 237
martini 151
marzipan 141
mascara 40
mashed 159
masher 68
mask 189, 228, 236, 239, 249
masking tape 83
masonry bit 80
massage 54
mast 240
master's 169
mat 54, 235
match 230

material 79, 187, 276
maternity 49
maternity ward 48
math 162, 164
matte 83, 271
mattress 70, 74
Mauritiana 317
Mauritius 317
May 306
maybe 322
mayonnaise 135
MDF 79
meadow 285
meal 64
measles 44
measure 150, 151
measure v 310
measurements 165
measuring cup 69, 311
measuring spoon 109
meat 119
meat and poultry 106
meat tenderizer 68
meatballs 158
meathook 118
mechanic 188, 203
mechanics 202
medals 235
media 178
median stripe 194
medical examination 45
medication 109
medicine 109, 169
medicine cabinet 72
meditation 54
Mediterranean Sea 313
medium wave 179
meeting 174
meeting room 174
melody 259
melon 127
memory 176
memory stick 176
men's clothing 32
menstruation 20
menswear 105
menu 148, 153, 154
menubar 177
mercury 289
Mercury 280
meringue 140
mesosphere 286
messages 100
metacarpal 17
metal 79, 289
metal bit 80
metamorphic 288
metatarsal 17
meteor 280
meter 310
Mexico 314

mezzanine 254
mica 289
microphone 179, 258
microscope 167
microwave oven 66
middle finger 15
middle lane 194
midnight 305
midwife 53
migraine 44
mile 310
milk 136, 156
milk v 183
milk carton 136
milk chocolate 113
milk shake 137
millennium 307
millet 130
milligram 310
milliliter 311
millimeter 310
mineral 144, 289
minibar 101
minibus 197
minivan 199
mint 113, 133
mint tea 149
minus 165
minute 304
minute hand 304
minutes 174
mirror 40, 71, 167
miscarriage 52
Miss/Ms. 23
missile 211
mist 287
miter block 81
mittens 30
mix v 67, 138
mixing bowl 66, 69
mixing desk 179
moat 300
mobile 74
model 169, 190
model-making 275
modeling tool 275
moisturizer 41
molar 50
molding 63
Moldova 316
mole 14
Monaco 316
Monday 306
money 97
money order 98
Mongolia 318
monitor 53, 172
monkey 291
monkfish 120
Monopoly 272
monorail 208
monsoon 287
Montenegro 316

month 306
monthly 307
monument 261
Moon 280
moonstone 288
moor v 217
mooring 217
mop 77
morning 305
Morocco 317
mortar 68, 167, 187
mortgage 96
mosque 300
mosquito 295
mosquito net 267
moth 295
mother 22
mother-in-law 23
motocross 249
motor 88
motorcycle 204
motorcycle racing 249
mountain 284
mountain bike 206
mountain range 282
mouse 176, 290
mousse 141
mustache 39
mouth 14
mouth guard 237
mouthwash 72
move 273
movie set 179
movie theater 255, 299
movies 255
mow v 90
Mozambique 317
mozzarella 142
Mr. 23
Mrs. 23
mudguard 205
muffin 140
muffin pan 69
muffler 203, 204
mug 65
mulch v 91
multigrain bread 139
multiply v 165
multivitamin tablets 109
mumps 44
mung beans 131
muscles 16
museum 261
mushroom 125
music 162
music school 169
musical 255
musical score 255
musical styles 259
musician 191
mussel 121, 295
mustard 155
mustard seed 131
Myanmar (Burma) 318

english

N

naan bread 139
nail 15, 80
nail clippers 41
nail file 41
nail scissors 41
nail polish 41
nail polish
   remover 41
Namibia 317
nape 13
napkin 65
napkin ring 65
nappy rash cream 74
narrow 321
nation 315
national park 261
natural 256
natural fiber 31
naturopathy 55
nausea 44
navel 12
navigate v 240
near 320
nearsighted 51
nebula 280
neck 12, 258
neck brace 46
necklace 36
nectarine 126
needle 109, 276
needle-nose
   pliers 80
needle plate 276
needlepoint 277
negative 271
negative electrode
   167
neighbor 24
Neoclassical 301
Nepal 318
nephew 23
Neptune 280
nerve 19, 50
nervous 19, 25
net 217, 222, 226,
   227, 231
net v 245
Netherlands 316
nettle 297
network 176
neurology 49
neutral 60
neutral zone 224
new 321
new moon 280
new potato 124
New Year 27
New Zealand 319
newborn baby 53
news 178
newsstand 112
newspaper 112

next week 306
nib 163
Nicaragua 314
nickel 289
niece 23
Niger 317
Nigeria 317
night 305
nightgown 31, 35
nightwear 31
nightstand 70
nightstick 94
nine 308
nine hundred 308
nineteen 308
nineteen hundred
   307
nineteen hundred and
   one 307
nineteen ten 307
nineteenth 309
ninetieth 309
ninety 308
ninth 309
nipple 12, 75
no 322
no right turn 195
no stopping 195
nonstick 69
noodles 158
noon 305
normal 39
north 312
North and Central
   America 314
North Korea 318
North Pole 283
North Sea 312
Northern
   Hemisphere 283
Norway 316
nose 14, 210
nose clip 238
noseband 242
nosebleed 44
nosewheel 210
nostril 14
notation 256
note 256
notebook 163, 172
notepad 173
notes 191
notions 105
nougat 113
November 306
now 304
nozzle 89
number 226, 308
numerator 165
nurse 45, 48, 189
nursery 74
nursing 53
nursing bra 53
nursing pads 53

nut 80
nutmeg 132
nuts 151
nuts and dried
   fruit 129
nylon 277

O

oak 296
oar 241
oatmeal 157
oats 130
objective lens 167
oboe 257
obsidian 288
obstetrician 52
occupations 188,
   190
occupied 321
ocean 282
ocean liner 215
octagon 164
October 306
octopus 121, 295
odometer 201
off-piste 247
off-ramp 194
office 24, 172, 174
office building 298
office equipment 172
office supplies 173
offside 223
oil 142, 199
oil paint 274
oil tank 204
oil tanker 215
oils 134
oily 41
ointment 47, 109
okra 122
old 321
olive oil 134
olives 151
Oman 318
omelet 158
on-ramp 194
on time 305
on top of 320
oncology 49
one 308
one billion 309
one million 309
one thousand 309
one-way street
   194
one-way system
   298
onesie 30
onion 124
online 177
onto 320
onyx 289
opal 288

open 260, 321
open-faced
   sandwich 155
open-top 260
opening night 254
opera 255
operating room 48
operation 48
operator 99
ophthalmology 49
opponent 236
opposite 320
optic nerve 51
optometrist 51, 189
orange 126, 274
orange juice 148
orangeade 144
orbit 280
orchestra 256
orchestra pit 254
orchestra seats 254
orchid 111
order v 153
oregano 133
organic 91, 118, 122
organic waste 61
origami 275
ornamental 87
orthopedics 49
osteopathy 54
ostrich 292
otter 290
ounce 310
out 225, 228, 320
out of bounds 226
out of focus 271
outboard motor 215
outbuilding 182
outdoor activities
   262
outer core 282
outfield 229
outlet 60, 61
outpatient 48
outside 320
out-tray 172
oval 164
ovary 20
oven 66
oven mitt 69
ovenproof 69
over 320
over par 233
overalls 30
overdraft 96
overexposed 271
overflow pipe 61
overhead bin 210
overpass 194
overture 256
ovulation 20, 52
owl 292
oyster 121
ozone layer 286

P

Pacific Ocean 312
pack 311
pack of cigarettes 112
package 99
packet 311
pad 220, 224
paddle 231, 241
paddock 242
pail 265
painkillers 47, 109
paint 83
paint v 83
paint can 83
paint thinner 83
paint tray 83
painter 191
painting 62, 261, 274
paints 274
pajamas 33
Pakistan 318
palate 19
palette 274
pallet 186
palm 15, 86, 296
palm hearts 122
pan 310
pan fried 159
Panama 314
pancreas 18
panda 291
panties 35
pants 32, 34
panty hose 35, 251
panty liner 108
papaya 128
paper clip 173
paper napkin 154
paper tray 172
papier-maché 275
paprika 132
Papua New
   Guinea 319
par 233
parachute 248
parachuting 248
paragliding 248
Paraguay 315
parallel 165
parallel bars 235
parallelogram 164
paramedic 94
parents 23
park 262
park v 195
parka 31, 33
parking brake 203
parking lot 298
parking meter 195
Parmesan 142
parole 181
parrot 293
parsley 133

english

parsnip 125
particle board 79
partner 23
pass 226
pass v 195, 220, 223
passcode 99
passenger 216
passenger port 216
passenger seat 204
passion fruit 128
Passover 27
passport 213
passport control 213
pasta 158
pastels 274
pasteurized 137
pasting brush 82
pasting table 82
pastry 140, 149
pastry brush 69
pastry shop 114
pasture 182
patch 207
patchwork 277
pâté 142, 156
path 58, 85
pathology 49
patient 45
patio café 148
patio garden 85
pattern 276
pause 269
paving 85
pawn 272
pay v 153
pay-per-view
  channel 269
payment 96
payphone 99
payroll 175
pea 122, 131
peach 126, 128
peacock 293
peanut 129, 151
peanut butter 135
peanut oil 135
pear 127
pecan 129
pectoral 16
pectoral fin 294
pedal 61, 206
pedal v 207
pedestrian zone 299
pediatrics 49
pedicure 41
pediment 301
peel 128
peel v 67
peeled shrimp 120
peeler 68
pelican 292
pelvis 17
pen 163, 185
pen pal 24

penalty 222
penalty area 223
pencil 163, 275
pencil case 163
pencil sharpener 163
pendant 36
penguin 292
peninsula 282
penis 21
pentagon 164
peony 111
people 12, 16
pepper 64, 124, 152
peppercorn 132
pepperoni 142
percentage 165
percussion 257
perennial 86
perfume 41, 105
periodical 168
perm 39
perpendicular 165
persimmon 128
personal best 234
personal organizer
  173, 175
personal trainer 250
Peru 315
pesticide 89, 183
pestle 68, 167
pet food 107
pet store 115
petal 297
petri dish 166
pharmacist 108, 189
pharmacy 108
pharynx 19
pheasant 119, 293
Phillips screwdriver 80
philosophy 169
Philippines 319
phone booth 99
photo album 271
photo finish 234
photograph 271
photograph v 271
photographer 191
photography 270
phyllo dough 140
physical education 162
physics 162, 169
physiotherapy 49
piano 256
piccolo 257
pick v 91
pick and mix 113
pickax 187
pickled 159
pickup 98, 258
picnic 263
picnic bench 266
picture frame 271
pie pan 69
piece 272

pier 217
pig 185
pig farm 183
pigeon 292
pigeonhole 100
piglet 185
pigsty 185
pigtails 39
Pilates 251
pill 21, 109
pillar 300
pillow 62, 70
pillowcase 71
pilot 190, 211
pin 60, 237, 249,
  276
pincushion 276
pine 296
pine nut 129
pineapple 128
pineapple juice 149
pink 274
pint 311
pinto beans 131
pipe 112, 202
pipe cutter 81
pipette 167
piping bag 69
pistachio 129
pita bread 139
pitch 225, 256, 266
pitch v 229
pitch a tent v 266
pitcher 65, 151, 229
pitcher's mound 228
pitches available 266
pith 126
pizza 154
pizzeria 154
place setting 65
placemat 64
placenta 52
plain 285
plane 81
plane v 79
planet 280, 282
plant v 183
plant pot 89
plants 86, 296
plaque 50
plaster 83
plaster v 82
plastic bag 122
plastic pants 30
plastic surgery 49
plate 65, 283
plateau 284
platform 208
platform number 208
platinum 289
play 254, 269
play v 229, 273
player 221, 231, 273

playground 263
playhouse 75
playing 75
playing field 168
playpen 75
plea 180
please 322
Plimsoll mark 214
plow v 183
plug 60, 72
plum 126
plumb line 82
plumber 188
plumbing 61
plunger 81
plus 165
Pluto 280
plywood 79
poach v 67
poached 159
pocket 32
pod 122
podium 235, 256
point 273
poisoning 46
poker 273
Poland 316
polar bear 291
Polaroid camera 270
pole 245, 282
pole vault 234
police 94
police car 94
police officer 94, 184
police station 94
polish 77
polish v 77
political science 169
polo 243
polyester 277
pomegranate 128
pommel 242
pommel horse 235
pond 85
ponytail 39
pool 249
pop 259
popcorn 255
poplar 296
poppy 297
poppy seeds 138
porch 58
porch light 58
pore 15
pork 118
port 145, 176,
  214, 216
porter 100
portfolio 97
porthole 214
portion 64
portrait 271
Portugal 316
positive electrode 167

post office 98
postage 98
postal worker 98
postgraduate 169
poster 255
poster paint 274
postcard 112
postmark 98
pot v 91
potpourri 111
potato 124
potato chips 113, 151
potpie 143, 158
potted plant 87, 110
potter's wheel 275
pottery 275
potty 74
pouch 291
poultry 119
poultry farm 183
pound 310
pour v 67
powder 77, 109
powder puff 40
powdered milk 137
power 60
power cord 176
power outage 60
practice swing 233
praying mantis 295
pregnancy 52
pregnancy test 52
pregnant 52
premature 52
premolar 50
prenatal 52
prepared food 107
prerecorded 178
prescription 45
present 27
presentation 174
preservative 83
preserved fruit 134
press 178
press-up 251
presser foot 276
pressure valve 61
price 152, 199
price list 154
prickly pear 128
primer 83
primrose 297
principal 163
principality 315
print 271
print v 172
printer 172, 176
printing 275
prison 181
prison guard 181
private bathroom 100
private jet 211
private room 48
probe 50

english

problems 271
processed grains 130
procession 27
processor 176
produce seller 188
produce stand 114
producer 254
professor 169
program 176, 254, 269
programming 178
propagate v 91
propeller 211, 214
proposal 174
prosciutto 143
prosecution 180
prostate 21
protractor 165
proud 25
prove v 139
province 315
prow 215
prune 129
prune v 91
pruners 89
psychiatry 49
psychotherapy 55
public address system 209
puck 224
Puerto Rico 314
puff pastry 140
pull up v 251
pulp 127
pulse 47
pumice 288
pumice stone 73
pump 37, 207
pumpkin 125
pumpkin seed 131
punch 237
punching bag 237
pup 290
pupil 51
puppy 290
purple 274
push-up 251
putt v 233
putter 233
pyramid 164

Q
Qatar 318
quadriceps 16
quail 119
quail egg 137
quart 311
quarter of an hour 304
quarterdeck 214
quartz 289
quay 216
queen 272, 273

question 163
question v 163
quiche 142
quiche pan 69
quick cooking 130
quilt 71
quilting 277
quince 128
quinoa 130
quiver 249

R
rabbit 118, 290
raccoon 290
race 234
race-car driver 249
racecourse 243
racehorse 243
racing bike 205, 206
racing dive 239
rack 166
racket 230
racket games 231
racquetball 231
radar 214, 281
radiator 60, 202
radicchio 123
radio 179, 268
radio antenna 214
radio station 179
radiology 49
radish 124
radius 17, 164
rafter 186
rafting 241
rail 208
railcar 208
railroad network 209
rain 287
rain boots 31
rain forest 285
rain gear 245, 267
rainbow 287
rainbow trout 120
raincoat 31, 32
raisin 129
rake 88
rake v 90
rally 230
rally driving 249
RAM 176
Ramadan 26
ramekin 69
rap 259
rapeseed 184
rapids 240, 284
rappelling 248
rash 44
raspberry 127
raspberry jam 134
rat 290
rattle 74
raw 124, 129

ray 294
razor blade 73
razorshell clam 121
read v 162
reading light 210
reading list 168
reading room 168
real estate office 115
realtor 189
reamer 80
rear light 207
rear wheel 197
rearview mirror 198
receipt 152
receive v 177
receiver 99
reception 100
receptionist 100, 190
record 234, 269
record player 268
record store 115
recording studio 179
rectangle 164
rectum 21
recycling bin 61
red 274
red (wine) 145
red card 223
red currant 127
red eye 271
red kidney beans 131
red lentils 131
red meat 118
red mullet 120
Red Sea 313
reduce v 172
reduced-fat milk
reel 244
reel in v 245
referee 220, 222, 226
referral 49
reflector 50, 204, 207
reflector strap 205
reflexology 54
reggae 259
region 315
regional office 175
register 100
registered mail 98
regulator 239
reheat v 154
reiki 55
reins 242
relationships 24
relatives 23
relaxation 55
relay race 235
release v 245
remote control 269
Renaissance 301
renew v 168
rent 58
rent v 58

repair kit 207
report 174
reporter 179
reproduction 20
reproductive 19
reproductive organs 20
reptiles 293
research 169
reserve v 168
residence hall 168
respiratory 19
rest 256
restaurant 101, 152
restrooms 104, 266
result 49
resurfacing 187
resuscitation 47
retina 51
retire v 26
return 231
return address 98
reverse v 195
rewind 269
rhinoceros 291
rhombus 164
rhubarb 127
rhythmic gymnastics 235
rib 17, 119, 155
rib cage 17
ribbon 27, 39, 111, 141, 235
rice 130, 158, 184
rice pudding 140
rider 242
riding boot 242
riding crop 242
riding hat 242
rigging 215, 240
right 260
right field 229
right-hand drive 201
right lane 194
rim 206
rind 119, 127, 136, 142
ring 36
ring finger 15
ring ties 89
rings 235
rinse v 38, 76
ripe 129
rise v 139
river 284
road bike 206
road markings 194
road roller 83, 187
road signs 195
roads 194
roadwork 187, 195
roast 158
roast v 67
roasted 129

robe 31, 32, 35, 38
rock climbing 248
rock concert 258
rock garden 84
rocks 284, 288
Rocky Mountains 312
Rococo 301
rodeo 243
roll 139, 311
roll v 67
roller coaster 262
roller shade 63
rollerblading 263
rolling pin 69
romance 255
Romania 316
romper 30
roof 58, 203
roof garden 84
roof rack 198
roof tile 187
rook 272
room 58
room key 100
room number 100
room service 101
rooms 100
rooster 185
root 50, 124, 296
roots 39
rope 248
rose 89, 110
rosé 145
rosemary 133
rotor blade 211
rotten 127
rough 232
round 237
roundabout 195
route number 196
router 78
row 210, 254
row v 241
row boat 214
row house 58
rower 241
rowing machine 250
rubber band 173
rubber boots 89
rubber stamp 173
ruby 288
ruck 221
rudder 210, 241
rug 63
rugby 221
rugby field 221
ruler 163, 165
rum 145
rum and cola 151
rump steak 119
run 228
run v 228

english

runner bean 122
runway 212
Russian Federation 318
rutabaga 125
Rwanda 317
rye bread 138

S

sad 25
saddle 206, 242
safari park 262
safe 228
safety 75, 240
safety barrier 246
safety goggles 81, 167
safety pin 47
saffron 132
sage 133
Sahara Desert 313
sail 241
sailboat 215
sailing 240
sailor 189
salad 149
salamander 294
salami 142
salary 175
sales assistant 104
sales department 175
salesclerk 188
salmon 120
salon 115
salt 64, 152
salted 121, 129, 137, 143
San Marino 316
sand 85, 264
sand v 82
sandal 31, 37
sandbox 263
sandcastle 265
sander 78
sandpaper 81, 83
sandstone 288
sandwich 155
sandwich counter 143
sanitary napkin 108
São Tomé and Principe 317
sapphire 288
sardine 120
Sardinia 316
sashimi 121
satellite 281
satellite dish 269
satellite navigation (satnav) 195, 201
satsuma 126
Saturday 306
Saturn 280
sauce 134, 143, 155
saucepan 69

Saudi Arabia 318
sauna 250
sausage 118, 155, 157
sauté v 67
save v 177, 223
savings 96
savings account 97
savory 155
saw v 79
saxophone 257
scaffolding 186
scale 45, 69, 98, 118, 121, 166, 212, 256, 293, 294, 310
scaled 121
scallion 125
scallop 121
scalp 39
scalpel 167
scan 48, 52
scanner 106, 176
scarecrow 184
scared 25
scarf 31, 36
schedule 197, 209, 261
schist 288
scholarship 169
school 162, 169, 299
school bus 196
schoolbag 162
schoolboy 162
schoolgirl 162
science 162, 166
science fiction movie 255
scientist 190
scissors 38, 47, 82, 276
scoop 149
scooter 205
score 220, 256, 273
score a goal v 223
scoreboard 225
scorpion 295
scotch and water 151
Scrabble 272
scrambled eggs 157
scrape v 77
scraper 82
screen 97, 176, 255, 269
screw 80
screwdriver 80, 151
screwdriver bits 80
script 254
scrollbar 177
scrotum 21
scrub v 77
scrum 221
scuba diving 239
sculpting 275
sculptor 191

sea 264, 282
sea bass 120
sea bream 120
sea horse 294
sea lion 290
seafood 121
seal 290
sealant 83
seam 34
seamstress 191
seaplane 211
search v 177
seasonal 129
seasons 306
seat 61, 204, 209, 210, 242, 254
seat back 210
seat belt 198, 211
seat post 206
seating 254
second 304, 309
second floor 104
second hand 304
secondhand store 115
section 282
security 212
security bit 80
security guard 189
sedan 199
sedative 109
sedimentary 288
seed 122, 127, 128, 130
seed tray 89
seeded bread 139
seedless 127
seedling 91
seeds 88, 131
seesaw 263
segment 126
self defence 237
self-rising flour 139
self-tanning lotion 41
semi-hard cheese 136
semi-soft cheese 136
seminal vesicle 21
semolina 130
send v 177
send off v 223
Senegal 317
sensitive 41
sentence 181
September 306
Serbia 316
serve 231
serve v 64, 231
server 148,152, 176
service charge included 152
service charge not included 152
service line 230

service provider 177
service vehicle 212
serving spoon 68
sesame seed 131
sesame seed oil 134
set 178, 230, 254
set v 38
set honey 134
set sail v 217
set the alarm v 71
seven 308
seven hundred 308
seventeen 308
seventeenth 309
seventh 309
seventieth 309
seventy 308
sew v 277
sewing basket 276
sewing machine 276
sexually transmitted disease 20
shade 41
shade plant 87
shallot 125
shallow end 239
shampoo 38
shapes 164
share price 97
shares 97
shark 294
sharp 256
shaving 73
shaving foam 73
shears 89
shed 84
sheep 185
sheep farm 183
sheep's milk 137
sheer curtain 63
sheet 71, 74, 241
shelf 67, 106
shell 129, 137, 265, 293
shelled 129
shelves 66
sherbet 141
sherry 145
shiatsu 54
shield 88
shin 12
shingle 58
ship 214
shipyard 217
shirt 33
shock 47
shocked 25
shoe department 104
shoe store 114
shoes 34, 37
shoot v 223, 227
shopping 104
shopping bag 106

shopping center 104
shops 114
short 32, 321
short-grain 130
short wave 179
shorts 30, 33
shot 151
shotput 234
shoulder 13, 194
shoulder bag 37
shoulder blade 17
shoulder pad 35
shoulder strap 37
shout v 25
shovel 88, 187, 265
shower 72, 286
shower block 266
shower curtain 72
shower door 72
shower gel 73
shower head 72
showjumping 243
shredder 172
shuffle v 273
shutoff valve 61
shutter 58
shutter release 270
shuttle bus 197
shuttlecock 231
shy 25
Siberia 313
Sicily 316
side 164
side-by-side refrigerator 67
side effects 109
side mirror 198
side order 153
side plate 65
side saddle 242
side street 299
sidedeck 240
sideline 220, 226, 230
sidewalk 298
sidewalk café 148
Sierra Leone 317
sieve 68, 89
sift v 91, 138
sigh v 25
sightseeing 260
sign 104
signal 209
signature 96, 98
silk 277
silo 183
silt 85
silver 235, 289
simmer v 67
Singapore 319
singer 191
single 151

english

english

single-family 58
single room 100
singles 230
sink 38, 50, 61, 66, 72
sinker 244
sinus 19
siren 94
sirloin steak 119
sister 22
sister-in-law 23
site 266
site manager's
    office 266
sit-up 251
six 308
six hundred 308
sixteen 308
sixteenth 309
sixth 309
sixtieth 309
sixty 308
skate 120, 247, 294
skate v 224
skate wings 120
skateboard 249
skateboarding 249, 263
skein 277
skeleton 17
sketch 275
sketch pad 275
skewer 68
ski 241, 246
ski boot 246
ski jacket 246
ski jump 247
ski pole 246
ski run 246
ski slope 246
skier 246
skiing 246
skim milk 136
skin 14, 119
skin care 108
skinned 121
skirt 30, 34
skull 17
skydiving 248
skyscraper 299, 300
slalom 247
slate 288
sledding 247
sledgehammer 187
sleeper 30
sleeping 74
sleeping bag 267
sleeping compartment
    209
sleeping mat 267
sleeping pill 109
sleet 286
sleeve 34
sleeveless 34
slice 119, 139, 140,
    230

slice v 67
sliced bread 138
slicer 139
slide 167, 263
slide v 229
sling 46
slip 35
slip-on 37
slippers 31
slope 284
slotted spatula 68
slotted spoon 68
Slovakia 316
Slovenia 316
slow 321
slug 295
small 321
small intestine 18
small of back 13
smartphone 99, 176
smash 231
smile 25
smoke 95
smoke alarm 95
smoked 118, 121,
    143, 159
smoked fish 143
smoking 112
snack bar 113, 148
snail 295
snake 293
snap 30
snare drum 257
sneaker 37, 251
sneeze 44
snooker 249
snore v 71
snorkel 239
snout 293
snow 287
snowboarding 247
snowmobile 247
snowsuit 30
soak v 130
soap 73
soap dish 73
soap opera 178
soccer 222
soccer ball 220
soccer field 220
soccer player 220, 222
soccer uniform 31, 222
socket 80
socket wrench 80
socks 33
sod v 90
soda bread 139
soda water 144
sofa 62
sofa bed 63
soft 129, 321
soft-boiled egg 137,
    157
soft cheese 136

soft drink 144, 154
software 176
softwood 79
soil 85
solar system 280
solder 79, 80
solder v 79
soldering iron 81
soldier 189
sole 15, 37
solids 164
Soloman Islands 319
soluble 109
solvent 83
Somalia 317
some meals
    included 101
somersault 235
son 22
son-in-law 22
sonata 256
song 259
sorrel 123
sorting unit 61
soufflé 158
soufflé dish 69
sound boom 179
sound technician 179
soundtrack 255
soup 153, 158
soup bowl 65
soup spoon 65
sour 127
sour cream 137
sourdough bread 139
sous chef 152
south 312
South Africa 317
South Korea 318
South Sudan 317
Southern Hemisphere
    283
Southern Ocean 313
souvenirs 260
sow v 90, 183
soybeans 131
space 280
space exploration 281
space heater 60
space shuttle 281
space station 281
space suit 281
spade 273
Spain 316
spare tire 203
spark plug 203
sparkling 144
sparring 237
sparrow 292
spatula 68, 167
speaker 174, 176,
    258, 268
speaker stand 268
spearfishing 245

specialist 49
specials 106, 152
spectators 233
speed limit 195
speed skating 247
speedboat 214
speedboating 241
speedometer 201,
    204
spell v 162
sperm 20
sphere 164
spices 132
spicy sausage 142
spider 295
spike v 90
spikes 233
spin 230
spin v 76
spin dryer 76
spinach 123
spine 17
spire 300
spleen 18
splint 47
splinter 46
split ends 39
split peas 131
spoke 207
sponge 73, 74, 83
sponge cake 140
spool 245
spool of thread 276
spoon 65
sport coat 33
sport fishing 245
sports 220, 236, 248
sports car 198
sportsman 191
sportswear 105
spotlight 259
sprain 46
spray 109
spray v 91
spray bottle 89, 311
spray can 311
spring 307
spring balance 166
spring greens 123
springboard 235
sprinkler 89
sprinter 234
sprocket 207
square 164, 272, 299
square foot 310
square meter 310
squash 231
squat 251
squid 121, 295
squirrel 290
Sri Lanka 318
St. Kitts and Nevis
    314
St. Lucia 314

St. Vincent and the
    Grenadines 314
stable 185, 243
stadium 223
staff 175, 256
stage 167, 254
stages 23
stainless steel 79
stair gate 75
stair machine 250
staircase 59
stake 90
stake v 91
stalk 122, 297
stalls 254
stamen 297
stamp 98
stamp collecting 273
stamps 112
stance 232
stand 88, 205, 268
stapler 173
staples 173
star 280
star anise 133
star fruit 128
starfish 295
start school v 26
starting block 234,
    238
starting line 234
state 315
statement 180
stationery 105
station wagon 199
steak 121
steam v 67
steam train 208
steamed 159
steel wool 81
steeplechase 243
steering wheel 201
stem 111, 112, 297
stencil 83
stenographer 181
step machine 250
stepdaughter 23
stepfather 23
stepladder 82
stepmother 23
stepson 23
stereo 269
stereo system 268
sterile 47
stern 240
stew 158
stick 224, 249
sticks 133
still 144
sting 46, 295
stir v 67
stir-fry 158
stirrer 150
stirrup 242

stitch 277
stitch selector 276
stitches 52
stock broker 97
stock exchange 97
stocking 35
stocks 97, 110
stomach 18
stomachache 44
stone 36, 275
stone fruit 126
stop 269
stop button 197
stopper 166
stopwatch 234
store 298
store directory 104
stork 292
storm 287
stout 145
stovetop 67
straight 39, 165
straight ahead 260
straighten v 39
strand of pearls 36
strap 35
strapless 34
stratosphere 286
straw 144, 154
strawberry 127
strawberry milkshake 149
stream 285
streaming 260
street 298
street corner 298
street sign 298
street vendor 154
streetcar 196
streetlight 298
stress 55
stretch 251
stretcher 94
strike 228, 237
string 230, 256, 258
strip v 82
stroke 44, 231, 233, 239
stroller 75
strong 321
stub 96
student 162
study 63, 162
stuffed 159
stuffed olive 143
stuffed toy 75
stump 225
styles 39, 239, 301
submarine 215
subsoil 91
substitute 223
substitution 223
subtract v 165
suburb 299
subway 208

subway map 209
succulent 87
suction cup 53
suction hose 77
Sudan 317
sugarcane 184
suit 273
sulfur 289
sultana 129
summer 31, 307
summons 180
sumo wrestling 237
Sun 280
sunbathe v 264
sunbed 41
sunblock 108, 265
sunburn 46
Sunday 306
sunflower 184, 297
sunflower oil 134
sunflower seed 131
sunglasses 51, 265
sun hat 30, 265
sunny 286
sunrise 305
sunroof 202
sunscreen 108
sunset 305
sunshine 286
suntan lotion 265
supermarket 106
supplement 55
supply pipe 61
support 187
suppository 109
surf 241
surfboard 241
surfcasting 245
surfer 241
surfing 241
surgeon 48
surgery 48
Suriname 315
surprised 25
sushi 121
suspect 94, 181
suspension 203, 205
swallow 292
swamp 285
swan 293
Swaziland 317
sweater 33
sweatshirt 33
Sweden 316
sweep v 77
sweet 124, 127, 155
sweet potato 125
sweet spreads 134
sweetcorn 124
sweets 113
swim v 238
swimmer 238
swimming 238
swimming cap 238

swimming pool 101, 238, 250
swimsuit 238, 265
swing v 232
swings 263
swiss chard 123
switch 60
Switzerland 316
swivel chair 172
sword 236
swordfish 120, 294
symphony 256
synagogue 300
synchronized swimming 239
synthetic fiber 31
Syria 318
syringe 109, 167
syrup 109
system 176

T

T-shirt 30, 33
tab 173
table 64, 148
table tennis 231
tablecloth 64
tablet 176
tachometer 201
tack v 241, 277
tackle 245
tackle v 220, 223
tackle box 244
tadpole 294
tae kwon do 236
tag v 229
tai chi 236
tail 121, 210, 242, 280, 290, 294
tailbone 17
tailgate 198
taillight 204
tailor 191
tailor shop 115
tailor's chalk 276
tailor's dummy 276
tailored 35
tailplane 210
Tajikstan 318
take a shower v 72
take notes v 163
take off v 211
talcum powder 73
tall 321
tamarillo 128
tambourine 257
tampon 108
tan 41
tandem 206
tangerine 126
tank 61
Tanzania 317
tap water 144

tape 173
tape dispenser 173
tape measure 80, 276
target 249
target shooting 249
taro root 124
tarragon 133
Tasmania 319
tattoo 41
tax 96
taxi driver 190
taxi stand 213
tea 144, 149, 184
tea with lemon 149
tea with milk 149
teabag 144
teacher 162, 190
teacup 65
team 220, 229
teapot 65
tear 51
teaspoon 65
techniques 79, 159
teddy bear 75
tee 233
tee-off v 233
teeing ground 232
teenager 23
telegram 98
telephone 99
teleprompter 179
telescope 281
television series 178
television studio 178
teller 96
temperature 286
temperature gauge 201
temple 14, 300
ten 308
ten thousand 309
tenant 58
tend v 91
tendon 17
tennis 230
tennis court 230
tennis shoes 231
tenon saw 81
tent 267
tent peg 266
tent pole 266
tenth 309
tequila 145
terminal 212
termite 295
territory 315
test 49, 163
test tube 166
testicle 21
text (SMS) 99
textbook 163
Thailand 318
thank you 322
Thanksgiving 27

the day after tomorrow 307
the day before yesterday 307
theater 254, 299
theme park 262
therapist 55
thermal underwear 35, 267
thermometer 45, 167
thermosphere 286
thermostat 61
thesis 169
thick 321
thigh 12, 119
thimble 276
thin 321
third 309
third floor 104
thirteen 308
thirteenth 309
thirtieth 309
thirty 308
this way up 98
this week 307
thistle 297
thoracic vertebrae 17
thread 276
thread v 277
thread guide 276
three 308
three hundred 308
three-point line 226
thriller 255
throat 19
throat lozenge 109
throttle 204
through 320
throw 237
throw v 221, 227, 229
throw-in 223, 226
thruster 281
thumb 15
thumbtack 173
thunder 286
Thursday 306
thyme 133
thyroid gland 18
tibia 17
ticket 209, 213
ticket gates 209
ticket inspector 209
ticket office 209, 216
tie 32, 223
tiebreaker 230
tiepin 36
tiger 291
tile 272
tile v 82
tiller 240
time 234, 304
time out 220
timer 166
times 165, 261

english

english

timing 203
tin 289, 311
tip 36, 122, 246
tissue 108
title 23, 168
to 320
to go 154
toad 294
toast 157
toasted sandwich 149
toaster 66
tobacco 112, 184
today 306
toddler 30
toe 15
toe clip 207
toe strap 207
toenail 15
toffee 113
toggle 31
Togo 317
toilet 60, 72
toilet brush 72
toilet paper 72
toilet seat 72
toiletries 41, 107
toll booth 194
tomato 125, 157
tomato juice 144, 149
tomorrow 306
toner 41
tongs 150, 167
tongue 19, 37, 118
tonic water 144
tonne 310
tool rack 78
toolbar 177
toolbelt 186
toolbox 80
tools 187
tooth 50
toothache 50
toothbrush 72
toothpaste 72
top coat 83
top-dress v 90
top tier 141
topaz 288
topiary 87
topping 155
topsoil 85
tornado 287
tortoise 293
tossed salad 158
touch line 221
touchdown 221
tour bus 197, 260
tour guide 260
tourer 205
touring bike 206
tourist 260
tourist attraction 260

tourist information 261
tourmaline 288
tournament 233
tow away v 195
towards 320
tow truck 203
towel rack 72
towels 73
tower 300
town hall 299
townhouse 58
toy 75
toy basket 75
toys 105
track 208, 234
track and field 235
tracksuit 32
tractor 182
traffic 194
traffic jam 195
traffic light 194
traffic policeman 195
trail-riding 243
trailer 266
train 35, 208
train v 91, 251
train station 208
training wheels 207
tram 196, 208
transfer 223
transfer v 207
transformer 60
transmission 202
transplant v 91
transportation 194
trapezius 16
trapezoid 164
trash 177
trash can 61
travel agency 114, 190
travel brochure 212
travel-sickness
    pills 109
traveler's check 97
tray 152, 154
tray-table 210
tread 207
tread water v 239
treadmill 250
treble clef 256
tree 86, 296
trellis 84
tremor 283
triangle 165, 257
triceps 16
trifle 141
trim v 39, 90
trimester 52
trimmer 88
Trinidad and
    Tobago 314
tripod 166, 270, 281
trombone 257

Tropic of
    Cancer 283
Tropic of
    Capricorn 283
tropical fruit 128
tropics 283
troposphere 286
trot 243
trough 183
trout 120
trowel 89, 187
truck 194
truck driver 190
truffle 113, 125
trumpet 257
truncheon 94
trunk 198, 291, 296
trunks 238
try 221
tub 311
tuba 257
tube 311
Tuesday 306
tugboat 215
tulip 111
tumble dryer 76
tumbler 65
tuna 120
tune v 179
tune the radio v 269
tuning peg 258
Tunisia 317
turbocharger 203
Turkey 318
turkey 119, 185, 293
Turkmenistan 318
turmeric 132
turn 238
turn v 79
turn signal 198, 204
turn off the television
    v 269
turn on the television
    v 269
turnip 124
turpentine 83
turquoise 289
turret 300
turtle 293
tusk 291
tutu 191
tweezers 40, 47, 167
twelfth 309
twelve 308
twentieth 309
twenty 308
twenty-first 309
twenty minutes 304
twenty-one 308
twenty-second 309
twenty-third 309
twenty thousand 309
twenty-two 308

twig 296
twin bed 71
twin room 100
twine 89
twins 23
twist ties 89
two 308
two-door 200
two hundred 308
two o'clock 304
two thousand 307
two thousand and
    one 307
two weeks 307
tire 198, 205, 206
tire iron 203
tire lever 207
tire pressure 203

U

Uganda 317
ugli 126
Ukraine 316
ulna 17
ultralight 211
ultrasound 52
ultraviolet rays 286
umbilical cord 52
umbrella 36
umpire 225, 229, 230
uncle 22
unconscious 47
uncooked meat 142
under 320
under par 233
undercoat 83
underexposed 271
undergraduate 169
underpass 194
undershirt 33
underwear 32, 35
underwire 35
uniform 94, 189
United Arab
    Emirates 318
United Kingdom 316
United States of
    America 314
universe 280
university 299
unleaded 199
unpasteurised 137
unpick v 277
unsalted 137
until 320
up 320
upset 25
Uranus 280
ureter 21
urethra 20
urinary 19
urology 49

Uruguay 315
usher 255
uterus 20, 52
utility knife 80, 82
utility room 76
Uzbekistan 318

V

V-neck 33
vacation 212
vaccination 45
vacuum cleaner 77, 188
vacuum flask 267
vagina 20
valley 284
valve 207
vanilla 132
Vanuatu 319
variety meat 118
varnish 79, 83
vas deferens 21
vase 63, 111
Vatican City 316
vault 235, 300
veal 118
vegetable garden 85, 182
vegetable oil 135
vegetables 107, 122, 124
veggie burger 155
veil 35
vein 19
Venetian blind 63
Venezuela 315
venison 118
vent 283
ventilation hood 66
Venus 280
verdict 181
vest 33, 35
veterinarian 189
vibraphone 257
video game 269
video phone 99
video tape 269
Vietnam 318
viewfinder 271
village 299
vine 183
vinegar 135, 142
vineyard 183
vintage 199
viola 256
violin 256
virus 44
visa 213
vise 78
vision 51
visiting hours 48
visor 205
vitamins 108

vocal cords 19
vodka 145
voice message 99
volcano 283
volley 231
volleyball 227
voltage 60
volume 165, 179, 269, 311
vomit v 44

W

waders 244
wading pool 263
waffles 157
waist 12
waistband 35
waiting room 45
waitress 191
wake up v 71
walk 243
wall 58, 186, 222
wall light 62
wallet 37
wallpaper 82, 177
wallpaper v 82
wallpaper brush 82
wallpaper paste 82
walnut 129
walnut oil 134
walrus 290
ward 48
wardrobe 70
warehouse 216
warm 286
warm up v 251
warrant 180
wash v 38, 77
washer 80
washer-dryer 76
washer fluid
    reservoir 202
washing machine 76
wasp 295
waste disposal 61, 266
waste disposal unit 61
waste pipe 61
wastebasket 172
watch 36
watch television v 269
water 144, 238
water v 90, 183

water bottle 206, 267
water chamber 61
water chestnut 124
water closet 61
water garden 84
water hazard 232
water heater 61
water jet 95
water plant 86
water polo 239
water wings 238
watercolor paint 274
watercress 123
waterfall 285
watering 89
watering can 89
watermelon 127
waterskier 241
waterskiing 241
watersports 241
wave 241, 264
wavelength 179
wax 41
weak 321
weather 286
weaving 277
website 177
wedding 26, 35
wedding cake 141
wedding dress 35
wedding reception 26
wedge 37, 233
Wednesday 306
weed v 91
weed killer 91
weeds 86
week 306
weekend 306
weekly 307
weigh v 310
weight 166
weight bar 251
weight belt 239
weight training 251
west 312
Western 255
Western sahara 317
wet 286, 321
wet wipe 75, 108
wetsuit 239
whale 290
wheat 130, 184
wheel 198, 207

wheelbarrow 88
wheelchair 48
wheelchair access 197
whetstone 81
whiplash 46
whipped cream 137, 157
whisk 68
whisk v 67
whiskers 290
whiskey 145
white 39, 272, 274
white (wine) 145
white bread 139
white chocolate 113
white currant 127
white flour 138
white meat 118
white rice 130
whiteboard 162
whiting 120
whole 129, 132
whole-grain 131
whole-grain
    mustard 135
whole milk 136
whole-wheat
    bread 139, 149
whole-wheat
    flour 138
Wi-Fi 269
wicket 225
wicket-keeper 225
wide 321
width 165
wife 22
wig 39
wild rice 130
willow 296
win v 273
wind 241, 286
windbreak 265
windlass 214
window 58, 96, 98, 177, 186, 197, 209, 210
windpipe 18
windshield 198
windshield washer
    fluid 199
windshield
    wiper 198
windsurfer 241

windsurfing 241
windy 286
wine 145, 151
wine glass 65
wine list 152
wine vinegar 135
wing 119, 210, 293
wings 254
winner 273
winter 31, 307
winter sports 247
wipe v 77
wire 79
wire cutter 80
wire strippers 81
wires 60
with 320
withdrawal slip 96
without 320
witness 180
wok 69
wolf 290
woman 23
womb 52
women's clothing 34
womenswear 105
wood 79, 233, 275
wood glue 78
wood shavings 78
wood stain 79
wooden spoon 68
woodpecker 292
woods 285
woodwind 257
woodworking 275
work 172
workbench 78
workday 306
workshop 78
world map 312
worm 295
worried 25
wound 46
wrap 155
wrapping 111
wreath 111
wrench 81
wrestling 236
wrinkle 15
wrist 13, 15
wristband 230
writ 180
write v 162

X

X-ray 48
X-ray film 50
X-ray machine 212
X-ray viewer 45

Y

yacht 215, 240
yam 125
yard 310
yarn 277
yawn v 25
year 163, 306
yeast 138
yellow 274
yellow card 223
Yemen 318
yes 322
yesterday 306
yoga 54
yoga pose 54
yogurt 137
yolk 137, 157
you're welcome 322

Z

Zambia 317
zebra 291
zero 308
zest 126
Zimbabwe 317
zinc 289
zip 277
zip code 98
zone 315
zones 283
zoo 262
zoology 169
zoom lens 270
zucchini 125

english

podziękowania • acknowledgments

DORLING KINDERSLEY would like to thank Christine Lacey for design assistance, Georgina Garner for editorial and administrative help, Kopal Agarwal, Polly Boyd, Sonia Gavira, Priyadarshini Gogoi, Cathy Meeus, Antara Raghavan, and Priyanka Sharma for editorial help, Claire Bowers for compiling the DK picture credits, Nishwan Rasool for picture research, and Suruchi Bhatia, Miguel Cunha, Mohit Sharma, and Alex Valizadeh for app development and creation.

The publisher would like to thank the following for their kind permission to reproduce their photographs:
Abbreviations key: a-above; b-below/bottom; c-center; f-far; l-left; r-right; t-top

123RF.com: Andriy Popov 34tl; Brad Wynnyk 172bc; Daniel Ernst 179tc; Hongqi Zhang 24cla, 175cr; Ingvar Bjork 60c; Kidsada Manchinda 270br; Kobby Dagan 259c; leonardo255 269c; Liubov Vadimovna (Luba) Nel 39cla; Ljupco Smokovski 75crb; Oleksandr Marynchenko 60bl; Olga Popova 33c; oneblink 49bc; Robert Churchill 94c; Roman Gorielov 33bc; Ruslan Kudrin 35bc, 35br; Subbotina 39cra; Sutichak Yachiangkham 39tc; Tarzhanova 37tc; Vitaly Valua 39tl; Wavebreak Media Ltd 188bl; Wilawan Khasawong 75cb; **Action Plus:** 224bc; **Alamy Images:** 154t; A.T. Willett 287bcl; Alex Segre 105ca, 195cl; Ambrophoto 24cra; Blend Images 168cr; Cultura RM 33tr; Doug Houghton 107br; Hugh Threlfall 35tl; 176tr; Ian Allenden 48br; Ian Dagnall 270t; Levgen Chepil 250bc; Imagebroker 199tl, 249c; Keith Morris 178c; Martyn Evans 210b; MBI 175tl; Michael Burrell 213cra; Michael Foyle 184bl; Oleksiy Maksymenko 105tc; Paul Weston 168br; Prisma Bildagentur AG 246b; Radharc Images 197tr; RBtravel 112tl; Ruslan Kudrin 176tl; Sasa Huzjak 258t; Sergey Kravchenko 37ca; Sergio Azenha 270bc; Stanca Sanda (iPad is a trademark of Apple Inc., registered in the U.S. and other countries) 176bc; Stock Connection 287bcr; tarczas 35cr; Vitaly Suprun 176cl; Wavebreak Media ltd 39cl, 174b, 175tr; **Allsport/Getty Images:** 238cl; **Alvey and Towers:** 209 acr, 215bcl, 215bcr, 241cr; **Peter Anderson:** 188cbr, 271br. **Anthony Blake Photo Library:** Charlie Stebbings 114cl; John Sims 114tcl; **Andyalle:** 98tl; **Arcaid:** John Edward Linden 301bl; Martine Hamilton Knight, Architects: Chapman Taylor Partners, 213cl; Richard Bryant 301br; **Argos:** 41tcl, 66cbl, 66cl, 66br, 66bcl, 69cl, 70bcl, 71t, 77tl, 269tc, 270tl; **Axiom:** Eitan Simanor 105bcr; Ian Cumming 104; Vicki Couchman 148cr; **Beken Of Cowes Ltd:** 215cbc; **Bosch:** 76tcr, 76tc, 76tcl; **Camera Press:** 38tr, 256t, 257cr; Barry J. Holmes 148tr; Jane Hanger 159cr; Mary Germanou 259bc; **Corbis:** 84–85c; Anna Clopet 247tr; Ariel Skelley / Blend Images 52l; Bettmann 181tl, 181tr; Blue Jean Images 48bl; Bo Zauders 156t; Bob Rowan 152bl; Bob Winsett 247cbl; Brian Bailey 247br; Chris Rainer 247ctl; Craig Aurness 215bl;

David H.Wells 249cbr; Dennis Marsico 274bl; Dimitri Lundt 236bc; Duomo 211tl; Gail Mooney 277ctcr; George Lepp 248c; Gerald Nowak 239b; Gunter Marx 248cr; Jack Hollingsworth 231bl; Jacqui Hurst 277cbr; James L. Amos 247bl, 191ctr, 220bcr; Jan Butchofsky 277cbc; Johnathan Blair 243cr; Jose F. Poblete 191br; Jose Luis Pelaez.Inc 153tc; Karl Weatherly 220bl, 247tcr; Kelly Mooney Photography 259tl; Kevin Fleming 249bc; Kevin R. Morris 105tr, 243tl, 243tc; Kim Sayer 249tcr; Lynn Goldsmith 258t; Macduff Everton 231bcl; Mark Gibson 249bl; Mark L. Stephenson 249tcl; Michael Pole 115tr; Michael S. Yamashita 247ctcl; Mike King 247cbl; Neil Rabinowitz 214br; Pablo Corral 115bc; Paul A. Sounders 169br, 249ctcl; Paul J. Sutton 224c, 224br; Phil Schermeister 227b, 248tr; R. W Jones 309; Richard Morrell 189bc; Rick Doyle 241ctr; Robert Holmes 97br, 277ctc; Roger Ressmeyer 169tr; Russ Schleipman 229; The Purcell Team 211ctr; Vince Streano 194t; Wally McNamee 220br, 220bcl, 224bl; Wavebreak Media LTD 191bc; Yann Arhus-Bertrand 249tl; **Demetrio Carrasco / Dorling Kindersley (c) Herge / Les Editions Casterman:** 112ccl; **Dorling Kindersley:** Banbury Museum 35c; Five Napkin Burger 152t; **Dixons:** 270cl, 270cr, 270bl, 270bcl, 270bcr, 270ccr; **Dreamstime.com:** Alexander Podshivalov 179tr, 191cr; Alexxl66 268tl; Andersastphoto 176tc; Andrey Popov 191bl; Arne9001 190tl; Chaoss 26c; Designsstock 269cl; Monkey Business Images 26cblb; Paul Michael Hughes 162tr; Serghei Starus 190bc; Isselee 292fcrb; Zerbor 296tr; **Education Photos:** John Walmsley 26tl; **Empics Ltd:** Adam Day 236br; Andy Heading 243c; Steve White 249cbc; **Getty Images:** 48bcl, 94tr; 100t, 114bcr, 154bl, 287tr; David Leahy 162tl; Don Farrall / Digital Vision 176c; Ethan Miller 270bl; Inti St Clair 179bl; Liam Norris 188br; Sean Justice / Digital Vision 24br; **Dennis Gilbert:** 106tc; **Hulsta:** 70t; **Ideal Standard Ltd:** 72r; **The Image Bank/Getty Images:** 58; **Impact Photos:** Eliza Armstrong 112tr; Philip Achache 246t; **The Interior Archive:** Henry Wilson, Alfie's Market 114bl; Luke White, Architect: David Mikhail, 59tl; Simon Upton, Architect: Phillippe Starck, St Martins Lane Hotel 100bcr, 100br; **iStockphoto.com:** asterix0597 163tl; EdStock 190br; RichLegg 26bc; SorinVidis 27cr; **Jason Hawkes Aerial Photography:** 216t; **Dan Johnson:** 35r; **Kos Pictures Source:** 215cbl, 240tc, 240tr; David Williams 216b; **Lebrecht Collection:** Kate Mount 169bc; **MP Visual.com:** Mark Swallow 202t; **NASA:** 280cr, 280ccl, 281tl; **P&O Princess Cruises:** 214bl; **P A Photos:** 181br; **The Photographers' Library:** 186bl, 186bc, 186t; **Plain and Simple Kitchens:** 66t; **Powerstock Photolibrary:** 169tl, 256t, 287tc; **PunchStock:** Image Source 195tr; **Rail Images:** 208c, 208 ctl, 209br; **Red Consultancy:** Odeon cinemas

257br; **Redferns:** 259br; Nigel Crane 259c; **Rex Features:** 106br, 259tc, 259tr, 259bl, 280b; Charles Ommaney 114tcr; J.F.F Whitehead 243cl; Patrick Barth 101tl; Patrick Frilet 189cbl; Scott Wiseman 287bl; **Royalty Free Images:** Getty Images/Eyewire 154bl; **Science & Society Picture Library:** Science Museum 202b; **Science Photo Library:** IBM Research 190cla; NASA 281cr; **SuperStock:** Ingram Publishing 62; Juanma Aparicio / age fotostock 172t; Nordic Photos 269tl; **Skyscan:** 168t, 182c, 298; Quick UK Ltd 212; **Sony:** 268bc; **Robert Streeter:** 154br; **Neil Sutherland:** 82tr, 83tl, 90t, 118, 188ctr, 196tl, 196tr, 299cl, 299bl; **The Travel Library:** Stuart Black 264t; **Travelex:** 97cl; **Vauxhall:** Technik 198t, 199tl, 199tr, 199rcl, 199rccl, 199ctcr, 199tr, 199tcr, 200; **View Pictures:** Dennis Gilbert, Architects: ACDP Consulting, 106t; Dennis Gilbert, Chris Wilkinson Architects, 209trr; Peter Cook, Architects: Nicholas Crimshaw and partners, 208t; **Betty Walton:** 185br; **Colin Walton:** 2, 4, 7, 9, 10, 28, 40l, 42, 56, 92, 95c, 99tl, 99tcl, 102, 116, 120t, 138t, 146, 150t, 160, 170, 191ctcl, 192, 218, 252, 260br, 260l, 261tr, 261c, 261cr, 271cbl, 271cbr, 271ctl, 278, 287br, 302.

DK PICTURE LIBRARY:
Akhil Bahkshi; Patrick Baldwin; Geoff Brightling; British Museum; John Bulmer; Andrew Butler; Joe Cornish; Brian Cosgrove; Andy Crawford and Kit Hougton; Philip Dowell; Alistair Duncan; Gables; Bob Gathany; Norman Hollands; Kew Gardens; Peter James Kindersley; Vladimir Kozlik; Sam Lloyd; London Northern Bus Company Ltd; Tracy Morgan; David Murray and Jules Selmes; Musée Vivant du Cheval, France; Museum of Broadcast Communications; Museum of Natural History; NASA; National History Museum; Norfolk Rural Life Museum; Stephen Oliver; RNLI; Royal Ballet School; Guy Ryecart; Science Museum; Neil Setchfield; Ross Simms and the Winchcombe Folk Police Museum; Singapore Symphony Orchestra; Smart Museum of Art; Tony Souter; Erik Svensson and Jeppe Wikstrom; Sam Tree of Keygrove Marketing Ltd; Barrie Watts; Alan Williams; Jerry Young.

Additional photography by Colin Walton.

Colin Walton would like to thank:
A&A News, Uckfield; Abbey Music, Tunbridge Wells; Arena Mens Clothing, Tunbridge Wells; Burrells of Tunbridge Wells; Gary at Di Marco's; Jeremy's Home Store, Tunbridge Wells; Noakes of Tunbridge Wells; Ottakar's, Tunbridge Wells; Selby's of Uckfield; Sevenoaks Sound and Vision; Westfield, Royal Victoria Place, Tunbridge Wells.

All other images © Dorling Kindersley
For further information see: www.dkimages.com